Contre le mal, tout contre

Il y a quelques années de cela, alors que San Francisco, l'ancienne capitale des beatniks et des hippies, était en proie à la gentrification que causait l'invasion des ingénieurs, auditeurs et autres marketeurs venus de la Silicone Valley, des résistants au nouvel empire des GAFA avaient choisi comme slogan « Keep SF Weird ! ». Des semaines plus tard, dans le quartier de Haight-Ashbury, sur la devanture d'une échoppe de brocante qui fermait définitivement ses portes, je retrouvais ce slogan barré d'un funèbre « Too Late !!! ». Les combats avant-gardistes d'hier seraient-ils condamnés au sort de reliques vénérées par les arrière-gardes d'aujourd'hui ? En quoi une revue pourrait-elle faire sens à l'époque de WhatsApp, dépassé par TikTok qui sera outrepassé demain par on-ne-sait-quoi d'encore plus instantané ? L'heure ne serait-elle pas à renoncer à voir reparaître *Fantask* ?

Les initiés de cet art et science qu'ordonne le *collector* savent cependant le caractère exemplaire parce que rarissime de ce périodique né et mort l'année d'après 1968. C'est en février 1969 que sort le prototype. Il est consacré aux Marvel comics. Il révèle au public francophone l'univers de Stan Lee, l'engagement au service du faible des super-héros que sont les 4 Fantastiques, le désir de justice de l'adolescent qu'est l'Homme-araignée, le questionnement métaphysique de l'éternel errant du spleen qu'est le Surfer d'Argent. Sept mois et autant de numéros plus tard, tombe l'avis de la Commission de surveillance et de contrôle des publications destinées à l'enfance et à l'adolescence. Elle est sans appel. Elle dénonce une « publication nocive ». Elle accable une « science-fiction terrifiante », liste les « combats traumatisants », les « récits au climat angoissant », les « dessins aux couleurs violentes ». Elle interdit que la « sensibilité juvénile » soit exposée à de telles « visions cauchemardesques ». Le premier *Fantask* n'aura duré que deux saisons, un printemps et un été, avant de disparaître.

C'était il y a un demi-siècle. C'était il y a un millénaire. Depuis, la culture de l'émancipation a été dévorée par la culture de la distraction. L'*entertainment* constitue désormais un marché planétaire qui déverse uniformément ses standards sur les cinq continents. Des blockbusters de Hollywood aux *bing serials* de Netflix, la planète chante en chœur « délivrée, libérée », tandis que Baby Yoda est consacré la personnalité à vie de la globalisation. Ce règne sans partage ne laisse guère de place aux récriminations des censeurs d'autrefois. Leur donne-t-il pour autant rétrospectivement raison ?

La réponse est non. Tout d'abord parce que les membres de la Commission de 1969, heurtés dans leurs habitudes esthétiques, n'ont pas vu l'appel à la créativité auquel correspondaient ces nouvelles expressions de mythes fort anciens. Ensuite, parce que la confrontation imagée qui s'y jouait, laquelle leur a échappé à cause de la profonde rénovation des codes qui leur étaient usuels, ne refondait pas moins, contre le positivisme et le consumérisme ambiants, l'imaginaire essentiel de l'humanité historique, à commencer par l'affrontement fondamental entre le bien et le mal. Enfin, parce que le tsunami de la marchandisation a tué ce que la pop culture recelait d'insurrection spirituelle, l'a broyé et aseptisé en l'abandonnant aux mâchoires des professionnels du mainstream.

À cause d'eux, cette culture qui se voulait par définition populaire est devenue élitaire. Elle inventait, ils la font se répéter. Elle invitait au voyage, ils la font piétiner. Elle ambitionnait de décrypter la magie des futurs inconnus, ils en ont fait une nostalgie des âges d'or révolus. Les comptables de l'*entertainment* ont lessivé la pop culture à l'instar des toiletteurs qui apprêtent les caniches de compétition. Ils l'ont amputée de son

instinct vital pour en faire une machine létale.
La meilleure preuve en est le tour systématique donné à ce que la première pop culture pouvait comporter parfois de douteux ou de contestable en cédant par facilité à l'exagération. Le mauvais goût hasardeux de naguère a été effacé par la normalisation constante, cadencée et cynique, de la production de masse contemporaine. Que dirait la Commission à la vue de la surenchère macabre qui caractérise la description toujours plus détaillée de massacres où les flots d'hémoglobine et les flux de fréquentation sont censés se superposer ? de l'éloge de psychopathes déments et cruels qu'endossent volontiers des vedettes en quête d'oscars au rabais ? du détournement gore de l'indicible qu'illustre pathétiquement *Hunters*, cette série qui se revendique de Quentin Tarantino et ose brosser, à la manière de la télé-réalité, des jeux de torture « grandeur nature » dans les camps nazis ?

Ce n'est pas la pop culture qui a perdu son âme, c'est le monde. Contre les faiseurs de désespoir virtuel et numérisé, faire revivre *Fantask* revient à renouer avec cette inspiration première mais aussi primordiale, à reprendre le fil initial, caricatural mais drôle, criard mais érudit, contestataire mais lucide. En bref, révolutionnaire par conservatisme et vice versa.
Ce que seul permet, en vertu de sa fonction critique, une revue qui s'inscrit résolument dans la tradition du papier à tous les sens du terme.
D'où ce numéro 1 du *Fantask* nouvelle façon qui est en quelque façon le 8e du *Fantask* ancienne manière, tant notre premier but demeure de discerner entre les continuités et les discontinuités de notre fonds culturel et d'éclairer les hiatus qui en résultent, qui nous soucient, voire qui nous hantent. Et ce, en l'occurrence, ici, en tâchant d'analyser l'ambivalence de l'avènement

Couverture du premier numéro de *Fantask* paru le 1er février 1969.

des Lumières, de pister leur face cachée, de mettre en plein jour le courant longtemps souterrain et dorénavant manifeste d'irrationalité qu'a suscité par contre-coup l'essor hégémonique de la rationalité.
« Un homme qui de nos jours ne fournirait pas sa part d'histoires sinistres ne saurait guère être quitte avec la République des lettres », note au début du XIXe siècle le poète britannique James Henry Leigh Hunt. En 1854, son compatriote, l'écrivain Thomas de Quincey, invente l'essai noir en publiant *De l'assassinat considéré comme un des beaux-arts*. Il y décrit une société de lettrés qui s'autorise à juger du meurtre uniquement sous l'angle de l'esthétique. En se téléportant de nos jours et en découvrant l'engouement que suscitent les figures de Hannibal Lecter, Dexter Morgan, Patrick Bateman, l'auteur de cet autre classique du bizarre que sont *Les Confessions d'un mangeur d'opium anglais* ne serait-il pas choqué de constater que son pastiche des utopies a engendré une héroïsation des tueurs en série ? Pourquoi une telle fascination pour le malfaisant, le malsain, le malséant ? D'où vient-elle ? Où va-t-elle ? Que dit-elle de nous ? *Fantask* a posé ces questions

à des écrivains, historiens et philosophes, mais aussi à un théologien, un sémiologue, un sociologue, un critique de cinéma, un musicien, un lieutenant de police, qui s'étonneront peut-être de se retrouver côte à côte dans ce numéro. Notre propos n'étant pas de créer une chapelle de plus, nous avons convoqué leurs divers talents pour dessiner, avec eux, un portrait-robot du mal déduit de ses trois visages les plus communs en ce début de XXIe siècle.

Craint pour ses ruses maléfiques, redouté comme le maître des enfers jusqu'à l'orée de la modernité, l'ange déchu qu'est Lucifer, se défaisant de ses pompes et de ses œuvres sulfureuses, a été couronné roi des parias et des poètes avant de s'imposer comme le héros, sexy en diable, d'une série qui compte d'ores et déjà cinq saisons, suivies avec délices par des millions de spectateurs. Symbole dans la mémoire collective de l'horreur abyssale, Hitler et à sa suite l'uniforme SS, la croix gammée, l'entière sarabande brune sont devenus des objets de folklore. En 2009, sur son blog, l'auteur Joann Sfar s'inquiétait de savoir si « les nazis, c'est sympa ? ». Aujourd'hui, des productions ambiguës du 7e art à l'ahurissante bande dessinée *Hitler Hipster*, la nazie-exploitation continue à faire recette. Quant aux serial killers, n'existe-t-il pas jusqu'à un album BD consacré à l'abominable Michel Fourniret ? « Pères fouettards modernes » pour Maxime Chattam, « muses » pour le peintre Joe Coleman, « idoles » pour les fans de *murderabilia*, ces monstres sont aussi des vaches à lait pour les industries culturelles, tant sont nombreux les romans, essais, films, séries, documentaires, jeux vidéo qui leur sont consacrés, sans oublier même une comédie musicale jouée à Broadway. Que dévoilent de l'époque qui est la nôtre, des pouvoirs qui l'orchestrent, du peuple qui la porte et qui la subit, les sacralisations paradoxales de nos iconographies ? Éprouver à votre tour cette interrogation comme cruciale tout en gardant intacte votre « sensibilité juvénile », et mieux encore en la régénérant, est le seul mal que vous souhaite le revenant d'outre-tombe *Fantask*.

RODOLPHE LACHAT

PAGE DE DROITE : Pour *Fantask*, l'artiste Nychos, d'abord connu pour ses grandes fresques de street art mêlant anatomie et pop culture, rend un hommage à la célèbre peinture de William Blake, *Le Grand Dragon rouge et la Femme vêtue de soleil* (l'original se trouve page 30). Nychos, *The Great Red Dragon And The Woman Clothed In Sun*, acrylique sur toile, 182,88 x 152,40 cm, 2021

SOMMAIRE N° 1

« Docteur Lecter, je m'appelle Clarice Starling »

CONVERSATION AVEC

Jodie Foster et Anthony Hopkins

Propos recueillis par Tananarive Due

Traduction réalisée par Jean-Marc Lainé

Il y a trente ans, une jeune élève du FBI au cœur pur venait prendre conseil auprès d'un tueur cannibale. Ensemble, ils ont transformé la culture pop. Jodie Foster et Anthony Hopkins évoquent l'héritage du *Silence des agneaux*.

Lorsque Jodie Foster et Sir Anthony Hopkins me rejoignent pour une conférence vidéo autour du *Silence des agneaux* à l'occasion du trentième anniversaire du film, ils ne se sont pas revus depuis plus d'une décennie, ce qui fait naître entre eux plus de rires joyeux qu'on pourrait en attendre d'une conversation autour du thème du meurtre.

Le film, réalisé par le regretté Jonathan Demme, est bien sûr inspiré par le roman à succès de Thomas Harris.

Il suit la jeune Clarice Starling dont la mission consiste à explorer l'enfer en sondant les méandres de l'esprit du tueur en série Hannibal Lecter, raffiné mais cannibale, afin d'assurer la capture d'un autre assassin dépravé surnommé Buffalo Bill et joué par Ted Levine.

Le film a soulevé des polémiques sur sa représentation

des problèmes liés aux transgenres, problèmes qu'aborde Jodie Foster. Malgré cela, il a engrangé cinq oscars parmi les plus importants[1], exploit qui n'a pas été égalé depuis. Il y a eu des suites, des parodies, des séries télé à l'image de *Hannibal* ou *Clarice*, sans compter les allusions répétées à un vin particulier ou aux risques de ne pas s'hydrater correctement la peau.

Les carrières de Foster et Hopkins ont connu de nombreux sommets depuis lors. La première a incarné une juriste tenace luttant pour libérer un prisonnier musulman de Guantánamo dans *Désigné coupable*, et le second a livré un tour de force en interprétant un homme face à la maladie d'Alzheimer dans *The Father*.

Notre conversation, vous l'aurez deviné, ressemble aux retrouvailles de vieux amis autour d'un dîner.

Quand avez-vous revu *Le Silence* pour la dernière fois ?

Anthony Hopkins : Je l'ai revu il y a environ cinq ans.

Jodie Foster : Je l'ai revu il y a tout juste deux ans. Il se passait quelque chose dans ce qui était sans doute le plus vieux cinéma de Los Angeles, et ils avaient une copie 35 millimètres, et les garçons n'avaient jamais vu le film, alors je les ai emmenés. Je me disais que c'était un vieux film et que ça ne leur ferait pas peur.

> **Lecter veut être vu comme un humain, il en a besoin. Et si on ne le voit pas en tant que tel, on finit par être mangé**

Et c'était toujours aussi efficace ?

J. F. : Je crois, oui. C'est surprenant, parce qu'il n'y a pas beaucoup de sang. Il n'y a qu'une seule scène qui est réellement sanglante. Le film est angoissant parce qu'il utilise les peurs pour plonger dans la conscience des gens. Ça fonctionne sur la peur plus que sur le reste.

Qu'est-ce que ça vous a fait de le revoir, Tony ?

A. H. : Je suis enchanté que le film ait fonctionné. Je suis fier d'y avoir participé. J'étais sur les planches, à Londres, et mon agent, Jeremy Conway, m'a appelé. Il m'a dit qu'il m'enverrait un script au théâtre, intitulé *Le Silence des agneaux*. Je lui ai demandé : « C'est une histoire pour enfants ? » Il m'a répondu : « Non, c'est avec Jodie Foster. » J'ai fait : « Oh. » Je crois que Jodie venait de gagner l'oscar pour *Les Accusés*. Je suis allé dans la salle des essayages et j'ai commencé à lire, environ dix pages. Quand l'agent Crawford[2] dit : « Ne lui laissez pas franchir la porte de votre inconscient », je me suis dit : « Tiens tiens. » J'ai appelé mon agent et je lui ai demandé si l'offre tenait toujours. Il m'a dit : « Tu sais, ce n'est pas un grand rôle. » J'ai répondu : « Je m'en fous. » L'écriture de Ted Tally avait gravé tout ça dans mon esprit. [*Rires.*] Je ne sais pas ce qu'il y a dans ma cervelle, je suis plutôt normal la plupart du temps, mais je sais ce qui terrifie les gens, et je crois que tout tient à l'immobilité. Vous savez, on ne regarde jamais quelqu'un très longtemps. On détourne le regard, on rit pour désamorcer. Mais si vous regardez quelqu'un pendant plus de dix secondes, ça fait peur. On peut le faire, afin de tester les gens. D'instinct, je savais que je devais rester immobile. Tout le discours sur son côté monstrueux... Je me suis dit qu'il fallait faire l'inverse. Le jouer sympa.

J. F. : On s'est rencontrés lors d'une lecture. Je n'avais pas été présentée officiellement. On s'est assis en face l'un de l'autre, il a commencé, et on a fait la lecture. Et j'étais pétrifiée. [*Rires.*] Après ça, j'avais trop peur pour lui adresser la parole.

Il faisait un autre film, et j'ai commencé le tournage sans lui. J'avais en tête ce sentiment étouffant que m'inspirait le personnage depuis la première lecture. Jonathan voulait se servir d'une technique employée par Hitchcock, quand les acteurs utilisent la caméra comme une autre personne. Je trouvais que l'idée était intéressante pour le film, mais cela voulait aussi dire que Tony et moi n'allions pas nous voir. Pour de nombreux gros plans, nous regardions la lentille de la caméra et l'autre personnage n'était qu'une voix en arrière-plan. Et rappelez-vous que cela se passait dans la cellule transparente de la prison. Et donc il passait une journée entière à l'intérieur, sans sortir. On faisait ses plans, et le lendemain, on tournait les miens.

A. H. : De plus, ils se sont rendu compte que la présence de barreaux dans la prison allait poser un problème à cause de leur présence dans le champ de vision. La cheffe décoratrice Kristi Zea a inventé la paroi

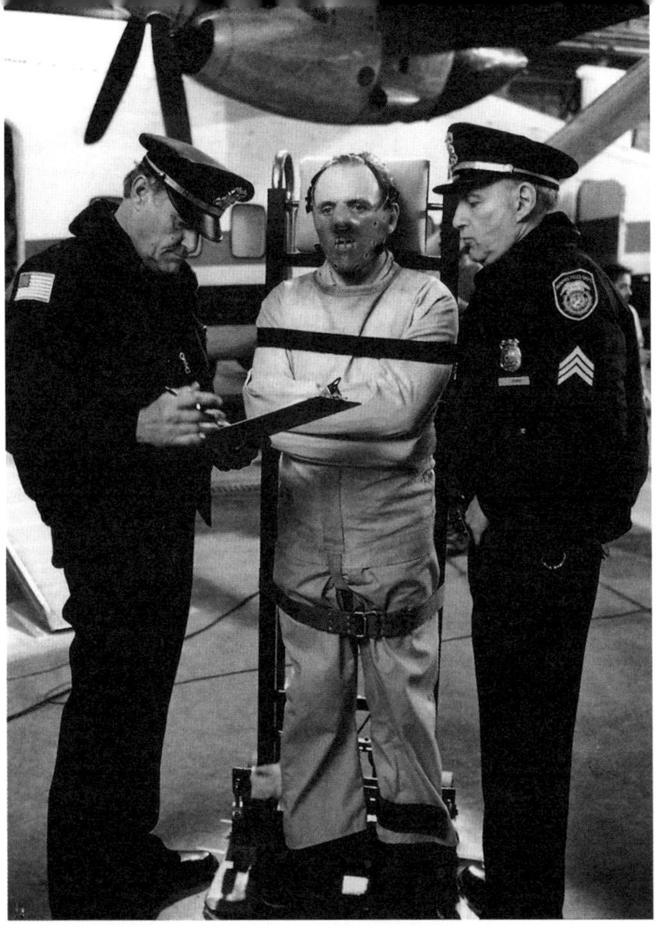

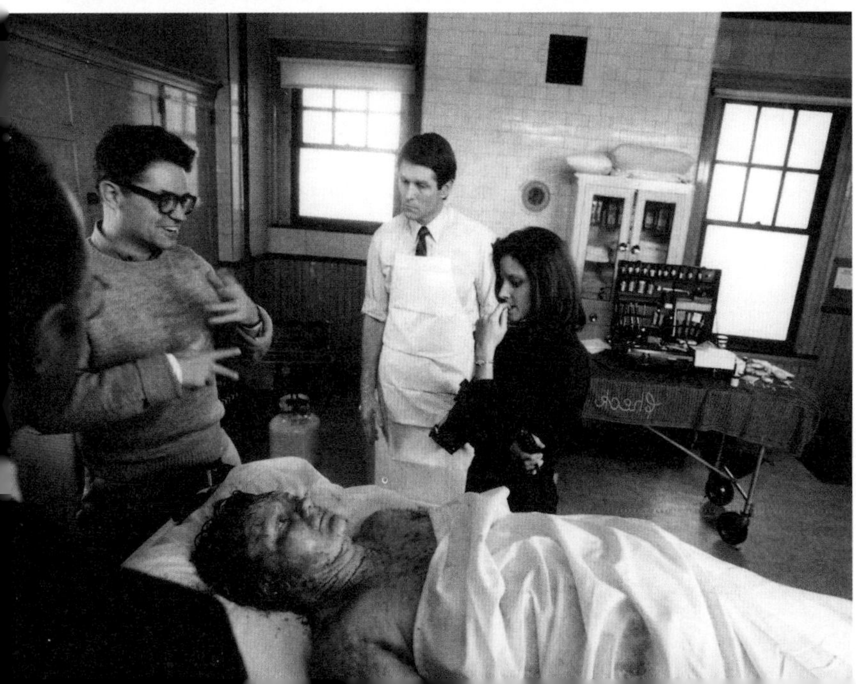
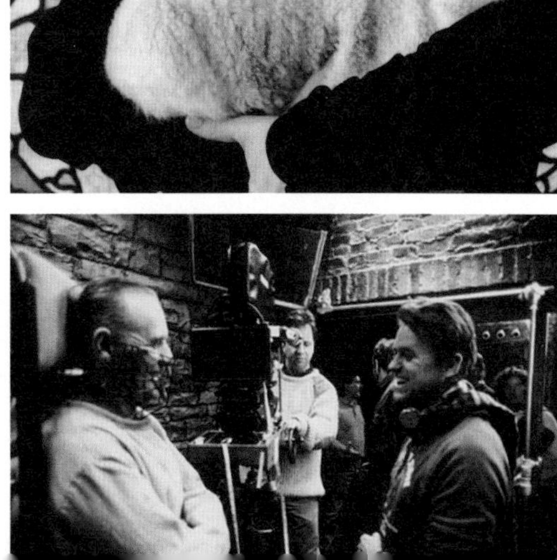

transparente, ce qui rend la scène encore plus terrifiante, puisque le personnage est une sorte de tarentule au fond de son bocal. Pas de séparation entre les deux. C'était d'autant plus effrayant, car cette créature dans une bouteille peut faire tout ce qu'elle veut. Elle peut briser la vitre.

Jodie, vous avez tenté de mettre une option sur le roman avant le recrutement de Demme.

J. F. : Oui, et j'ai découvert qu'Orion était déjà impliqué. Ted Tally était en train d'écrire le scénario, mais pour le compte de Gene Hackman, qui devait jouer et réaliser... ses débuts en tant que réalisateur. Donc j'ai attendu patiemment et je pense que Hackman a lu la première version et a estimé qu'il lui était impossible d'être associé à quelque chose de ce genre. Il a lâché l'affaire lorsque j'ai fait savoir que je voulais être impliquée dans le projet. Et Orion l'a immédiatement confié à Jonathan Demme. J'étais furieuse. Je me disais qu'il ne voudrait pas de moi, qu'il voudrait une autre actrice. Ce qui était vrai. Il a accepté le film et il voulait Michelle Pfeiffer[3], et je me suis dit que ça allait se faire, parce qu'ils s'étaient très bien entendus sur *Veuve mais pas trop*. Je savais qu'il allait entamer la préproduction, je me suis donc envolée pour New York et je lui ai dit : « J'aimerais être votre second choix. » [*Rires.*] Je venais de remporter l'oscar, tout ça. Je n'étais plus une inconnue, mais c'était quelque chose que je voulais vraiment faire. Dans la vie, j'ai découvert que, quand j'ai un sentiment puissant à propos de quelque chose, ça veut dire que le film aura une grande importance pour moi... intellectuellement, spirituellement, psychologiquement.

Tony, inutile de vous dire que Hannibal Lecter est devenu le prototype des tueurs en série sur écran. Que vouliez-vous apporter au personnage ?

A. H. : En fait, j'ai rencontré Jonathan un samedi soir à Londres. Il est venu voir la pièce et je lui ai demandé, par curiosité : « Pourquoi m'engager, moi ? Je ne suis même pas américain. » Il m'a répondu : « Je vous ai vu dans *Elephant Man*, vous jouiez le docteur Treves. » Ce qui m'a surpris. « Pourquoi cette association ? » « Parce que c'est un homme bon », m'a-t-il dit. « D'accord, mais pour Hannibal Lecter ? »

Il m'a expliqué : « Je crois que c'est un homme bon, quelqu'un de très brillant. Il est prisonnier dans un cerveau dément. » Et je crois qu'il avait raison, parce que Lecter est comme cela en réalité, il y a un mot un peu suranné pour lui, c'est « gentilhomme ». Il a de la finesse. Ce n'est pas Buffalo Bill. Quand il tue, c'est rapide et mortel.
Et le fait est qu'avec Clarice, lorsqu'il la découvre et qu'ils s'engagent dans leurs conversations, il sait qu'il ne pourra pas lui faire de mal. Un homme, il *pourrait*. Il pourrait s'en prendre à n'importe quel homme. Mais elle, il lui affirme qu'il n'a pas l'intention de la traquer. Parce qu'il la respecte. Parce qu'il l'aime à sa manière. Même s'il l'asticote sur ses chaussures bon marché et son sac à main, il connaît sa nature féminine. Je crois qu'il y a beaucoup de féminin en lui. On est tous ambivalents. On a tous cela en nous, l'*anima* et l'*animus*.
Je me souviens du jour où Jonathan m'a demandé de quelle manière je voulais être montré dans la cellule pour la première fois. C'était le lundi 9 janvier 1990, et il me dit : « La caméra filme Jodie en train de remonter le couloir. Comment veux-tu être montré ? Veux-tu être debout, ou en train de lire, ou endormi ? » Je lui ai répondu que je voulais être debout. « Où ? » J'ai répondu : « Au centre de la cellule. » « Pourquoi ? » J'ai dit : « Parce que je peux la sentir. » Il a répondu : « Tu es cinglé. »

Vous évoquez la relation entre Lecter et Clarice à la manière d'un jeu de séduction[4]. La révélation et l'honnêteté tiennent une place à part : « Quel est votre plus mauvais souvenir d'enfance. »
A. H. : Je n'ai jamais admis cela publiquement, mais lorsque j'étais dans la Royal Academy, l'un de nos professeurs, adepte de la méthode Stanislavski, était sans pitié. Il était charismatique, mais c'était un tueur. Capable de vous étriper. Il vous dépeçait intellectuellement. Il souriait et disait : « Non. Refaites-le. »
Il s'appelait Christopher Fettes. Il est à la retraite, maintenant. Vous jouiez un rôle et il disait : « Refaites-le. Non. » Je me suis basé sur lui. « *Non*, Clarice. »
Ce professeur est resté dans mon esprit toute ma vie. Et un jour, j'ai reçu un coup de fil.
« Tony, c'est une performance remarquable. Te serais-tu inspiré de moi, par hasard ? » [*Rires.*]
J. F. : Lecter veut être vu comme un humain, il en a besoin. Et si on ne le voit pas en tant que tel, on finit par être mangé. Et je crois qu'il y a une vraie beauté dans le fait qu'ils s'appuient sur l'humanité l'un de l'autre. Quand Lecter s'inspire de la douleur de Clarice, lorsqu'il l'absorbe, ou quand il écoute son histoire à propos des agneaux, ce n'est pas parce que c'est un récit sanguinolent. C'est une minuscule histoire douloureuse. Pour lui, c'est ce qui les relie.
A. H. : Le seul contact physique qu'ils ont survient alors qu'elle prend le dossier et que leurs doigts se touchent. C'est une sorte de talisman... un lien qui aurait pu être amoureux ou romantique si le monde avait été différent.

> **Il fallait que je sois la femme qui sauve les autres femmes. Et pas celle qui est sauvée au fond du puits**

Parlons un peu de Jonathan Demme. Nous avons perdu un grand réalisateur[5] et ça me rend triste. Je montre son film *Beloved* dans mon cours sur « l'horreur noire » à la fac. Je vois en lui un allié dans la manière dont la fiction traite les gens marginalisés. J'ai entendu dire qu'il avait sur le plateau une approche très démocratique, et qu'il avait un grand sens du détail, jusqu'à la couleur des serviettes de table.
J. F. : Je crois que les gens ont oublié combien il était amusant. Et c'était important pour *Le Silence des agneaux*, parce que cela aurait pu devenir un tournage très dur, tendu, difficile, tragique. Vous savez, il a fait venir sa famille, et toutes ses connaissances étaient sur le plateau, et le vendredi, c'était journée chemise hawaïenne. On a eu un orchestre épatant de La Nouvelle-Orléans, juste pour l'après-midi. Et il adorait les bonbons pour la toux, il en mangeait tout le temps. Et si on faisait quelque chose de bien, on avait droit à un bonbon pour la toux. Mon sentiment, c'est qu'il aimait le cinéma avec une curiosité très enfantine. Mais il se battait aussi pour la justice. Pour lui, c'était plus important que tout.
A. H. : La dernière fois que je l'ai vu, c'était au festival de Toronto. Je ne savais pas qu'il était malade, mais il n'avait pas l'air bien. En fait, personne ne savait qu'il était mourant. Il est mort juste après.

C'était un homme merveilleux. Un vrai démocrate. On riait tout le temps.
J. F. : Les gens qui le connaissaient ont dû être étonnés qu'il fasse *Le Silence des agneaux*, parce qu'ils voyaient ça comme un film d'horreur[6]. Mais je crois que l'astuce, c'est qu'ils savaient que Jonathan trouverait le cœur de l'histoire, en résonance avec le point de vue de Clarice.

Y a-t-il des dialogues du film que vous ne voulez plus entendre ?
J. F. : Je suis sûr que Tony saura répondre à ça.
A. H. : [*Rires.*] Non, je ne m'en lasse pas. Bon, oui, c'est un peu lassant quand les gens me demandent de « faire le bruit de succion », mais j'accepte. Vous savez, les fèves au beurre et tout ça. Mais ça m'amuse.
Je me souviens de la réaction que j'ai eue lorsque j'étais à New York pour la suite, *Hannibal*, avec Ridley Scott. J'ai vu l'affiche et je me suis demandé pourquoi je l'avais fait. Et c'est là que je me suis rappelé que ça avait payé les frais d'hôpital de ma mère. [*Rires.*] « Arrête de te plaindre, bon Dieu », que je me suis dit.
J. F. : J'aime quand les gens me proposent un peu de Chianti. J'adore. Et je suis loin de m'en lasser. En grande partie parce que c'est un foutu bon film.
A. H. : En effet.

J. F. : Je ne sais pas si vous vous en souvenez, mais le livre s'ouvre d'une manière très différente. Et le premier scénario commençait différemment aussi, on avait une scène où une équipe du FBI défonce une porte. Clarice se retourne et quelqu'un lui tape sur l'épaule en lui disant : « Vous êtes morte. » Quand les lumières se rallument, on se rend compte qu'on est dans une séance d'entraînement et que son formateur lui dit qu'elle n'a pas regardé dans le coin.
Et ça m'a toujours ennuyée. J'ai appelé Jonathan pour lui dire que tout cela me semblait faux, que selon moi ouvrir le film de cette manière, ça revenait à dire que c'était du chiqué et qu'on faisait semblant, et que dans cinq minutes, on allait dire que ce n'était pas réel. Plus on se rapproche du tournage et plus on identifie ce que sera le film. Et je crois que la force de la séquence d'ouverture, c'est qu'elle est très simple : une femme court et la caméra nous laisse penser qu'elle est peut-être observée par quelqu'un.

La scène d'entraînement que vous évoquez est utilisée plus tard dans le film, alors que Clarice a déjà commencé son enquête. C'est une manière de nous rappeler qu'elle est encore élève.
J. F. : Quand j'ai parlé à Jonathan, j'avais quitté la fac depuis quelques années et je pensais encore en termes de mythologie classique, et je lui ai expliqué que le mythe du héros était toujours réservé aux hommes. Le jeune garçon à l'allure de prince, avec cette maladie qui ravage son village ou sa contrée, et il doit entrer dans la forêt pour acquérir son expérience. Et c'est là qu'il découvre des gnomes et des démons et qu'il contemple le reflet des pires aspects de lui-même, et lorsqu'il ressort, il est changé, mais il est en possession de la panacée qui guérira son peuple. Mais quand il revient pour les soigner, il comprend qu'il n'est plus à sa place... qu'il doit abandonner ce qu'il était pour sauver ceux qu'il aime. Sauf que cette fois-ci, c'est une femme, et que ce voyage initiatique du héros atteint d'autres profondeurs. Il fallait que je sois la femme qui sauve les autres femmes, vous voyez ? Et pas celle qui est sauvée au fond du puits. Mais j'apprécie l'ironie dans le fait que Clarice soit encore une élève. Et voilà à quoi on arrive, à moi, avec mon mètre soixante, qui tremble dans mes bottes, l'arme à la main, en criant : « Vous êtes sauvée ! », et à cette voix qu'on entend et qui hurle :

Jodie Foster est Nancy Hollander dans *Désigné coupable*. (© Graham Bartholomew).

« Sauvée ? Mais sortez-moi d'ici ! Ne me laissez pas là, espèce de salope ! Ne me laissez pas ici ! » Et l'important, c'est que la femme dans le puits est bien plus forte, et qu'il faut en tenir compte.

Buffalo Bill pense être transsexuel, ce que nous appellerions transgenre aujourd'hui, mais il ne l'est pas. Je crois que Demme faisait attention à cela. Clarice dit texto : « Il n'y a aucune corrélation entre la transsexualité et la violence. » Mais le film a soulevé des controverses dans certains milieux parce qu'il suggère parfois qu'il peut y avoir un lien.
J. F. : Dans le roman, des précautions sont prises pour expliquer que le transsexualisme n'a rien à voir avec Buffalo Bill. Jonathan a mis ces mots dans la bouche de Clarice, mais nous avons aussi tourné une scène avec un psychiatre qui, hélas, a été coupée au montage. Je crois pouvoir en parler, maintenant que Jonathan est parti : il me semblait profondément chagriné de ne pas avoir pu clarifier cela dans le film. Il y avait quelque part en lui ce sentiment de comprendre les raisons de la controverse et cette sensation de ne pas avoir fait son possible pour clarifier ses intentions. S'il avait eu l'occasion de revoir quelque chose, il aurait sans doute tenté de rendre cela plus clair.
Mais n'oubliez pas qu'à l'époque, il n'y avait pas de personnages transgenres à l'écran. J'espère qu'il y en a davantage aujourd'hui, qu'il y a de la place pour un personnage transgenre doté d'une personnalité déviante ou tueuse... ou qui soit un juriste, un médecin, ou plein d'autres choses. Mais à l'époque, c'était la seule représentation[7].
Je peux affirmer une chose, c'est que le film a ouvert la porte aux commentaires. Aux gens qui ont vociféré : « Ça ne va pas. » Et j'étais ravie que cette conversation ait lieu. Vraiment enchantée.

J'aimerais parler de vos nouveaux films. Anthony, je commence avec *The Father*. J'ai trouvé ça terrifiant.
A. H. : Oh, merci.

Dans ma famille, on connaît Alzheimer, c'était donc déchirant pour moi. Mais je ne m'attendais pas à un film tourné du point de vue de quelqu'un qui perd la mémoire. Dans notre société, nous avons tellement peur de vieillir que ça empêche d'en parler sérieusement.
A. H. : J'ai lu le script de Christopher Hampton, et c'était comme pour *Le Silence des agneaux*... c'était parfait. On a un instinct pour ça. Et j'ai compris que ça fonctionnait. Une fois de plus. Et je n'avais pas d'inquiétude.

Mes parents n'ont pas souffert de ça, mais j'avais observé Alzheimer chez d'autres personnes. J'étais emballé. Et ce n'était pas du tout intimidant, parce que j'ai 83 ans, maintenant. [*Rires.*] Je n'avais pas besoin de le jouer, puisque je suis un vieillard. Je n'ai demandé qu'une seule modification dans le script, j'ai demandé si je pouvais dire « thé » au lieu de « café ». J'ai expliqué que je n'aimais pas le café. [*Rires.*] Et je crois que c'est le seul mot qu'on a changé.

Sans rien dévoiler, la dernière scène est tout bonnement extraordinaire.

A. H. : Je sentais bien que quelque chose n'était pas au point. Peut-être que j'en faisais trop. Florian Zeller, le réalisateur, a demandé si on pouvait faire une autre prise. J'ai répondu que j'étais d'accord, mais j'ai demandé à faire une pause. Je suis allé dans la chambre d'hôpital où l'on tournait et je me suis approché de la table de chevet. Il y avait une photographie du personnage avec ses deux filles, tout le monde paraissait plus jeune

> **Comment se fait-il qu'ils ne soient pas parvenus à briser ce qu'il est ?**

et en forme, et il y avait son livre, son crayon et ses lunettes. Et ça m'a renvoyé au jour où je suis venu prendre les affaires de mon père après sa mort. Je me souviens que je me suis dit qu'on ferait bien d'en profiter tant que ça dure, parce qu'on n'emporte rien avec nous et que, quand c'est fini, tout a disparu. C'est la grande beauté tragique de la vie et de la mort, en fin de compte. Et la scène a fonctionné parce que je l'avais ressentie. C'est un rêve, la vie. Je pense vraiment que c'est une illusion. À mon âge, je regarde autour de moi et je me demande ce que tout cela signifie, ce voyage où nous sommes embarqués. Et c'est un merveilleux sentiment de liberté. Dans ma vie, je crois que je n'accomplis rien, que je ne peux rien revendiquer. Mes parents sont morts. Je me suis demandé s'ils avaient jamais existé, parce que, lorsqu'on regarde une photo... attention, je vais donner dans la métaphysique... lorsqu'on regarde une photo, ce n'est qu'un bout de papier tout plat. Un enregistrement, c'est pareil. Frank Sinatra est parti. On finit par se demander si tout cela a existé ?

J. F. : Ma mère a eu l'Alzheimer et j'ai passé quinze ans à m'occuper d'elle, à être présente du début à la fin. Est-ce qu'on peut dire qu'il y a un aspect positif ? Ce n'est pas positif en soi, mais les malades sont obligés de vivre dans le présent. Une fois qu'ils acceptent le fait de ne pas pouvoir contrôler ce qu'ils voient (« Est-ce que c'est mon sac ? Ou pas mon sac ? Est-ce que Obama est dans la pièce ? »), ça va mieux. Ils cessent de se battre et ruer en tous sens. Et, vous savez, ils se disent qu'ils n'ont aucune idée de tout ce bazar. [*Rires.*] Et c'est beau.

Jodie, votre nouveau film, *Désigné coupable*, est terrifiant aussi, mais d'une autre manière. C'est un exemple des graves injustices qui interviennent dans le monde réel, à Guantánamo mais aussi ailleurs. Mon père est juriste spécialiste des droits civiques et j'adore ces histoires de juristes qui se battent héroïquement pour que les choses changent. Connaissiez-vous l'histoire de Mohamedou Ould Slahi, ou celle de Nancy Hollander, l'avocate que vous incarnez ?

J. F. : Je n'en connaissais rien, et pourtant je me considère comme une droguée aux infos, quelqu'un qui s'intéresse à la justice dans la société. J'ai été happée par l'histoire, qui est extraordinaire. Il a été arraché à son foyer sans raison... enlevé et retenu en détention pendant quatorze ans sans que personne lui dise pourquoi.

C'est du Kafka.

J. F. : Il a été torturé, forcé à avouer tout ce qu'ils lui demandaient d'avouer. Mais le plus extraordinaire dans cette histoire, ce n'est même pas ça. L'homme qui en est ressorti est quelqu'un de drôle, de vulnérable, de fragile, de volontaire, plein de curiosité et de foi, joyeux et hilare. Comment se fait-il qu'ils ne soient pas parvenus à briser ce qu'il est ? J'adore Nancy Hollander. C'est une dame incroyable, épatante. Dans le film, je suis bien plus méchante qu'elle ne l'est dans la vraie vie, mais tout ce que j'ai fait, j'ai choisi de le faire au service de l'histoire de Mohamedou, parce que cette histoire, il faut la raconter. Et j'avais les mêmes sentiments à l'égard de l'acteur Tahar Rahim. Je ne sais pas si tu as connu ça, Tony, ce moment où l'on se trouve avec un jeune acteur, et au bout d'un moment ce dernier se transforme

et apporte quelque chose qui coupe le souffle. À ce moment, on se dit qu'on est là pour ça, pour être au service de l'acteur, pour qu'il connaisse cet instant.
A. H. : Oui, oui.

Je me demande ce que vous regardez au cinéma ou à la télévision. Ou bien ce que vous lisez...
J. F. : Je ne regarde rien. Je ne fais que lire. La dernière chose que j'ai vraiment beaucoup beaucoup aimée, c'est *Les Deux Papes*. Bon sang, Tony, c'était génial. C'est l'un de tes rôles que je préfère. Extraordinaire. Honnêtement, je pensais que ça serait un peu idiot à cause de la bande annonce, qui l'était. J'ai été remuée par ce film. Ça m'a marquée, et pour longtemps. Et puis, cette année ou l'année d'avant, *Chernobyl*. J'adore *Chernobyl*.

N'est-ce pas un peu ironique ? On regarde *Chernobyl*, on se demande ce qui cloche chez tous ces gens, et aujourd'hui on est dans le même type de déni avec la COVID. Et vous, Tony ? Vous lisez, essentiellement ?
A. H. : J'ai relu un peu de Dickens, un grand écrivain. Je lis et je regarde quelques documentaires. J'ai la capacité de concentration d'un moineau. Je joue beaucoup de piano. Et je peins. Je crois que les ordinateurs et les iPads sont notre mort, parce qu'on devient accro et qu'on est distrait. On pense à un truc et on se dit qu'on va regarder sur Wikipedia. On est tellement bombardé d'informations, c'est une véritable addiction. Sérieux, pourquoi aurait-on besoin de tant de connaissances ? [*Rires.*]

À Hollywood, il se passe beaucoup de choses positives, en matière de représentations et de rôles. Quand vous regardez la profession, qu'est-ce qui vous donne le plus d'espoir ?
J. F. : C'est merveilleux de voir un paysage diversifié qui ressemble davantage au monde réel, quel qu'il soit. Il y a des histoires qui ne sont pas arrivées jusqu'à nous... et c'est extraordinaire ce qui se passe en ce moment. En tant qu'actrice, mon but est d'être au service de ça. Je veux que les choses se produisent. Je sais jouer, dites-moi où vous voulez que j'aille.
Ce qui arrive aux salles de cinéma, c'est douloureux pour tous ceux d'entre nous qui ont grandi en regardant des films, en faisant l'expérience d'entrer dans une salle obscure. Mais vous savez quoi ? C'est mon métier et je le ferais n'importe où. Même si c'est sur un iPhone... il faut vivre avec son temps. Et les temps changent, et les gens n'ont pas la même capacité d'attention ni les mêmes habitudes. Très bien, ça me va, je m'adapte.
A. H. : Oui, je pense la même chose. J'ai la chance d'être là, d'avoir pu faire ce qu'on m'a donné à faire. Et je suis disponible pour la suite. ■

Notes :

1. *Le Silence des agneaux* est le troisième film de l'histoire à emporter cinq oscars majeurs : meilleur film, meilleure réalisation, meilleur acteur, meilleure actrice et meilleur scénario (d'adaptation). Les deux précédents étaient *New York-Miami* (1934) et *Vol au-dessus d'un nid de coucou* (1975).
2. Durant l'entretien initial entre Clarice Starling et son supérieur, Jack Crawford (Scott Glenn) à Quantico, ce dernier se rappelle une rencontre alors qu'elle était encore en fac : « Je me souviens de vous, à mon séminaire à l'université de Virginie. Et vous m'aviez cuisiné sur les affaires de droit civil du FBI, sous Herbert Hoover. » C'est de toute évidence une référence à la surveillance exercée par le FBI sur le révérend Martin Luther King Jr et sur d'autres activistes dans les années 1960.
3. En 1992, Barbara Walters a demandé à Michelle Pfeiffer pourquoi elle a renoncé au *Silence des agneaux*. « C'était une décision très difficile, a dit l'actrice, mais le sujet m'a rendue nerveuse. » Jonathan Demme a également contacté Meg Ryan, qui venait de faire *Quand Harry rencontre Sally* : elle a fait part des mêmes inquiétudes. Quant au rôle qui a construit la légende d'Anthony Hopkins, il semble que Sean Connery ait décliné.
4. « Bonjour, Clarice » est l'une des plus célèbres citations parmi les dialogues du *Silence des agneaux*. Sauf que Lecter ne l'a jamais prononcée. Comme le « Play it again, Sam » de *Casablanca*, c'est une erreur. En réalité, Lecter dit : « Bonsoir, Clarice. »
5. Demme décède le 26 avril 2017, à l'âge de 73 ans, des suites de complications liées au cancer de l'œsophage. Son dernier tournage a été réalisé non pour le cinéma mais pour la télévision : un épisode de *Seven Seconds*, une série limitée sur Netflix évoquant les tensions raciales après l'assassinat d'un adolescent noir, abattu par un policier blanc qui tente ensuite de couvrir son acte. L'épisode de Demme, « Brenton's Breath », a été diffusé en février 2018.
6. Le papillon de nuit recouvrant la bouche de Jodie Foster sur l'affiche du *Silence des agneaux* fait en réalité référence à une photographie de sept nus féminins extraite de *In Voluptate Mors* (1951), né de la collaboration entre Salvador Dalí et le photographe Philippe Halsman.
7. Ted Levine (Buffalo Bill) est devenu proche de Brooke Smith (Catherine Martin) lors du tournage. Les témoignages disent qu'il a éprouvé des difficultés à maintenir son personnage pendant qu'elle suppliait qu'on la libère. Demme a conservé une prise durant laquelle l'acteur luttait pour retenir ses larmes.

Le diable, empereur en son royaume

Photogramme du film *Fantasia*, 1940.

Satan, je te méprise et je te crains. Mais tu m'attires.

Par Demetrio Paparoni | Traduit de l'italien par Camille Paul

Depuis le XIXe siècle, la représentation du diable n'est plus liée aux commandes de l'Église, si bien qu'elle n'est plus contrainte par la narration religieuse. Le siècle des Lumières, avec son aversion pour les superstitions en tout genre, avait déjà eu tendance à désacraliser les représentations du Malin et à en faire un objet de raillerie. Cette tendance s'accentue encore au XXe siècle.

McCall in Portland Telegram

Hell's masterpieces

En 1814, dans une de ses eaux-fortes colorisées à la main, *The Devil's Darling*, le caricaturiste anglais Thomas Rowlandson dessine un diable noir aux paupières rouges, affublé de cornes, d'une barbiche et de pattes de bouc, occupé à bercer un Napoléon miniature, pareil à un nourrisson serré dans ses langes. Il tient en outre à la main l'étoile à ruban rouge de l'ordre de la Légion d'honneur. Son attitude est paternelle mais la grimace, diabolique. Dans un court poème, le même Rowlandson décrit le diable déclarant son amour de père à Napoléon : « Laisse-moi t'étreindre et admirer en ton cœur hautain les crimes les plus scélérats que je puisse ordonner. » Il lui avoue ne pas avoir grand-chose à lui apprendre car il lit dans ses yeux « le précieux délit de blasphème, [...] l'homicide et le massacre, et le pillage inlassablement poursuivis ». Puis il conclut que « tôt ou tard, la vie terminée, l'enfer accueillera mon fils bien-aimé ». L'auteur fait allusion à la guerre au cours de laquelle se sont alliés la Grande-Bretagne, l'Empire russe, la Prusse, la Suède, l'Empire d'Autriche et quelques États allemands afin de stopper les visées expansionnistes

de Napoléon. Dans la gravure de Rowlandson, la figure du diable reprend un motif qui, tout compte fait, n'est guère éloigné de celui des siècles précédents. Tout comme l'Église, par le passé, avait assimilé Satan aux païens, aux hérétiques, aux mahométans, aux réformateurs et à tous ceux qui remettaient sa doctrine en question, Rowlandson fait du diable le dangereux ennemi français. Satan n'est plus l'adversaire de la foi mais un rival politique qui continue d'incarner le mal absolu. Entre le XIXe et le XXe siècle, le diable fait son apparition dans le monde des vignettes, surtout dans les caricatures politiques des journaux à gros tirages. L'illustrateur américain Neal D. McCall, par exemple, y aura recours en 1919 pour illustrer la « peur rouge ». La planche intitulée *Hell's Masterpieces* exprime, au lendemain de la révolution russe de 1917, la crainte des Américains que le communisme puisse porter un coup fatal au système capitaliste. Publié dans le *Portland Telegram*, le grand quotidien de l'Oregon, *Hell's Masterpieces* met en scène un diable pourvu de cornes, d'une barbiche et d'une queue en forme de flèche, occupé à peindre le portrait d'un bolchévique. Le portrait du kaiser de

PAGE DE GAUCHE : Neal D. McCall, vignette satirique pour le journal *Portland Telegram*, Portland, Oregon, juillet 1919.

EN HAUT À GAUCHE : Thomas Rowlandson, *The Devil's Darling*, eau-forte, 1814. Publiée par Rudolph Ackermann, le 12 mars de la même année.

EN HAUT À DROITE : Maurizio Cappiello, Affiche publicitaire, 1906. Lithographie, 157 x 117 cm.

CI-DESSUS : Poster réalisé par Eugène Ogé en 1912 pour la publicité de la liqueur Châtelaine.

Prusse et d'Allemagne, Guillaume II, est accroché au mur du studio. Par terre, appuyés au chevalet, on trouve les portraits de Néron, Caligula et Judas. À l'instar de l'artiste qui fait apparaître une image sur sa toile blanche, le diable de McCall crée le mal à partir du néant. Dans ce cas précis, la représentation du démoniaque, bien qu'elle naisse comme une dénonciation, cherche davantage à susciter le rire qu'à terrifier.
Au cours de ces mêmes années, aussi bien aux États-Unis qu'en Europe, le diable, qui apparaît de moins en moins comme un objet de terreur, s'insinue dans le monde de la publicité. Son caractère malin transparaît dans des postures lascives et transgressives, faisant discrètement allusion au plaisir des bordels, ou tout simplement à celui que procure une boisson alcoolisée ou un gâteau. Qu'il vante la liqueur Châtelaine, l'apéritif Maurin Quina ou l'Anis infernal, le diable reste ce séducteur qui invite à transgresser. Et que cette transgression soit petite ou grande, elle n'en reste pas moins une transgression.

Dans les premières décennies du XXe siècle, le diable des dessins animés revêt des aspects très divers : tantôt terrifiant, comme le veut l'iconographie traditionnelle, tantôt drôle et inoffensif. Dans *Une nuit sur le mont Chauve*, une des séquences de Fantasia, le film d'animation des studios Disney sorti en 1940, le démon Chernabog est doté de toutes les caractéristiques du diable. Le film traduit en images le poème symphonique éponyme de Modeste Moussorgski, qui met en musique l'affrontement entre le bien et le mal. Y sont repris des thèmes iconographiques récurrents dans l'histoire des arts, de l'Apocalypse à la danse macabre, de la chute des anges rebelles au sabbat. Ces références, tout comme l'influence d'artistes tels que Memling, Grünewald, Munch ou encore Ensor, ne peuvent échapper à l'œil d'un spectateur averti. Le diablotin qui incarne la mauvaise conscience de Donald Duck dans *Donald's Better Self* est quant à lui d'un tout autre registre, en rien inquiétant. Même s'il conserve de petites cornes écarlates, une queue en forme de flèche et un maillot rouge, ses allures de benêt le rendent inapte à susciter la crainte.
Dans l'art moderne et contemporain également, la figure du diable a été estompée au point d'être parfois aux antipodes de ce qu'elle était à l'origine. Son aspect terrifiant nous apparaît ainsi de moins en moins prononcé. Au début du nouveau millénaire, l'artiste californien Gary Baseman a peint une série de toiles, intitulées *The Garden of Unearthly Delights*, qui mettent en scène un petit diable à la fois drôle et inquiétant nommé HotChaChaCha. À mi-chemin entre un démon et un extraterrestre, ce personnage à la grosse tête plantée sur un petit corps à trois jambes possède de grands yeux, des oreilles d'âne, des cornes, deux petites dents pointues et une queue en forme de flèche. Il déambule dans des paysages à la Jérôme Bosch, mais où toute trace d'eau ou de végétation semble avoir été balayée

À GAUCHE : Gary Baseman, *The Deflowering*, 2005. Acrylique sur table, 61 x 46 cm.

PAGE DE DROITE, EN HAUT : Gary Baseman, *Devil Heart*, 2005. Acrylique sur table, 46 x 61 cm. Reproduit avec l'aimable autorisation de l'artiste.

PAGE DE DROITE, EN BAS À GAUCHE : Michael Pacher, *Le Diable se présente à saint Augustin avec le livre des vices*, 1471-1475. Huile sur bois, 103 x 91 cm. Munich, Alte Pinakothek.

PAGE DE DROITE, EN BAS À DROITE : Nicola Verlato, *Thou shalt not make unto thee any graven image*, 2014-2015. Huile sur toile, 120 x 90 cm. Aalborg, Anne and Jan Nygaard Collection.

BASE
MAN

Yue Minjun, *Paesant on Grassland*, 2006. Huile sur toile, 280 x 250 cm.
Reproduit avec l'aimable autorisation de Yue Minjun Studio, Pékin.

par des années de sècheresse ou par un incendie. Son créateur a aussi fait d'HotChaChaCha une figurine en édition limitée.

Même s'il sert à aborder, de façon métaphorique ou symbolique, des questions liées à l'histoire et à l'histoire de l'art, le diable, depuis le XXe siècle, doit composer avec l'iconographie pop véhiculée par la bande dessinée, le cinéma et les jeux vidéo, comme, par exemple,

Satan n'est pas l'adversaire de la foi, mais reste l'incarnation du mal absolu en devenant un rival politique

dans la peinture *Thou Shalt Not Make Unto Thee Any Graven Image* (2014-2015) du peintre italien Nicola Verlato. Ce dernier rattache son œuvre aux XVIe et XVIIe siècles, époque à laquelle les puritains voyaient dans la peinture figurative une manifestation du démon. Verlato représente ainsi le diable en train de peindre un tableau figuratif tandis que des puritains américains cherchent à le convertir à la peinture aniconique.

Sur le plan formel, la scène fait explicitement allusion au *Diable se présente à saint Augustin avec le livre des vices* (1483) du peintre tyrolien Michael Pacher, une huile sur bois qui montre saint Augustin (saint Wolfgang, selon les interprétations) avec les parements épiscopaux et une mitre sur la tête. Il serre dans sa main une grande crosse, tandis que de l'autre il bénit un démon au corps verdâtre. Pacher nous rappelle ainsi que, d'après

Robert Williams, *The Girl with the Faberge Ass*, 1995. Huile sur toile, 61 x 51 cm.
Reproduit avec l'aimable autorisation de Robert Williams Archive.

la légende, saint Augustin et saint Wolfgang sont parvenus à tromper le diable. Le diable de Verlato ne renvoie toutefois pas à celui de Pacher. Il s'apparente davantage au diable de *Legend*, le film de Ridley Scott. Sa peau est rouge et la forme de ses cornes est celle du bouc, en plus petit. Même sa queue, avec son extrémité en pointe, est caractéristique des dessins animés et des bandes dessinées du début du xxe siècle. On est presque tenté de s'exclamer : pauvre Satan ! Depuis un bon moment déjà, son image est raillée par l'Orient et l'Occident. On est toutefois en droit de se demander si sa bouffonnerie n'est pas une stratégie qui lui permettrait d'agir en toute tranquillité en nous amenant à le sous-estimer. En regardant les œuvres qui le dépeignent comme un personnage ridicule et inoffensif, peut-être devrions-nous réfléchir au fait que « la plus belle des ruses du Diable est de vous persuader qu'il n'existe pas », comme l'a si bien dit Baudelaire. Ou bien pouvons-nous nous abandonner au plaisir de nous moquer de lui, comme le font l'artiste chinois Yue Minjun ou l'Américain Robert Williams ? Yue Minjun s'est à plusieurs reprises peint sous les traits d'un diable au corps rose vif, affublé de cornes et la bouche ouverte en un grand éclat de rire. Le diable de Minjun n'est pas une figure maléfique. Il cherche seulement à être ce qu'il veut être et à échapper aux injonctions de la pensée dominante. Il refuse de nuire à quiconque et oppose à qui veut plier sa volonté un grand éclat de rire, sa forme de résistance passive. Le diable de Robert Williams est, à l'inverse, une projection du sentiment de culpabilité enfoui au plus profond de la psyché humaine, un sentiment de culpabilité

machomet

qui a souvent trait à la sexualité. Tantôt entouré de femmes provocantes, tantôt doté d'une apparence féminine alors qu'il assemble des pièces mécaniques pour construire des femmes, le diable de Williams est l'inventeur d'un imaginaire où les désirs sexuels jouent un rôle central. Depuis toujours, l'homme éprouve le besoin de donner un corps aux entités abstraites pour mieux les saisir. Sans cela, il lui aurait été impossible d'élaborer un récit autour des forces qui le dominent et qu'il ne parvient pas à maîtriser, qu'elles soient hostiles ou protectrices. Ses exigences spirituelles ont toujours eu besoin de l'art, du récit, des sons afin de créer des images à partager. C'est parce que le groupe éprouve le besoin de surmonter ses peurs ensemble que des figures dotées de pouvoirs maléfiques ou bénéfiques ont commencé à être représentées. C'est ce ressenti commun qui a amené le christianisme, pour lequel le mal ne peut venir directement de Dieu, à créer le diable et à lui conférer une telle importance. Ce n'est cependant qu'au XIe siècle que sa représentation est codifiée et que les caractéristiques qu'on lui attribue encore aujourd'hui se sont insinuées dans l'imaginaire collectif. Le diable commence dès lors à revêtir des traits hérités de divinités païennes. L'Église a voulu que, dans l'esprit des gens, les divinités païennes soient assimilées à une figure effrayante, incarnation du mal, de façon à éliminer tout attachement à des dieux étrangers au christianisme. Cornes, barbe, pattes de bouc, telles étaient les caractéristiques du dieu Pan de la mythologie grecque, du faune des Romains, mais aussi du Cernunnos de la mythologie celte. Les ailes, quant à elles, sont celles des anges déchus pour s'être soulevés contre Dieu ou parce qu'ils s'étaient accouplés à des femmes. La figure monstrueuse qui en découla n'était donc pas uniquement destinée à alimenter le credo des chrétiens, mais aussi et surtout à anéantir toute déviance par rapport à la doctrine officielle ainsi que le pouvoir de persuasion des opposants à la foi, qui avaient beau jeu de continuer à proposer des figures mythologiques ancrées dans la tradition. Ce sont avant tout les représentations qu'en ont fait les artistes qui ont permis à ce modèle de se fixer dans notre esprit. Il suffit de penser au *Jugement dernier* de Coppo di Marcovaldo (env. 1260-1270), la mosaïque de style byzantin du baptistère Saint-Jean, à Florence. Dépeint sous les traits d'un gigantesque monstre anthropophage, aux grandes cornes et aux oreilles d'âne d'où sortent des serpents, eux-mêmes mangeurs d'hommes, le diable de Marcovaldo inspirera, entre autres, les *Jugements derniers* de Giotto (1306), de Buffalmacco (1336-1341), de Giovanni da Modena (1410), de Fra Angelico (1425-1430). Peinture et littérature (on pense notamment à l'Enfer décrit par Dante dans *La Divine Comédie*) ne cesseront de s'entrelacer et de s'influencer. L'art est le fruit de tels croisements. L'artiste a de tout temps nourri son imaginaire en étudiant les œuvres de ses prédécesseurs ou de ses contemporains. Les caractéristiques du diable de Coppo di Marcovaldo imprègnent tellement notre imaginaire qu'elles continuent d'être reprises aujourd'hui. Y compris par la pop culture. ■

PAGE DE GAUCHE, EN HAUT : Coppo di Marcovaldo, *Jugement dernier*, 1260-1270, détail. Mosaïque. Florence, baptistère de San Giovanni.

PAGE DE GAUCHE, EN BAS : Giovanni da Modena, *Jugement dernier*, 1410, détail. Fresque. Bologne, basilique di San Petronio, chapelle Bolognini.

POUR SE DAMNER LES YEUX

Infernal,
Histoire illustrée du Diable

Demetrio Paparoni

384 pages - 39,95 € - Cernunnos

Mon nom est légion

Horrible gardien des enfers, séducteur et tentateur, ange déchu… Contrairement à Dieu, le diable est multiple. Et c'est ainsi qu'il a toujours épousé son temps et fasciné les artistes. Voici quelques-unes de ses incarnations.

EN HAUT : Hans Memling, *Le Jugement dernier*, panneau central, détail, 1466-1473, Danzig, musée Pomorskie.

EN BAS : Keith Haring, *Sans titre*, 1985. Collection privée.

PAGE DE DROITE : Roland Holst et Richard Nicolaus. Affiche pour le Faust de Johann Wolfgang von Goethe, 1918. Lithographie, 114 x 84 cm. Collection privée.

N V HET TOONEEL
DIR WILLEM ROYAARDS
GOETHE'S
FAUST
DRUK v. SENEFELDER
R. N ROLAND · HOLST f. '18

EN HAUT, À GAUCHE : Rudolf Schlichter, *Puissance aveugle*, 1937. Huile sur toile, 179 x 100 cm. Berlin, Berlinische Galerie.

EN HAUT, À DROITE : William Blake, *Le Grand Dragon rouge et la Femme vêtue de soleil*, 1803-1805. Aquarelle, 55 x 43 cm. New York, Brooklyn Museum of Art.

CI-DESSUS : Nyoman Masriadi, *Red Devil*, 2011. Huile sur toile, 200 x 150 cm. Reproduit avec l'aimable autorisation de Nyoman Masriadi Archive.

PAGE DE DROITE : Francisco Goya, *Le Sabbat des sorcières (El Aquelarre)*, 1797-1798. Huile sur toile, 43 x 30 cm. Madrid, musée Lázaro Gardiano.

PAGE DE GAUCHE : Anita Ekberg, vers 1956.

EN HAUT : Pierre et Gilles, *Jeff Stryker*, 1991.
Photographie peinte à la main, 64 x 97 cm.
Reproduit avec l'aimable autorisation des artistes.

EN BAS : Lil Nas X fait scandale avec son clip
« Montero (Call Me By Your Name) ».

Le diable en France au XIXe siècle

Un personnage inquiétant qui fascine

PAR DENIS PELLERIN

Pendant des siècles, la peur du diable et la crainte de l'enfer ont été des moyens de dissuasion efficaces utilisés par l'Église pour maintenir les populations dans le droit chemin. Malgré le siècle des Lumières et une croyance grandissante mais encore timide en la science, la vision d'un enfer associé à un lieu de tortures perpétuelles n'avait pas pris une ride. Il suffit pour s'en convaincre de lire *Le Curé de Cucugnan* d'Alphonse Daudet.

Inspirée d'un sermon recueilli en 1858 par Auguste Blanchot de Brenas dans un village des Corbières et publié le 30 juillet de l'année suivante dans la revue *La France littéraire, artistique et scientifique*, la nouvelle de Daudet ne fut publiée que sept ans plus tard dans le journal L'Événement avant d'être incluse en 1869 dans le volume paru sous le titre *Les Lettres de mon moulin*. Le rêve de l'abbé Martin décrit un enfer où les âmes des damnés subissent encore des châtiments identiques à ceux dépeints par l'Église depuis le Moyen Âge. Pourtant, la vision du diable évolue au cours du XIXe siècle en vagues successives qui ont pour aboutissement la publication d'épreuves photographiques pour le stéréoscope publiées d'abord sous le nom de *Diables* puis de *Diableries*.

Tout commence avec l'époque romantique, pendant laquelle le diable perd ses cornes et ses pieds fourchus, parfois sa queue, pour prendre une apparence plus humaine qui lui permet d'évoluer dans le monde sans crainte d'être reconnu. Il cesse aussi d'être le mal incarné pour devenir l'ange déchu, un prince des ténèbres certes, mais un prince néanmoins, avec les mêmes faiblesses que les hommes qu'il est censé faire céder à toutes sortes de tentations. Picturalement cependant, il n'a pas changé. Les caricatures souvent scatologiques et parfois résolument pornographiques publiées par Eugène Le Poittevin au début des années 1830 lancent la vogue des diableries. *Les Diables de lithographies*, *Diableries érotiques*, *Bizarreries diaboliques* se succèdent à un rythme effréné et sont rapidement imités.

Une dizaine d'années plus tard, le diable redevient à la mode avec la parution, en 1845 et 1846, des deux volumes du *Diable à Paris*. Les textes sont écrits par les sommités littéraires de l'époque, Balzac, Musset, Nerval, George Sand, Eugène Sue, Gustave Droz, etc., et les illustrations sont signées Gavarni, Grandville, Bertall, Cham, Tony Johannot et Dantan. C'est un succès sans précédent. Le prétexte est pourtant bien mince. Le diable s'ennuie si fort qu'il dépêche à Paris l'un de ses diablotins, Flammèche, avec pour mission de lui faire toutes les semaines un rapport détaillé de ce qu'il aura vu et entendu et de tout ce qui se passe dans cette « infernale cuve ». Flammèche se fait aider par les plus

Cham. *Ne sachant plus à quel diable se vouer*. Vignette parue dans *Le Charivari* le 14 novembre 1858. Collection de l'auteur.

grands écrivains et artistes de la capitale qui versent leurs contributions dans le Tiroir du diable, d'où elles parviennent directement à Satan.
Dix ans s'écoulent encore et le diable se retrouve cette fois sur toutes les scènes de la capitale. Il est si omniprésent que le caricaturiste Cham, nom de plume de Charles Amédée de Noé, publie un dessin qui montre un bourgeois perplexe, examinant les affiches des spectacles de la semaine et ne sachant plus bien à quel diable se vouer. La vignette, parue le 14 novembre 1858 dans le journal satirique *Le Charivari*, est une restitution fidèle de ce que l'on pouvait voir sur la scène parisienne quelques semaines auparavant.
Aux titres représentés par Cham venait même de s'ajouter *Orphée aux enfers*, l'opérette de Jacques Offenbach dont la première avait eu lieu le 21 octobre précédent.

Pierre Adolphe Hennetier. *Les Femmes de Satan au bain*. L'une des vingt-deux premières diableries, portées au dépôt légal par l'éditeur Lamiche. Reproduit avec l'aimable permission de la London Stereoscopic Archive.

Tout était en place pour qu'apparaissent un nouveau type de diableries, photographiques, créées spécialement pour être vues en relief à travers les oculaires de cet instrument d'optique qui faisait fureur à l'époque : le stéréoscope. Inventé en 1832, contemporain des premières diableries de Le Poittevin, le stéréoscope était dû au génie du physicien anglais Charles Wheatstone (1802-1875) qui, fabricant d'instruments de musique de formation mais intéressé par les phénomènes de propagation du son puis par la persistance rétinienne et la vision binoculaire, fut le premier à avoir prouvé scientifiquement que nous percevons le relief grâce aux différences infimes qui existent dans les images rétiniennes perçues par nos deux yeux et reconstituées en une image tridimensionnelle unique par notre cerveau. Comme la photographie n'existait pas encore, Wheatstone dessina des formes géométriques vues successivement par l'œil gauche puis par l'œil droit. Il disposa les deux dessins ainsi obtenus sur deux planches verticales placées de part et d'autre de deux miroirs joints par l'un de leurs côtés et formant un angle de 90 degrés. Les deux images ne pouvaient être vues conjointement que si l'on approchait son nez de l'arête formée par l'angle des deux miroirs. Le cerveau opérait la fusion des deux perspectives situées de part et d'autre du visage de l'observateur et le solide géométrique apparaissait en relief. Le stéréoscope était né. Présentée à la Royal Society de Londres le 21 juin 1838, l'invention de Wheatstone serait restée dans les laboratoires de physique sans la révélation, quelque six mois plus tard, des procédés photographiques sur métal (Daguerre) et sur papier (Talbot). Les premières photographies stéréoscopiques datent de 1840 mais le stéréoscope ne commença à devenir populaire qu'à l'issue de l'Exposition universelle de Londres de 1851. Des portraits stéréoscopiques furent réalisés dès 1852 et, avec l'apparition de nouveaux procédés photographiques (Archer) associés aux améliorations des papiers photographiques, une industrie se développa qui eut tôt fait d'inonder le marché d'images de petit format montées sur un support carton d'environ 17,5 × 84 cm. Des millions d'épreuves stéréoscopiques furent produites qui, il est important de le rappeler, ouvrirent littéralement le monde aux contemporains du stéréoscope et firent du « magique

Feuilleter ces diableries, [...] c'est aussi découvrir la société française sous le Second Empire et la IIIe République

CI-DESSUS ET DOUBLE-PAGE SUIVANTE : Pierre Adolphe Hennetier. *Revue de la garde infernale*.
Reproduit avec l'aimable permission de la London Stereoscopic Archive.

instrument » la télévision de l'époque. On pouvait y découvrir des contrées lointaines, tous les monuments, boulevards et avenues de Paris, Rome, ou Londres, des scènes sentimentales ou comiques, des statues, les objets figurant dans les expositions universelles, et une foule d'autres choses, précieuses, bizarres ou insolites. Les diableries appartiennent à ces deux dernières catégories. Les premières diableries photographiques furent déposées en France le 9 septembre 1860 par le photographe et éditeur François Benjamin Lamiche. Au nombre de vingt-deux, elles étaient dues au talent de deux modeleurs, Pierre Adolphe Hennetier et Louis Alfred Habert, qui les façonnèrent à partir de glaise. Il faut sans doute rappeler au lecteur qu'en 1860 la France était dirigée par l'empereur Napoléon III, qui avait été élu président de la République française en décembre 1848 et qui, ne voulant pas interrompre l'œuvre qu'il avait entreprise et qui devait s'achever au terme d'un mandat de quatre ans non renouvelable, se résolut à prendre le pouvoir par la force le 2 décembre 1851 et fut proclamé empereur l'année suivante. Ce rappel historique a son importance car, sans ce viol du serment prêté à la république par Louis Napoléon Bonaparte, il n'y aurait sans doute jamais eu de diableries. Lamiche, l'éditeur des premières diableries, était un farouche partisan de la république et ne pardonna jamais à Napoléon III son coup d'État. Il le poursuivit de sa rancœur jusqu'après la chute de l'Empire en 1870. Les diableries lui fournirent un moyen de critiquer le régime, moyen dont il usa avec ruse et habileté. Si, parmi les vingt-deux premières diableries, se trouvent un nombre important de scènes que l'on peut qualifier de « religieuses » (*Enfer*, *Purgatoire*, *Paradis*, *Les Sept Péchés Capitaux*, etc.) et qui décrivent une vision de l'enfer proche de celle évoquée dans son homélie par l'abbé Martin, curé de Cucugnan, d'autres se révèlent être des satires virulentes de l'empereur et de sa cour. La vue intitulée *Les Femmes de Satan au bain* paraît relativement « innocente » au premier coup d'œil. Des demoiselles entièrement nues prennent un bain de mer sous la surveillance de Satan en personne, armé d'un fouet qui a pour but de châtier les impudents et les curieux qui s'aventureraient à s'approcher d'un peu trop près. Un examen plus attentif de l'image révèle que la scène se passe à Biarritz, lieu de villégiature impériale (le phare et la « roche percée » sont aisément reconnaissables), et que nous avons en fait sous les yeux une satire de l'empereur et de son goût prononcé pour les femmes. Un autre tableau, par le même Hennetier, nous montre Satan à cheval, passant en revue sa garde infernale. Un rapport de police écrit à la suite d'une perquisition effectuée chez Lamiche, soupçonné d'avoir fait des photographies jugées obscènes (il sera arrêté, jugé et condamné à la prison peu de temps après), décrit

Revue de la garde infernale - couleur.

REVUE DE LA GARDE INFERNALE

Pierre Adolphe Hennetier. *Pouvoirs de Satan*.
Reproduit avec l'aimable permission de la London Stereoscopic Archive.

une épreuve photographique représentant l'empereur Napoléon III chevauchant devant sa garde impériale, épreuve au-dessous de laquelle Lamiche avait écrit les mots « Revue de la garde infernale ». Pour Lamiche, et il n'y a aucun doute : Napoléon III est Satan et Paris n'est autre que le Sombre Séjour.
Une troisième image, intitulée *Pouvoirs de Satan*, montre une scène se déroulant à l'occasion du carnaval. Satan verse le champagne à pleines flûtes et ses fidèles serviteurs (des squelettes grimaçants) récoltent les âmes de ceux qui se laissent aller à toutes sortes de turpitudes en cette période festive et débridée. Un homme est assis à gauche, portant le déguisement d'un personnage de théâtre rendu célèbre par l'acteur Frédérick Lemaître : Robert Macaire. Pour les contemporains de cette photographie, Macaire est l'archétype du vilain, assassin, voleur, escroc, menteur (et j'en passe).
Le personnage avait franchi la scène pour être repris par les caricaturistes qui dépeignirent sa vilenie sous toutes ses facettes. Un fait pourtant vaut d'être signalé. Le Macaire de Lemaître et des caricaturistes Daumier, Traviès et autres, est toujours glabre. Celui d'Hennetier porte une moustache et une impériale qui ne trompent guère sur l'identité de celui qui se cache sous ce costume.
On peut légitimement se demander comment ces satires, souvent féroces, ont pu être autorisées à la vente, à une époque où la censure avait été rétablie et toute publication devait être portée au dépôt légal sous peine d'amendes, voire de peines de prison. Le fait que ces images nous soient parvenues tient à la ruse de Lamiche, qui prit soin de déposer ses vingt-deux diableries en même temps que d'autres épreuves pour le stéréoscope montrant les quatorze stations du chemin de croix d'après James Pradier et Francisque Duret.
Au milieu de ces images religieuses et de certaines diableries qui, nous l'avons signalé, n'auraient pas déparé dans une église, les censeurs n'y ont vu que du feu, si je puis me permettre l'expression.
Il existe d'autres diableries satiriques, mais elles appartiennent pour la plupart au genre de la satire sociale. Habert et Hennetier se moquent de la mode (en particulier de la crinoline, ce jupon de fer qui gonfle démesurément les jupes des femmes et leur donne une forme de cloche), des nouvelles inventions (le train à vapeur, résolument diabolique, la bicyclette, qui fait fureur vers la fin des années 1860), des expositions universelles, des cafés chantants, ancêtres des music-halls, et des théâtres, où l'on se rend plus pour se montrer et observer les autres que par intérêt pour le spectacle représenté. Les diableries rendent aussi hommage à des artistes contemporains disparus : Paul Gavarni, Jean Auguste Dominique Ingres, James Pradier, le comédien Grassot. L'une d'elles, *Le Mariage de Satan*, paie même un tribut au graveur Jacques Callot, pourtant

Mme Angot aux Enfers.

décédé en 1635. Les spectacles du moment sont également évoqués, avec des artistes comme les Clodoches, ce quadrille de danseurs frénétiques mené par Clodomir Ricart, les opérettes de Jacques Offenbach (*Orphée aux enfers*) et de Charles Lecocq (*La Fille de Madame Angot*), ou encore la chanson de Paul Burani, *Les Pompiers de Nanterre*, première au « hit parade » de l'année 1868. Feuilleter toutes ces diableries, ce n'est pas seulement regarder des images souvent amusantes, parfois macabres et toujours pleines d'invention. C'est aussi découvrir la société française sous le Second Empire et la IIIe République. Ces images relativement rares ont longtemps fait le bonheur des collectionneurs et des amateurs de fantasmagorie, qui n'y voyaient que des scènes drolatiques et bizarres avec effets de jour et de nuit[1]. Il a fallu des années de recherche pour percer leurs mystères. Un premier livre, publié en 2013, réunissait 180 des 182 diableries reconnues.
La découverte des deux dernières images successivement en 2014 puis en 2018, ainsi que celle des négatifs des soixante-douze premières images produites par Habert et Hennetier, ont permis la publication, en 2019, d'une édition enfin complète[2] à laquelle je renvoie les lecteurs qui voudraient en savoir davantage sur ces étranges photographies qui jouaient sur l'étonnante fascination exercée à l'époque par le diable. Méliès devait s'en inspirer pour un certain nombre de ses très inventifs courts-métrages. Cette fascination pour le Prince des Ténèbres semble perdurer, si l'on en juge par certains films réalisés jusqu'à nos jours.

Notes :

1. De nombreuses diableries ont été tirées sous la forme d'épreuves dioramiques ou illuminées. Le papier fin portant l'image photographique était peint au dos et monté dans un carton ajouré. Lorsque la vue était présentée dos à la lumière, l'image apparaissait en couleurs. Des trous d'épingle judicieusement placés (yeux, bougies, bijoux) et recouverts de gels de couleur renforçaient le côté dramatique de la scène et donnaient un effet de nuit, très apprécié des acheteurs.
2. Brian May, Denis Pellerin et Paula Fleming. *Diableries: Stereoscopic Adventures in Hell*. Ouvrage de 280 pages et abondamment illustré, publié en 2019 par la London Stereoscopic Company du docteur May. Une édition française de la première version anglaise – augmentée d'une vue et comportant quelques images obtenues à partir des négatifs originaux – a été publiée en 2014 par les éditions de La Martinière.

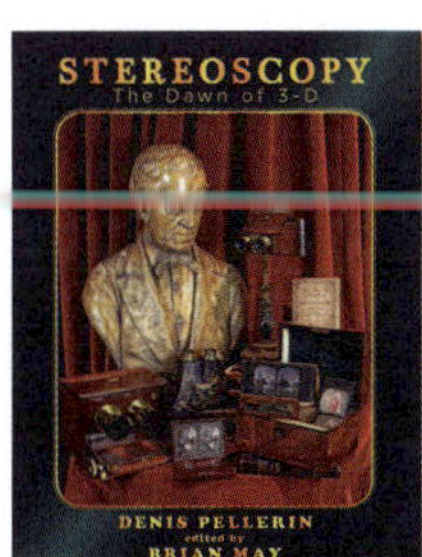

POUR VOIR LE DIABLE EN 3-D

Stereoscopy, The Dawn of 3-D

Brian May et Denis Pellerin

216 pages – 60£ –
The London Stereoscopic Company

Franz von Stuck, *Lucifer*, 1891. Huile sur toile, 161 x 152 cm.
Sofia, National Gallery for Foreign Art.

Le diable, archétype du rebelle et icône standardisée

ENTRETIEN AVEC

Jean-François Colosimo

Propos recueillis par Richard de Seze

Comptant parmi nos plus grands éditeurs, Jean-François Colosimo est aussi un essayiste scrutant le monde pour y étudier les relations entre religion et politique, en plein cœur de la théocratie américaine, dans la France laïque, au pays de Dostoïevski ou encore, dernièrement, dans la Turquie d'Erdogan. Théologien orthodoxe, il a passé sa jeunesse avec les chrétiens d'Orient auxquels il a consacré un livre et un film documentaire. À ce fin connaisseur des métamorphoses contemporaines de Dieu, nous avons demandé ce qu'il pensait des incarnations modernes du diable.

Fantask : *Netflix diffuse actuellement la série* Lucifer *: le diable a abandonné l'enfer, vit à Los Angeles, gère une boîte de nuit et assiste la police. C'est un personnage romantique qui révèle volontiers ses désirs les plus secrets et ses malheurs sentimentaux. À quel moment le diable est-il devenu une figure positive ?*

Jean-François Colosimo : Le mal personnifié en quête d'humanité, désireux de rejoindre notre condition ordinaire et voulant se fondre dans la masse : une telle représentation va à contre-courant de quelque 4 000 ans d'histoire. Elle n'en est que plus typique de la culture populaire contemporaine. À son tour, Satan est sommé de s'inscrire dans l'ère de la multitude globalisée et indifférenciée. Pour autant, cette standardisation est l'aboutissement des diverses métamorphoses qu'il a connues depuis la Renaissance et qui se sont cristallisées à la fin du XIXe siècle avec l'annonce de la mort de Dieu.

Vous y voyez donc une longue et lente évolution. Mais quelles en seraient les grandes étapes ?

Plutôt qu'à un développement linéaire, on assiste à la croissance parallèle puis à la convergence ultime de plusieurs courants distincts et néanmoins similaires. Chacun d'entre eux revendique le droit et le devoir pour l'homme d'affirmer son autonomie absolue. Elle est la condition d'accès à la surhumanité. C'est là sa véritable destination que le monde ancien a voulu lui interdire. L'ordre d'hier, religieux ou rationnel, moral ou social, est une fiction qu'il faut inverser. Ses maîtres mentent lorsqu'ils décrètent que le diable est mensonger. Nier cette fausse négation revient à poser un acte libérateur. Lucifer n'est plus à combattre mais à imiter. C'est lui, l'archétype du rebelle, qui livre la clé des temps nouveaux. Sa réhabilitation est signe de progrès.

Diriez-vous que cette rupture est antireligieuse ?

Oui et non. Le mouvement s'institue contre la religion et se termine dans la religiosité. On déplace le paganisme archaïque et on le réinterprète dans l'utilitarisme moderne. La mutation du diable s'applique aux domaines constitutifs de la science, de la littérature, de la politique qui le rejettent ou l'encadrent comme à ceux, diffus, de la spiritualité ou de la sexualité où il excelle. Les courants qui la portent ont en commun d'être gnostiques : c'est la connaissance expérimentale de la transgression qui émancipe. Ils sont aussi dualistes : le bien et le mal s'égalent. Et ils partagent la même visée : acquérir le secret de la vie. Nul besoin, donc, de trop insister sur la ressemblance entre cette construction et le récit biblique de la tentation : « Vous serez comme des dieux », susurre le Serpent.

La gnose que vous décrivez s'avère au départ, toujours selon vous, composite. Comment détailleriez-vous les éléments qui entrent dans cet alliage ?

Il y a d'abord, à la Renaissance, l'émergence de l'androïde. Autrement dit, la fabrication et la domestication d'une créature étrangère à la faiblesse humaine. Le couplage de l'ambition de Prométhée avec la précision de l'automate permet à l'être humain de rivaliser avec son Créateur. Ce qui revient à prendre la relève de Satan, qui est d'ailleurs à la fois factice et faussaire, révolté et robotisé. Ce premier mythe moderne s'enracine dans le Golem, passe par Frankenstein, aboutit au Cyborg, tous des avatars de l'Alien fondamental, avant que Terminator, éprouvant subitement des états d'âme, ne tourne à E.T. Voilà qu'un extraterrestre aussi inoffensif que perdu et un petit bonhomme aussi doux qu'esseulé fraternisent, tant le cosmos se révèle peuplé d'atomes si solitaires qu'ils en sont rendus à mendier une poignée de mains. Le diable ne serait-il pas lui aussi un pauvre diable qui mériterait d'être associé à ce *happy end* ? Un bon sujet de méditation, dans tous les cas, pour les transhumanistes chez qui l'immortalité se résume à commander un kit de prothèses sur Amazon.

> Satan est à la fois factice et faussaire, révolté et robotisé

La créature augmentée dit-elle tout de la manière dont cette transformation affecte le registre du corps ?

Le deuxième courant, effectivement, voisine et concurrence le premier. Le libertinage, la mécanique des corps, vient se superposer à la physique, la mathématique des planètes. De même que la réinvention de la dissection, au XVe siècle, conduit à la résurgence de la débauche au XVIIIe siècle : dans les deux cas se joue la maîtrise sur la chair comme levier d'affranchissement. Faust et Don Juan sont contemporains. Leurs pactes respectifs avec Méphistophélès se ramènent au principe de la domination contre la possession. Ce qui donne en même temps, à la veille de la Terreur, Sade et Sanson, le pornographe et le guillotineur. Pour le plus grand nombre toutefois, le diable, cet éternel séducteur, se contente du détournement ordinaire de l'amour. S'ensuit la réitération nomadique de la performance sexuelle comme réassurance égoïste de l'existence individuelle. Les scénaristes de *Lucifer* auraient dû penser à ce paradoxe en faisant de leur héros un actionnaire de Tinder car le Cornu jouit de la tristesse postcoïtale de l'animal humain, cette autre déréalisation du fantastique à l'épreuve du concret et de l'altérité.

Cela en fait deux et votre liste initiale en annonce d'autres. Par lequel, à leur suite, la complétez-vous ?

En troisième position vient la recherche du métalangage, de la revivification du pouvoir magique de nommer, de l'hégémonie mythique du mot sur la chose. Elle s'origine dans l'engouement de la Renaissance pour la kabbale et la cryptologie. Elle réapparaît au XIXe siècle sous la forme de la poésie comme système mystique et substitut à la théologie. Le *diabolos* tentateur est neutralisé en *daïmon* inspirateur. Ce qui importe, dans cette dérivation, c'est qu'elle a pour méthode le dérèglement des sens et pour moyen les paradis artificiels dont la propagation coïncide avec la révolution industrielle et l'internationalisation des échanges. Le merveilleux reprend ses droits, surtout s'il est inquiétant. C'est d'un côté la confection de l'occultisme ou du spiritisme pour contrer l'offensive positiviste. De l'autre, l'importation de l'exotisme oriental ou des sagesses asiatiques pour combler le désenchantement occidental. Le néoprophète doit gagner l'extase par l'ivresse afin de devenir voyant. Tel Yahvé dans la Genèse, il recrée le monde par sa parole. Mais pour ce faire, il lui faut s'allier avec les forces obscures, les divinités répudiées par les pouvoirs qui les proscrivent en les qualifiant de démoniaques. C'est là un autre paradoxe qu'illustre la posture du poète maudit : à invoquer la puissance nocturne contre ses propres chaînes, il s'enchaîne à elle et l'autorise ainsi à se déchaîner.

D'accord pour l'analyse du passé, mais où perce l'actualité de ce courant qui semble bien marginal aujourd'hui ?

Au contraire, ce courant s'est au sens propre vulgarisé ! L'école poétique qu'initient Scève puis Blake, dont Baudelaire souligne l'ambivalence métaphysique,

Pour prouver l'inexistence de Dieu, il faut confirmer l'existence du diable

qui triomphe formellement avec le génie stylistique de Rimbaud, s'abîme dans les onomatopées schizophréniques d'Artaud. Mais à l'entour de Mai 68, loin des cercles élitistes ou marginaux qui en avaient le monopole, la drogue se popularise en un objet de circulation sociale et marchande qui a Allen Ginsberg pour chantre et, bientôt, Pablo Escobar pour rentier. Vient le temps de l'hallucination pour tous, soit l'exposition volontaire à une diablerie qui, jadis alarmante, devient d'un coup *fun*.

La science, les mœurs, la littérature : à bien compter, il nous reste la politique. En quoi participe-t-elle à son tour de la normalisation du diable ?

L'ultime courant a pour source les utopies qui, de More à Campanella, fleurissent à la Renaissance. C'est le programme un peu plus tard, en philosophie, du matérialisme révolutionnaire d'un Marx pressé de renverser l'idéalisme conservateur d'un Hegel afin de le remettre

Tom Ellis, alias Lucifer Morningstar (*Lucifer* - © Tv Line, Netflix).

sur ses pattes et qu'il marche à grands pas vers l'avenir radieux. Leur opposition ne doit pas être exagérée car ils participent en fait de la même divinisation de l'histoire, de la même sacralisation de l'État, du même culte de la destruction bénéfique.
Pour que le ciel descende sur terre, il faut traverser l'enfer. Pour prouver l'inexistence de Dieu, il faut confirmer l'existence du diable. Feuerbach réduit le divin à un mensonge de l'homme. Proudhon, à une mystification du pouvoir. Bakounine, à la vérité de la révolution. L'ancien monde reposait sur le plan de Dieu empêché par l'ombre du diable, le nouveau monde doit acter le programme du diable en éliminant le reflet de Dieu. L'heure est à celui que l'Évangile décrit comme le négateur, le diviseur et l'homicide depuis le commencement, ce que démontreront de manière abyssale les religions inversées que seront les totalitarismes. Le vol du feu divin s'achève dans les cendres des charniers. Ce qui entérine le mot de Dostoïevski : si Dieu est mort, alors tout est permis.

> **Débaptisé, déraciné, défavorisé, Satan campe le paumé parmi les paumés**

Mais ce qui ne concourt guère toutefois à rendre l'image du diable positive...
Exact. Du moins en apparence. L'emprise de la machine, l'usure de la chair, l'accoutumance à l'artifice semblent inférieures en intensité. Mais, justement, la surévidence tragique du mal entraîne une habitude à l'inhumanité qui, en retour et en guise d'exorcisme, invite à humaniser le diable. À bien y regarder, tous comptes faits, sur ces deux derniers siècles, la dernière ligne du bilan affiche un solde créditeur pour Lucifer.
Les crimes monumentaux s'effacent devant les plaisirs minuscules. Rien d'étonnant à l'ère de la subjectivité oublieuse des vérités et dévoreuse des valeurs : pensez au dernier homme de Nietzsche qui, clignant de l'œil, s'exclame : « Nous avons inventé le bonheur ! »

Pour résumer, le diable serait passé du statut de révolté à celui de libérateur ?
Oui et même, par-delà, l'Ennemi ancestral devient l'Ami privilégié. Là où l'antique proverbe intimait de ne pas écouter le diable, il s'agit désormais de lui prêter l'oreille car il se révèle un confident attentif et un conseiller judicieux. De quoi ? Du saut dans le vide que tente le moi prisonnier de la cage aux miroirs pour aller se fracasser sur les représentations idolâtriques qu'il se fait de soi. Cet océan d'absurdité égotique dans lequel se noie le sujet déjà liquide s'apparente au néant auquel tend Satan qui ne cesse de s'y démultiplier sans jamais l'épuiser. Et tel est bien notre présent mode d'exister, mobile, diffracté, atomisé, voué à la consolation du fait d'être né. Une agrégation d'états perpétuellement redistribuables en vertu d'une mémoire effaçable, à l'instar de celui qui déclare s'appeler « Légion ».

Ne craignez-vous pas d'apparaître moralisateur ?
Ce serait se méprendre sur mon propos. Je n'ignore pas la responsabilité que porte l'hypocrite puritanisme bourgeois dans le vaste défoulement libertaire qui, par effet boomerang, a suivi. Je ne mésestime pas plus que, sur les terres empoisonnées du mal, poussent des fleurs souvent vénéneuses mais parfois remarquables. L'humanité qui visite le néant n'en rapporte pas que le rien. Une part en elle demeure réfractaire au pur zéro et ce périple a bien sûr ses écrivains, ses penseurs, ses artistes. Tout cela est entendu. Cependant, que signifie la croissance irrésistible du nihilisme planétaire maquillé en béatitude universelle et dont l'empire procède désormais moins par la manifestation de l'horreur que par le simulacre de la douceur ? Là, nous retrouvons votre question.

En effet, l'actuelle bimbeloterie diabolique paraît de piètre qualité au regard de l'ancienne...
Hier, on ne dénombrait guère plus de grands saints que de grands possédés : l'extrême dans le bien ou dans le mal réclamait exception, endurance, exploit. Désormais, la banalité du mal s'est démocratisée, la postmodernité continuant la modernité contrainte à la médiocrité sous la loi du nombre. Et ce mouvement s'accélère sous nos yeux. Le diable, aussi malin soit-il, n'échappe pas à la modification de la culture, transférée de la sphère de l'instruction au champ de la distraction. Elle aussi se révèle soluble dans le marché et Belzébuth paye son tribut à l'*entertainment*. Le diable, tel n'importe qui, vit n'importe quoi et n'importe comment.

Il est comme nous, nous sommes comme lui.
Mieux, il est nous, nous sommes lui.

Son revoilement après son exaltation augmente-t-il sa nocivité ?

Satan aime que l'on croie qu'il n'existe pas, qu'il est affaibli, qu'il a disparu. Comment ce clandestin inné se débrouille-t-il de notre volonté subite de pure transparence ? En nous saturant de sa présence au point de nous convaincre de son absence. Apparaître dans la clarté lui sert de rideau de fumée : si le diable vit vos expériences, pourquoi ne vivriez-vous pas les expériences du diable ? Débaptisé, déraciné, défavorisé, Satan campe le paumé parmi les paumés. D'où le soin humanitaire qu'il réclame et qu'il reçoit. C'est l'acmé de sa ruse. Et la consécration de son non-être.

La réhabilitation féministe de la figure de la sorcière participe-t-elle, selon vous, de la même dédiabolisation ?

Non. Contrairement à une idée répandue, la grande chasse aux sorcières n'a pas eu lieu au Moyen Âge dans le monde catholique mais aux Temps modernes dans le monde protestant. Elle contredit l'Évangile et accompagne l'avènement du Léviathan, cet autre nom du diable, l'État moderne pourvu de tous les attributs divins, dont l'omnipotence, l'omniscience, la vérité et le sacrifice. Les femmes, considérées à tort bien sûr comme irrationnelles, résistent de facto à la totale homogénéisation du corps social sous la loi du Maître. Leur répression massive précède ainsi les ordalies qui lui succéderont au nom de la race ou de la classe. Lorsque les féministes dénoncent ce moment, je suis d'accord.

Quel autre exemple verriez-vous alors de naturalisation du sacré et, plus encore, de l'invisible, ces deux attentes angoissées de l'homme d'aujourd'hui ?

L'invisible est une part insécable de l'expérience humaine depuis l'origine, singulièrement sous la forme du messager céleste. Aujourd'hui, on invente des entités immatérielles de pacotille. Les anges apparaissent et disparaissent comme des clignotants aux chevets californiens des « morts imminents » qui les trouvent *cool*, là où toutes les traditions spirituelles attestent combien est terrible et redoutable une telle épiphanie. La bêtise, inhérente au diable, cet ange déchu, est si extensive qu'après avoir gagné le périmètre visible, elle s'empare de l'invisible. Mais un démon *friendly* ne peut être qu'un sujet de mauvaise fable, de galéjade, de foutrerie.

Lent is over, artiste inconnu, 1909.

POUR ALLER PLUS LOIN

Aveuglements

Jean-françois Colosimo

541 pages – 22,90 € – Éditions du Cerf

Lucifera, *Lucifera les flammes de l'enfer*, Leone Frollo.

L'idolatrie des Satanes

PAR CHRISTOPHE BIER

Hétaïres, aventurières, vamps fatales... Toujours la femme est celle par qui le danger arrive, responsable de tous les péchés. Romans, films, BD font une overdose de ce mythe culpabilisant qui se perd dans l'origine des temps avec Lilith, démone mésopotamienne se réincarnant dans le serpent du péché originel. Par ses pouvoirs infernaux, la sorcière s'impose comme la figure la plus aboutie de ce danger.

Auteur en 1907 des *Grandes Sataniques de l'histoire et de la légende*, Roland Brévannes écrit dans sa préface : « Satan c'est l'éternel Tentateur, mais la femme n'est-elle pas l'éternelle et irrésistible Tentatrice ? L'élève est devenue plus puissante que le maître. On a cherché des remèdes contre les philtres, des protections contre les maléfices ; il n'existe pas de puissance qu'on puisse opposer à la lumière noire ou bleue de deux prunelles veloutées, pas d'antidote qui neutralise le subtil poison que versent deux lèvres voluptueuses, pas de force humaine capable de dénouer l'enlacement serpentin de deux bras blancs jetés autour du cou par ces mystérieuses créatures qui ont un corps de sirène, un visage d'ange et une âme de démon... »
En victime pâmée, le romancier dresse la liste complaisante de ces *Satanes*, des prêtresses de messes noires aux ursulines de Loudun. Sectateur des démones, il en inventera dans ses fictions, comme la comtesse Foedora, dite la Papesse noire, à la tête d'un ordre secret, l'Ombre. Plus délirant encore, *La Papesse du diable*, « roman de mystère, de magie et d'amour », publié en 1931, cosigné Jehan Sylvius (le surréaliste Ernest Gengenbach ?) et Pierre de Ruynes (Pierre Renaud ?), décrit la victoire du Mal, avec des images blasphématoires (le pape crucifié, son sexe dressé), dont se délecte la grande Archimagesse, en fait Isis, qui se fera violer dans un final ahurissant de fin du monde, sous une pluie de météorites et dans le vacarme hurlant de chiens couvrant des femmes haletantes, puis sera écrasée elle-même sous une pierre cosmique !
Au cinéma, le romancier et cinéaste Mario Mercier a recours en 1974 à une authentique sorcière de l'arrière-pays niçois, Géziale, pour incarner *La Papesse*. Dans ce film, un peintre décidé à fuir la banalité de sa vie entre dans une secte hippisante et sadienne. Il s'accouple avec cette prêtresse de « l'ère du Verseau » dont les ongles d'acier labourent son dos. Elle exige de lui sa femme, dont elle veut briser la structure mentale ; laquelle est humiliée, flagellée en croix, parquée nue dans une porcherie et nourrie comme une truie, dont on assaisonne l'auge d'urine, marquée au fer rouge.
« Avant j'étais comme elle, explique une adepte, une pauvre conne. Et je me suis pourtant réalisée en trouvant mon vrai moi grâce à Géziale. » Mercier est l'inventeur d'un « witch-cinéma » révolté, qui provoque les censeurs – ils voudront interdire totalement son film. Son précédent long-métrage, *La Goulve* (1971), décrivait déjà l'emprise d'une entité sur un jeune garçon timide avec les femmes. Il invoquait la Goulve, blonde créature à peau argentée,

SHATANE
ROULETTE RUSSE
EF
N.M.P.P.
3F50 - n. 27
BELGIQUE 25 F. B.
ALGERIE 2 DA.
SUISSE 2 F. S.
MAROC 2,10 DH.
CANADA 35 CENTS
BANDE DESSINÉE ADULTE

LA GOULVE
Interdit aux moins de 18 ans

Le Château du Vice
(Au Service du Diable)

GÉRALD ROSE
LE DIABLE EN BAS NYLON
R.R.G
EDITIONS DE LA TARENTE

Sorcière moderne, Lucifera ne poursuit qu'un seul objectif : jouir de tous les plaisirs de la vie

hiératique et amie des serpents, pour séduire sa jeune cousine. L'amateurisme du film était sa force, essence d'un « cinéma brut », aux effets spéciaux bricolés. L'érotisme des années 1970 est un terrain fertile pour les succubes, précipitant les humains dans la luxure. Ainsi Erika Blanc, dans le film *Au service du diable* (Jean Brismée, 1970), pousse dans les sept péchés les passagers d'un bus égaré, gardant le beau prêtre en plat de résistance. Ou Pamela Stanford dans *Les Possédées du diable* (Jess Franco, 1974), qui vient rappeler à un père le pacte qu'il avait passé avec elle : lui donner sa fille à ses 18 ans ; tout son confort familial se décompose alors dans un dénouement incestueux et morbide. On découvre aussi d'affriolantes BD venues d'Italie, dont l'éditeur Elvifrance traduit des séries, souvent associées à une héroïne. L'une des plus célèbres est Lucifera, « la maîtresse du démon », 99 pockets (1972-1980). Elle est envoyée sur Terre par Satan pour empêcher Faust, rajeuni par son pacte, de travailler sur son philtre de bonté. Elle y parvient aisément mais tombe amoureuse du jeune homme et le protège des pièges de son maître. Ces récits échevelés, passant des croisades aux chevaliers teutoniques, sont remplis de démons cornus et donnent libre cours à une sexualité débridée. Lucifera est une jouisseuse par sa nature démoniaque, mais son vagin a la capacité de réduire en cendres quiconque le pénètre, caractéristique qu'elle utilise rarement car elle adore le sexe. Elle pratique aussi sodomies, fellations, cunnilingus et doubles pénétrations, ne rechigne surtout pas aux gang bangs. À cet appétit sexuel se mêle un goût de la violence. Elle tue sans vergogne ses ennemis : décapitations, castrations buccales et supplices à toutes les pages. Son aura maléfique occulte une autre sorcière d'Elvifrance, aussi divertissante : Shatane, bénéficiant, comme les premiers *Lucifera*, du trait élégant de Leone Frollo. Paris 1930, la riche duchesse Shatane Romanoff subjugue par ses frasques et sa liberté de mœurs. Cinquième et dernière fille du tsar Nicolas II, elle tient ses pouvoirs magiques de Raspoutine et en use pour mener ses aventures à travers le monde, lutter contre son ennemi, le démon Maléficus, et croiser un sosie d'Hitler, Rudolf Valentino (piètre amant), le gay Arsène Putin, fétichiste des culottes de stars, le monstre de Frankenstein travesti, Trotski. Blonde aventurière aux tenues libertines, exhibitionniste, bisexuelle et plutôt dominatrice, elle s'attache les services virils de son chauffeur, qu'elle peut transformer en lévrier lécheur ou en phallus ailé. Sorcière moderne, elle ne poursuit qu'un seul objectif : jouir de tous les plaisirs de la vie. Obsédée sexuelle, elle déborde de fantaisies, utilisant des poils pubiens de jeunes hommes pour se confectionner de moelleux coussins et s'offrant un verre de sperme quand elle a besoin de se concentrer (grâce à ses marmitons ardents). Cette courte série mériterait une belle édition, à l'instar de *Belzeba, la fille de Satan*, dont la première péripétie a bénéficié d'un beau cartonnage, traduit par Tabou en 2017, rendant justice au trait de Stelio Fenzo, un disciple d'Hugo Pratt : encore une diablesse aux courbes affolantes chargée de pervertir un prince de Norvège et dont elle tombe amoureux.

Et si les démones existaient vraiment, hors des fictions ? De plus en plus d'artistes se disent sorcières. L'appellation non contrôlée est à la mode. Mais laquelle égale l'art sauvage d'Anita Berber et de Valeska Gert, danseuses expressionnistes de Weimar ? Ou celui de Rita Renoir, dont les transes transformaient le strip-tease en un acte sexuel. À partir de 1972, chaque soir et pendant quatre ans, au Théâtre Plaisance, elle s'exténua dans *Le Diable*, sabbat d'une pénitente : jambes écartées, l'œil exorbité, bouche écumante, ricanante, convulsée, obscène et transpirante, elle se laissait posséder par Satan qui, sans réserve, jouissait en elle. Tous se ruaient pour voir son offrande artaldienne et en ressortaient secoués. Julio Cortázar fut l'un d'entre eux, qui lui consacra un texte sublime, « Hommage à une jeune sorcière[1] » qui défiait les hommes et les oppressions.

Comme consumée, l'hérétique du Crazy Horse ne fit plus d'éclats ensuite. Le soufre ne se répand pas sur l'autel du postmodernisme, en performances subventionnées par les galeries d'art contemporain, il réclame la fréquentation des abîmes et un pacte avec la démesure. ■

Note :

1. In *Territorios*, Siglo Veintiuno Editores, Mexico, 1978, traduit en français dans *Tango* n° 3, Paris, 1984.

Rita Renoir, photographie de J. Prayer.

Satan bouche un coin à Hollywood

PAR JEAN-EMMANUEL DELUXE

Le 30 avril 1966, nuit de Walpurgis selon la tradition païenne, Anton LaVey lançait dans sa Maison Noire de San Francisco, digne de la Famille Addams, la Church of Satan. Comment ce qui semblait aux yeux européens une fantaisie californienne a-t-il pu séduire des personnalités aussi diverses que Jayne Mansfield, Sammy Davis Jr., Marilyn Manson ou encore Marc Almond ? Tout en exerçant son influence dans la pop culture des années 1960 à aujourd'hui. Tentative de décryptage d'une success story à l'américaine.

« Le satanisme EST de l'américanisme dans sa forme la plus pure, avec simplement ses codes moraux obsolètes modifiés afin de s'adapter à l'*époque, et avec la reconnaissance du fait que ce n*'est que si les instincts les plus élémentaires de l'homme sont satisfaits qu'une nation peut recevoir le meilleur d'elle-même. »
ANTON LAVEY

Anton LaVey a-t-il vraiment connu Marilyn Monroe quand elle était strip-teaseuse à Hollywood et lui organiste au Mayan Theatre ? A-t-il vraiment été un enquêteur « psychique » pour le SFPD (San Francisco Police Department) ? À toutes ces questions Boyd Rice, ami proche du représentant du diable en Californie et auteur d'un ouvrage de référence sur la question, affirme, comme dans le film *L'Homme qui tua Liberty Valance,* que si la légende est plus forte que la vérité, elle finit par s'imposer.

En revanche il est avéré que LaVey fut bien un proche de Jayne Mansfield. Une femme qui si elle jouait à se faire passer pour une « cruche » possédait un QI de 150. Pour preuve, l'ouvrage *California Infernal* dévoile une série de photos prises à Hollywood par Walter Fisher à destination de la presse people. La relation entre la blonde incendiaire et celui qui s'était rasé le crâne pour ressembler au vilain démoniaque d'un épisode des *Mystères de l'Ouest* dépassait la simple association publicitaire. Boyd Rice relate dans son livre les souvenirs d'un vieux policier, ami de LaVey, qui affirme : « Je suis arrivé tard dans la nuit, j'ai ouvert la porte, j'ai marché dans le couloir, puis j'ai pénétré dans la salle rituelle. Enfin, j'ai levé les yeux et je me suis rendu compte que je me tenais peut-être à soixante centimètres de Jayne Mansfield, qui était nue sur un piano à queue ! » Le 29 juin 1967 sur une petite route de Louisiane, Jayne Mansfield meurt la boîte crânienne écrasée dans sa Buick Electra. D'aucuns prétendirent que c'est en découpant une photo de Marilyn dans un journal, où de l'autre côté était imprimé le portrait de Mansfield, que LaVey lui trancha involontairement la tête, lui jetant un sort fatal. Si la relation LaVey-Mansfield a généré autant de mythes, c'est que dès le début des années 1960, le diable est à la mode. On le retrouve utilisé dans des publicités pour la vodka Smirnoff, les lampes chauffantes ou la presse masculine de charme avec

des titres *évocateurs tels que Satan Magazine* et *Satana*. *La Bible satanique* devient un best-seller vendu jusque dans les supermarchés et son auteur fascine même le très respectable *Time Magazine*.

Peu après la mort de l'actrice, LaVey déménage à Hollywood et s'installe un temps dans le Pink Palace de Mansfield avec sa piscine en forme de cœur. Très demandé, LaVey apparaît dans toute une série de documentaires et collabore en tant que conseiller à *The Devil's Rain* de Robert Fuest (réalisateur d'épisodes de *Chapeau melon et bottes de cuir*) en 1975, avec Ernest Borgnine, John Travolta et William Shatner (Captain Kirk dans *Star Trek*), et à *Doctor Dracula* en 1978 avec John Carradine (père de David *Kung Fu* et *Kill Bill* Carradine). Satan est devenu un héros « branché » que l'on retrouve du « Sympathy for the Devil » des Stones au *Rosemary's Baby* de Roman Polanski, où selon le film *Polanski Unauthorized* de 2009, LaVey aurait été embauché en tant que conseiller. Vexé d'avoir vu le rôle de Satan lui échapper, LaVey aurait même jeté un sort au cinéaste polonais. Ce qui est certain, c'est que l'envoyé de Satan sur terre joua le rôle de sa « Satanic Majesty » dans le film de son ami, le cinéaste occultiste Kenneth Anger, *Invocation of My Demon Brother* avec au casting Mick Jagger qui en composa la bande-son et Bobby Beausoleil, toujours en prison à vie pour avoir occis un associé de Charles Manson. Sur le plan mondain, Anton LaVey est présent dans de nombreuses soirées, particulièrement celles de son ami et membre de « l'Église », *Sammy* Davis Jr., qui l'invite régulièrement dans sa propriété. Pourtant, LaVey n'est pas totalement satisfait des « satanic seventies ». C'est un adepte du darwinisme social et d'Ayn Rand, idéologue de l'objectivisme libertarien (dont le roman *La Source vive* adapté au cinéma en 1949 dans le film *Le Rebelle* de King Vidor, a influencé également des auteurs comme Steve Ditko et Frank Miller). Avec de telles positions

philosophico-politiques, LaVey éprouve du dégoût envers les hippies et le rock. Il préfère jouer sur son orgue des airs inspirés des Années folles. La contre-culture antiguerre du Viêt Nam, en « récupérant » l'image de Satan, établit selon LaVey une nouvelle forme de conformisme et de chaos. Alors que lui croit dur comme fer aux vertus de la « loi et de l'ordre » et de l'individualisme forcené. Il quitte donc sans regret les palmiers et le soleil de la Californie du Sud pour revenir au brouillard et à l'humidité de San Francisco. Alors qu'il s'est réfugié dans une certaine obscurité, il retrouve une nouvelle popularité à la fin des années 1980 en s'entichant de Boyd Rice et d'Adam Parfrey, l'éditeur d'*Apocalypse Culture* (une encyclopédie des plus grands psychopathes) et de l'autobiographie de Françoise Hardy. Par l'entremise de Boyd Rice, il rencontre Marilyn Manson, à qui il offre une prêtrise honorifique, ainsi que Marc Almond, qui rejoint « l'Église » avec enthousiasme. LaVey aimait à se repasser sans cesse le clip *d'A Lover Spurned* d'Almond avec Marie-France, réalisé par Pierre et Gilles. *Le* satanisme laveyen étant plus proche des pin-up d'Aslan et des farces et attrapes désuètes que du Hellfest. ∎

Merci à Whale Song Partridge et à Boyd Rice sans qui cet article n'eût pas été possible.
boydriceofficial.bigcartel.com

POUR UNE PLONGÉE EN ENFER

California Infernal
Anton LaVey & Jayne Mansfield
as portrayed by Walter Fischer
152 pages – 39,95 $ – Trapart Books

Le nazi, c'est pop ?

Les barbares barbarisés

Imaginaire nazi et pop culture

Par Vincenzo Susca

L'imaginaire collectif est depuis toujours fasciné par le mal. Les méchants de tout genre : des pirates aux serial killers en passant par les voleurs, les zombies et les vampires, jusqu'aux figures contemporaines des dealers, des hackers ou des junkies, grâce à leur irrévérence par rapport à l'ordre institué, ainsi qu'à la violence qu'ils déclenchent contre le statu quo, excitent la vie quotidienne quelle que soit l'époque, en devenant souvent des fétiches, des symboles emblématiques et même, plus récemment, de véritables célébrités. L'industrie culturelle, à partir de sa naissance au XIXe siècle, les célèbre sans cesse en leur consacrant un espace privilégié tant dans les feuilletons de ses origines – il suffit de penser aux écrits d'Edgar Allan Poe – que dans ses déclinaisons actuelles, dont le rap, les séries télévisuelles ou les jeux vidéo ne sont que des exemples.

Le côté obscur du politique, de Néron à Donald Trump, n'est pas dépourvu de cette aura. Au contraire, elle agit de manière insidieuse et subreptice dans l'esprit collectif. Sa force destructrice se nourrit du décalage entre l'harmonie et la beauté dans lesquelles les élites de tout temps se bercent, et le malaise existentiel caractérisant la vie ordinaire, de la plèbe de Rome aux banlieues des Marseille et Detroit. À bien des égards, l'engouement pour la panoplie du maudit, de l'obscène et du laid est directement proportionnel à la méfiance, voire à la haine, de ces derniers – outsiders, anomiques, déviants, incultes... – envers les puissants, les gardiens de la morale, du langage et de l'art. C'est exactement lorsque les élites et le corps social ne se correspondent pas que la culture populaire adhère à des formes esthétiques et à des pratiques fondées sur le dégoûtant et le morbide, sur les taches et les déchirures, au nom de ce que Mikhaïl Bakhtine appelle le bas matériel et corporel. L'Europe du Moyen Âge consacra à cet imaginaire une fête, encore plus radicale que les Lupercales des Romains et les célébrations dionysiaques en Grèce, dont les pulsions et les dérives sont encore en œuvre dans nos sociétés : le carnaval, cérémonie profane où prolifèrent corps dissolus, images monstrueuses, excès irraisonnables et masques aptes à accomplir et ritualiser l'alternance entre la vie et la mort, là où le ventre prime la raison. De leur côté, les avant-gardes artistiques du XXe siècle, du mouvement dada aux situationnistes, sans oublier les surréalistes et les futuristes, misèrent sur une dense série de rites d'inversion pour séduire et agiter l'opinion publique par le scandale et la provocation. Marcel Duchamp, Antonin Artaud, Filippo Tommaso Marinetti, Guy Debord et Niki de Saint Phalle, avec tant d'autres, chacun·e à sa manière, sont les pionnier·ière·s d'œuvres et

Him, la statue ultraréaliste d'un Hitler en taille réduite en train de prier, par l'artiste italien Maurizio Cattelan : « Je voulais la détruire moi-même, a-t-il déclaré. J'ai changé d'avis mille fois, chaque jour. Hitler est une pure peur. C'est l'image d'une douleur terrible. Cela fait même mal de prononcer son nom. Et pourtant ce nom a conquis ma mémoire, il vit dans ma tête, même s'il reste tabou. » Gageons qu'il est sans doute rassuré de ne pas avoir détruit ce que Christie's considère comme « l'une des œuvres les plus dérangeantes produites depuis 1945 » : en 2016, l'un des quatre exemplaires de cette statue fut adjugé pour plus de 15 millions de dollars.
Him, 2001. Cire, cheveux humains, vêtements, résine polyester, 101 x 41 x 53 cm. *Courtesy Perrotin.*

de performances en mesure d'esthétiser déchets, orifices, cruautés et tout ce qui pouvait bouleverser le confort aseptisé d'un univers artistique devenu stérile et oppressif. Leur finalité était, en de nombreux points, éminemment politique : miner les pouvoirs établis au travers d'un choc généralisé des masses. En ce sens, peu importent les nuances entre le sang et les excréments, la boue et les flammes, ce qui compte étant d'attirer les forces du bas pour les canaliser contre le système.
Le *Manifeste du futurisme*, publié par *Le Figaro* le 20 février 1909, est sans doute l'expression la plus exacerbée d'un tel esprit ravageur. Il déclare avec véhémence : « La littérature ayant jusqu'ici magnifié l'immobilité pensive, l'extase et le sommeil, nous voulons exalter le mouvement agressif, l'insomnie fiévreuse, le pas gymnastique, le saut périlleux, la gifle et le coup de poing. [...] Nous voulons glorifier la guerre – seule hygiène du monde –, le militarisme, le patriotisme, le geste destructeur des anarchistes, les belles Idées qui tuent, et le mépris de la femme. Nous voulons démolir les musées, les bibliothèques, combattre le moralisme, le féminisme et toutes les lâchetés opportunistes et utilitaires. »
Les fascistes italiens avant, les nazis allemands ensuite – mieux encore par rapport à leurs prédécesseurs – surent récupérer ces imaginaires du mal jusqu'à les métaboliser en tant que bassin symbolique obscur et fondateur des dictatures instaurées par Benito Mussolini et Adolf Hitler entre 1922 et 1945. Ceux-ci représentèrent bien plus que les idéologies officielles affichées par leurs deux mouvements, leur véritable force, la trame qui en présida le style, les discours et les rites. Il y a là une série d'archétypes entretissés dans un seul et puissant inconscient collectif. À l'œuvre dans l'espace et dans le temps bien au-delà des régimes concernés, il sera exploité, selon diverses déclinaisons, sous forme de révolte outrageuse par la sous-culture punk dans les années 1960, mis en relief par Pier Paolo Pasolini dans le film *Salò ou les 120 Journées de Sodome* (1975), exhibé avec orgueil par les skinheads des années 1970, pour enfin devenir la substance plus trouble des néopopulistes comme Donald Trump, Matteo Salvini et Viktor Orbán, de l'alt-right, des incel et des souverainistes américains.
L'imaginaire aux nuances nazies, dans sa forme plutôt que dans sa substance, est devenu dans les dernières décennies la matrice inconsciente d'innombrables groupes, mouvements et sensibilités qui ne se reconnaissent ni dans les langages officiels, ni dans leurs contreparties.

Fucking Hell est une œuvre des frères Chapman, composée de neuf panneaux formant une croix gammée géante. Les visiteurs sont invités à trouver la figurine d'Adolf Hitler qui est dissimulée dans chacun d'entre eux. Plus de 30 000 personnages peuplent cette représentation d'un enfer nazi où se mêlent de nombreuses références à la pop culture comme Ronald McDonald ou l'univers de *Warhammer*. Une première version de cette installation, baptisée *Hell*, a brûlé en 2004, obligeant les artistes à la refaire entièrement.
D'où le *Fucking* en sus...

Fucking Hell, 2008, techniques mixtes.

Il s'incarne en pulsions souterraines, langages et réseaux ne répondant pas à un discours rationnel et moins encore programmatique, sans véritable projet, dans le cadre d'un vide assourdissant habité par des surfaces luisantes et tranchantes – c'est pourquoi le fake est souvent leur royaume électif. Ainsi, la croix gammée devient le non-symbole d'un acte insensé et dévastateur, un cri dissonant, une insulte acide. Elle abîme les murs des villes, profane les cimetières, déchire la peau avec des tatouages effrayants en tant que signe désespéré qui exprime une nouvelle solitude de masse, LA solitude de masse. Puisque les grands récits sont depuis longtemps perçus comme obsolètes et les diverses crises ayant secoué nos sociétés – subprimes, attentats, pandémie de Covid-19... –, délégitimé la plupart des classes dirigeantes, des néolibéraux aux socialistes, des catholiques aux communistes, jusqu'aux conservateurs et aux progressistes, le non-récit de tous les non-récits acquiert soudainement du *prestige*, presque de la *coolness*, il exerce une inquiétante et sinistre attraction sociétale. Il s'agit d'une « esthétique du malaise », selon les mots de Claudia Attimonelli, qui se manifeste parfois masquée, souvent diluée, dans les méandres les plus insoupçonnés, ludiques et festifs de la culture pop : entre la musique électronique, les jeux vidéo, les dessins animés, les publicités, les blockbusters, Telegram, Facebook, WhatsApp et TikTok, là où le « cool » et le « frais » ont à voir avec le *nonsense*, quand ils actualisent des jeux, des blagues et des émotions sans autre finalité que le rire. Après l'art pour l'art, le rire pour le rire, au-delà et en deçà de la politique, du *mainstream*, des intellectuels et des artistes. La légèreté d'une telle ambiance induit ainsi une banalisation du mal – banalisation de la banalisation – qui d'un côté intègre et de l'autre dépasse le concept développé par Hannah Arendt en 1963. D'une certaine manière, Hitler et ses imaginaires de référence deviennent pop. C'est un processus ambigu et complexe, par lequel les esthétiques nazies d'une part prolifèrent spontanément sans censure ni scrupules – comme c'est le cas sur les réseaux Parler et Gab – mais de l'autre perdent leur sens originel dans un détournement radical qui ne garde que leur aspect sulfureux en relativisant complètement les messages politiques dont elles étaient le symbole. Ce qui s'est passé au Capitole de Washington le 6 janvier 2021 est à ce titre emblématique : si les militants de QAnon, Proud Boy ou Oath Keepers s'affublent de tatouages, pulls ou t-shirts nazis, rarement ou presque jamais ils ne manifestent de cohérence esthétique, politique ou même éthique avec leur base idéologique. L'allure, la prise de parole, la manière de marcher, la barbe, la corporalité et les selfies exhibés évoquent, à bien y regarder, davantage les parades carnavalesques les plus trash que les défilés de la Waffen-SS. Jake Angeli, figure marquante de la prise d'assaut du Congrès américain, incarne sans doute également une telle transposition/récupération spectaculaire, où les signes sont complètement détachés du référent initial. Charlie Chaplin, avec son *Dictateur* (1940), fut à l'origine de la transfiguration pop et burlesque de l'imaginaire nazi, achevée par Quentin Tarantino dans son *Inglourious Basterds* (2009), lorsqu'il se délecte, au travers d'un métarécit, à tuer Hitler par le cinéma, dans un cinéma. Entretemps, cet imaginaire flotte dans l'air, entre certaines scènes urbaines et surtout suburbaines et des interstices numériques, suspendu entre la consommation et la consumation, la célébration éphémère du rien et un nihilisme flou. Ainsi, comme ce fut le cas pour d'autres figures politiques iconiques tels Mao Zedong et Che Guevara, la pop culture, en esthétisant l'univers figuratif nazi, au moment même où celui-ci est dépourvu de sa charge idéologique, le transforme en marchandise spectaculaire parmi d'autres – à la fois *game*, gadget et show –, en signe consommé, déchet de la culture de masse. Alors que la barbarie du Troisième Reich semble s'allier avec la logique culturelle du néocapitalisme, elle en est barbarisée. ■

> **Hitler et ses imaginaires de référence deviennent pop**

POUR EXPLORER LE MAL MEDIA

Black Mirror et l'aurore numérique

Claudia Attimonelli et Vincenzo Susca

183 pages – 18 € – Liber

HE IS ALIVE!

COLLECTION JEAN-MARIE DONAT

IL est le mal absolu, le diable à la tête d'une armée d'incubes. Il est l'horreur, l'indicible, la barbarie… Et il fascine à la mesure de la répulsion qu'il provoque… À tel point qu'on n'en finit pas d'en finir avec lui.

Et toutes les histoires les plus folles se mettent à courir à son sujet, nourrissant une presse à sensation, provocante, avide de sensationnel, qui pour mieux exorciser les démons, ne peut s'empêcher d'alimenter la fable, de faire planer le doute, de raviver la peur. Les représentations qu'il va inspirer sont nombreuses, variées.

Il sera dans les comics une des figures du mal qu'il faut combattre, à une époque où la Super-Amérique s'invente des super-héros capables de restaurer l'ordre sur Terre.

On le croyait mort dans son Führerbunker à Berlin, et le voici vieillard blanchissant dans une scène bucolique, coulant des jours heureux aux côtés d'une Eva Braun grimée en gretchen caricaturale et intemporelle.

Tour à tour, tous les clichés qui circulent à son sujet sont revisités.

« On vous cache tout… » claironnent des publications toujours soucieuses d'augmenter leurs ventes.

Œdipien, mégalomaniaque introverti, le monstre du XXe siècle avait une fille cachée ! Détrompez-vous, c'était un pervers à la sexualité débridée ! Jusqu'à sa moustache qui n'en était sans doute pas une…

ELVIS PRESLEY – Caracas, mars 2021

5
LE PAMPHLET ATOMIQUE ...
HITLER est VIVANT
... de JEAN NOCHER
12 francs
Mensuel - 10, rue des Pyramides - PARIS

CHLORINE IN DRINKING WATER CAUSES HEART ATTACKS
The National
POLICE GAZETTE
123rd YEAR OF PUBLICATION
ESTABLISHED 1845
JUNE
35¢
State Department Files Reveal—
HITLER IS HIDING IN BOGOTA, COLOMBIA
ADOLF HITLER
RAQUEL WELCH
THE BEDROOM SECRETS OF RAQUEL WELCH
HOLLYWOOD'S TOP SEX-STAR
EXPERT RATES NEW CHAMP
COULD JOE FRAZIER BEAT CASSIUS CLAY?

FRIGHTENING FACTS ABOUT FOOD POISONING
The National
POLICE GAZETTE
SPORTS • PEOPLE • TRUE ADVENTURE
AMERICA'S FIRST PICTORIAL—EST. 1845
DECEMBER
25¢
POSITIVE PROOF—
HITLER IN ARGENTINA
Why Allies Don't Take Him!
MAY BRITT
WHAT MADE MAY GO FOR SAMMY DAVIS, JR.
ADOLF HITLER
FIDEL CASTRO'S WILD ORGIES IN NEW YORK
OUR 1960 ALL-AMERICA FOOTBALL TEAM

RON SWOBODA—The Kid Who'll Be Another Babe Ruth!
The National
POLICE GAZETTE
SPORTS • PEOPLE • TRUE ADVENTURE
SEPT.
35¢
Exclusive Report of U.S. Investigation
HITLER STILL ALIVE!
STORIES OF SUICIDE PROVEN FALSE!
ADOLF HITLER
LATEST PEEPING TOM PHOTOS OF BRIGITTE BARDOT
WHY COPS CAN'T STOP THE NUMBERS GAME

BEWARE: HIDDEN POISONS IN YOUR CANNED FOODS
The National
POLICE GAZETTE
AMERICA'S FIRST PICTORIAL—EST. 1845
SPORTS • PEOPLE • TRUE ADVENTURE
MAY
30¢
EXCLUSIVE EXPOSE...
HITLER IS ALIVE!
ADOLF HITLER
NEW EYEWITNESS REPORT OF NAZI HIDEOUT......
AVA GARDNER'S SECRET LOVE LIFE
why her lovers come and go!
PUERTO RICO SIN CAPITAL OF THE CARIBBEAN
BASEBALL PREVIEW— WINNERS OF 1964

PRIZE GROUP
BLACK MAGIC
APPROVED BY THE COMICS CODE AUTHORITY
IND
The Strangest Stories Ever Told
NOV-DEC 1960
10¢
IN THIS ISSUE:
BEYOND THE DARKNESS

WORLD EXCLUSIVE!
HITLER IS ALIVE!
WEEKLY WORLD NEWS
Nov. 21, 1989 70¢/75¢ CANADA
100-year-old Nazi dictator found in mountains of Chile
ARTHRITIS
Incredible new pill eases pain without a prescription, say docs
GROOM SEALS DEAD BRIDE IN FIBERGLASS
EXORCISM SAVES TEEN ON CRACK!

LOTTERY NUMBERS TO MAKE YOU RICH BY THE NEW YEAR
Sun
Vol. 11 - No. 49 December 7, 1993
HITLER'S BRAIN IS STILL ALIVE!
Mom pleads to Pope..
LET ME KILL MY DEVIL BABY
Russians kept it in jar for 48 years
Girls who were born as men
BLIND DRIVER IS ATTACKED

NOIR ET BLANC
UNE VOYANTE AFFIRME HITLER EST VIVANT !
NOIR ET BLANC VOUS RÉVÈLE
L'ÉTRANGE SECRET DE LA BARONNE ASSASSINÉE
UNE AFFAIRE MYSTÉRIEUSE
A-T-ON PRIS DES PHOTOS DES SOUCOUPES VOLANTES ?
1 Franc

DOMENICA DEL CORRIERE

Anno 64 - N. 27 - L. 50 | Settimanale del CORRIERE DELLA SERA | 8 luglio 1962

Hitler è vivo? Intervista esclusiva con la figlia di Martin Bormann

L'ipotesi che il Fuehrer sia riuscito a fuggire da Berlino con Eva Braun rifugiandosi in Sudamerica, dove ancora vivrebbe nascosto con la moglie, è stata qui realizzata figurativamente da W. Molino. Alle pagine 18-19 il servizio di Antonino Vischi.

What if Hitler...?

Par Bernard Joubert

Les bandes dessinées uchroniques avec Hitler sont aujourd'hui monnaie courante en France. Que se serait-il passé si l'Allemagne avait eu la bombe atomique (*Das Reich*) ? Si Himmler avait remplacé Hitler assassiné (*Block 109*) ? Si les Russes avaient battu seuls l'Allemagne (*Jour J*) ? Il n'en était pas de même dans les années 1970 et une œuvre pionnière en ce domaine s'attira les foudres de la censure parce qu'elle inventait une autre réalité.

Mercocomic n'est pas une maison d'édition dont se souviennent les bédéphiles. À la fin des années 1970, sur une courte période, elle publie des pockets pour adultes en Espagne, principalement la traduction de séries italiennes (*Zordon*, *Lucrecia*, *Sade*...), mais elle s'essaie aussi à une production locale avec la collection des « magnicidio » (assassinat), des fictions autour de morts célèbres. Les deux premiers titres, parus en 1977, sont *Hitler* et *Kennedy*, des mini-séries de 6 numéros. Suivent *Che* (3 numéros), consacré à Che Guevara, *Mussolini* (3 numéros) et l'annonce de *Gandhi*, qui semble être resté inédit. Présentés comme la révélation de vérités cachées, les scénarios brodent à l'envi sur des faits historiques. L'assassinat de Kennedy est un complot qui nécessite l'élimination de toutes les personnes impliquées. Che Guevara est une réincarnation du Christ. L'histoire d'*Hitler*, dessinée par Garzón, est la plus délirante. Acculé à Berlin, en 1945, le Führer tue un sosie pour faire croire à son suicide et s'enfuit incognito, revêtu d'un uniforme ennemi – sans oublier de raser sa moustache. Mais alors qu'il réussit à quitter la ville, l'explosion d'une roquette, lancée contre son char russe par un soldat allemand, lui fait perdre la mémoire. Après une rééducation, il devient le commandant Phénix, agent du KGB chargé de traquer les criminels de guerre nazis. Alors qu'il s'apprête à mettre la main sur Bormann et Mengele en Bolivie, un nouveau choc lui fait recouvrer la mémoire. Me revoici, les amis ! Partons à la reconquête du monde ! Les amis ne montrent pas d'enthousiasme et prennent leurs jambes à leur cou quand le revenant, furieux de leur molle attitude, entreprend de les trucider. (Bormann y passe.) Le forcené se retrouve à la rue, abandonné de tous. Il crie : « Je suis Hitler... Adolf Hitler ! » et un chien vient pisser sur ses chaussures. Les Soviétiques font interner leur agent Phénix dans un asile psychiatrique. Les années passent. Hitler est un vieillard acariâtre qui ne s'est lié d'amitié qu'avec un fou se prenant pour Napoléon. Ils ont un différent à propos de leurs campagnes de Russie. Napoléon fracasse le crâne d'Hitler et ce long récit de plus de 700 pages (de format pocket) se termine par ces mots : « Quelle fin misérable pour le plus grand criminel du xxe siècle ! En effet, qu'y a-t-il de pire pour un mégalomane que de mourir oublié ? »

Georges Marchais entre en résistance

Les Anglais ont droit à une traduction d'*Hitler* et de *Kennedy*, éditée par Morcrim International Publications, et les Français aussi, chez Elvifrance. Ah ! Elvifrance ! L'érection prolétaire, la BD pour bidasses, la lecture des sans-dents. Un éditeur qui ne peut faire un pet sans que la censure française se scandalise de la mauvaise odeur. Des centaines d'interdictions au compteur. Le numéro 1 d'*Hitler*, en novembre 1978, va indigner, mais, à la commission de censure, qui se fait appeler par euphémisme Commission de surveillance et

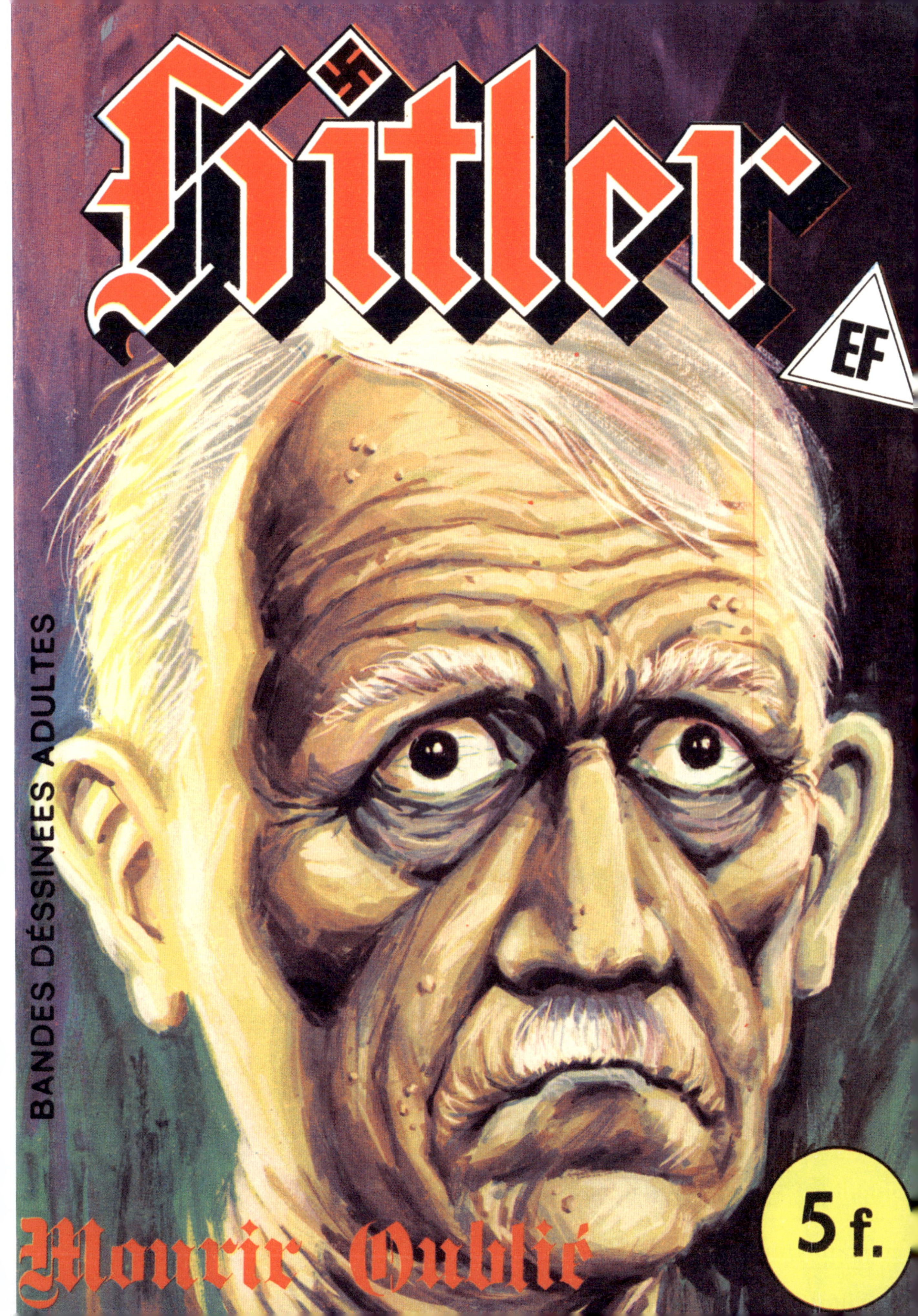
Hitler
EF
BANDES DÉSSINEES ADULTES
Mourir Oublié
5 f.

MINISTERE DE L'INTERIEUR

Interdiction de vente d'un ouvrage aux mineurs, d'exposition et de publicité par voie d'affiches.

Par arrêté du ministre de l'intérieur en date du 28 décembre 1978 :

Il est interdit, sous les peines prévues au sixième alinéa de l'article 14 de la loi n° 49-956 du 16 juillet 1949 modifiée, de proposer, de donner ou de vendre à des mineurs l'ouvrage intitulé :

Hitler - Les Dernières Heures, Editions Elvifrance, 201, rue Lecourbe, Paris (15e).

Sont interdites sous les mêmes peines, d'une part, l'exposition de cet ouvrage et, d'autre part, la publicité faite pour lui par voie d'affiches.

de contrôle des publications destinées à l'enfance et à l'adolescence, c'est plusieurs mois avant cela, le 22 mars, que ce numéro est examiné en microtirage, car Elvifrance est, depuis 1973, astreint au dépôt préalable de l'ensemble de sa production (et le sera jusqu'à la fin de ses activités, en 1992). *Hitler* n'étant par particulièrement violent ou érotique (quelques corps nus de loin en loin), les commissaires conviennent qu'ils ne peuvent pas demander au ministère de l'Intérieur de l'interdire avec la loi de 1949. Pourtant, la publication est « détestable », comprise « dans un champ de production où se font jour des tentatives insidieuses qui ont pour objet de fausser la vision offerte au public d'une partie de l'histoire récente ». Un commissaire souhaiterait que la loi de 1949 soit étendue aux « camouflages les plus abusifs de la vérité historique » et le représentant des Francs et Franches Camarades, Raoul Dubois, annonce « son intention de dénoncer, à l'extérieur, les entreprises telles que celle à laquelle les éditions Elvifrance viennent de se livrer ». Ce militant communiste va s'adresser directement à la tête de son parti et, lorsque paraît enfin publiquement *Hitler*, c'est Georges Marchais en personne, le grand chef, accompagné d'un autre député communiste, Maurice Nilès, qui,

à l'Assemblée nationale, le 28 novembre 1978, interpelle le gouvernement. Quelle mesure entend-il prendre contre cette bande dessinée « qui est une apologie à peine voilée du fascisme » ? « Il ne s'agit pas seulement d'affabulation mais de mystifications dangereuses dans la mesure où elles présentent avec un texte et des dessins réalistes de véritables falsifications destinées à donner d'un récent et dramatique passé une vision fausse à des jeunes gens et adolescents mal informés et manquant nécessairement de l'expérience vécue des prétendus faits évoqués. [...] Les publications ne manquent pas de se donner un caractère alléchant par un discret aspect pornographique.
Sous une apparence délibérément vulgaire et grossière, les faits sont en réalité adroitement présentés, faisant appel non au sentiment esthétique ni au goût des connaissances historiques mais aux plus basses sollicitations. [...] Il n'est pas exclu que ces publications servent de véhicule à une propagande délibérée, quoique occulte, et il importerait que cette hypothèse plausible soit infirmée ou confirmée par une enquête sérieuse que justifie l'anonymat des auteurs. »
Dans les semaines qui suivent, le n° 2 d'*Hitler* est interdit d'exposition et une enquête de police judiciaire est ouverte (qui n'ira pas plus loin que l'audition de Georges Bielec, le patron d'Elvifrance). Dans *Le Nouvel Observateur*, le chroniqueur Delfeil de Ton consacre deux de ses « Lundis » à l'affaire. Après avoir méticuleusement résumé la série et cité les députés, il conclut : « Ben dis donc, c'est pas Napoléon qui tuera Marchais. C'est le ridicule. » *Hitler* ne sera pas davantage inquiété et, avec un tirage de 40 000 exemplaires, paraîtra jusqu'à sa conclusion.

Ah ! Evifrance ! L'érection prolétaire, la BD pour bidasses, la lecture des sans-dents

PAGES SUIVANTES : Extrait de la bande dessinée *Hitler* dessinée par Garzón, en 1979 (Elvifrance).

GRÂCE À DIEU ! IL EST PARTI !
DÈS QU'HITLER S'EST ÉLOIGNÉ, DOROTHY POUSSE UN SOUPIR DE SOULAGEMENT : ELLE VIENT D'ÉCHAPPER À UN FOU !
ILS NE VEULENT PAS CROIRE QUE JE SUIS ENCORE VIVANT... ET QUAND ILS LE CROIENT ILS PRÉFÈRERAIENT ME SAVOIR MORT !
ABATTU, HITLER ESSAIE DE COMPRENDRE LA SITUATION...

CETTE NUIT-LÀ...
JE NE PEUX PAS DORMIR...JE NE POURRAI PLUS JAMAIS DORMIR !

QUELQUES MINUTES PLUS TARD, IL SE RETROUVE DANS LA RUE...
ILS VOUDRAIENT QUE JE SOIS COMME CES MAISONS... RUINÉ, ANÉANTI... POURTANT...

POURTANT, IL DOIT BIEN Y AVOIR UNE SOLUTION... IL DOIT BIEN EXISTER UN MOYEN DE FAIRE RENAÎTRE LE NAZISME !
J'AI TROUVÉ ! LA PRESSE !

IL DÉCIDE DE FAIRE UNE VISITE QU'IL CROIT POSITIVE...
KURT GOTARD TRAVAILLE ICI... C'ÉTAIT UN AMI... IL ME COMPRENDRA, LUI !

MAIS QUELLE N'EST PAS SA DÉCEPTION QUAND LE PORTIER LUI DÉCLARE...
KURT GOTARD ?! COMMENT VOULEZ-VOUS QU'UN DE CES SALAUDS DE CHEFS NAZIS TRAVAILLE ICI MAINTENANT ?
SAVEZ-VOUS OÙ JE PEUX LE TROUVER ?

CE N'EST PAS SANS MAL QU'HITLER FINIT PAR OBTENIR L'ADRESSE DE KURT GOTARD...
KAFFEE
SCHENKE
GASTHOF

IL DOIT ÊTRE TOMBÉ BIEN BAS POUR HABITER ICI... MAIS HITLER N'EST PAS MORT ET BIENTÔT, TU SERAS À NOUVEAU LE PATRON DE TOUTE LA PRESSE ALLEMANDE, MON VIEUX GOTARD !
DANS UN IMMEUBLE DÉLABRÉ, HITLER S'APPRÊTE À FRAPPER À LA PORTE D'UN APPARTEMENT PLUS QUE MISÉRABLE...
MAIS CE N'EST PAS LA PEINE, LA PORTE EST OUVERTE...

A PEINE EST-IL ENTRÉ DANS L'APPARTEMENT...
BANG !
BANG !
KURT, C'EST MOI ! HITLER !
HITLER ? VOUS M'PRENEZ POUR UN CON ? VOUS N'M'AUREZ PAS VIVANT !

PENDANT QUELQUES SECONDES, HITLER CROIT VRAIMENT QU'IL VA MOURIR...
BANG !
JE TE DIS QUE JE SUIS HITLER ! SINON COMMENT EST-CE QUE JE SAURAIS QU'ALORS QUE TOUT LE MONDE CROYAIT QUE TU SOUFFRAIS D'ANÉMIE, TU AVAIS LA SYPHILIS... C'EST MÊME FRIEDA QUI TE L'AVAIT DONNÉE !
UNE FOIS DE PLUS, HITLER DOIT RECOURIR À DES SOUVENIRS INTIMES POUR PROUVER SON IDENTITÉ.

RELEVEZ-VOUS !
ALORS, TU ME RECONNAIS MAINTENANT ?
C'EST LUI !

MAIS HITLER VA ENCORE DEVOIR FAIRE FACE À L'HYPOCRISIE ET AU CYNISME...
JE NE VOIS PAS DE QUOI VOUS VOULEZ PARLER, MONSIEUR!
JE SUIS ADOLF HITLER! JE SUIS VENU POUR RELEVER LE IIIème REICH! TU VAS DEVENIR LE PLUS GRAND JOURNALISTE DU MONDE, KURT!

JE NE SAIS PAS DE QUOI VOUS PARLEZ. JE N'AI JAMAIS CONNU DE FRIEDA... MAIS QUI QUE VOUS SOYEZ, JE VAIS VOUS DONNER UN CONSEIL!
SI PAR MIRACLE VOUS ÉTIEZ VRAIMENT HITLER, JE VOUS DIRAIS DE MOURIR POUR DE BON! LAISSEZ LES AUTRES VIVRE LEUR VIE!
TU NE DOIS PAS ÊTRE BIEN TRANQUILLE POUR M'AVOIR REÇU À COUPS DE REVOLVER!

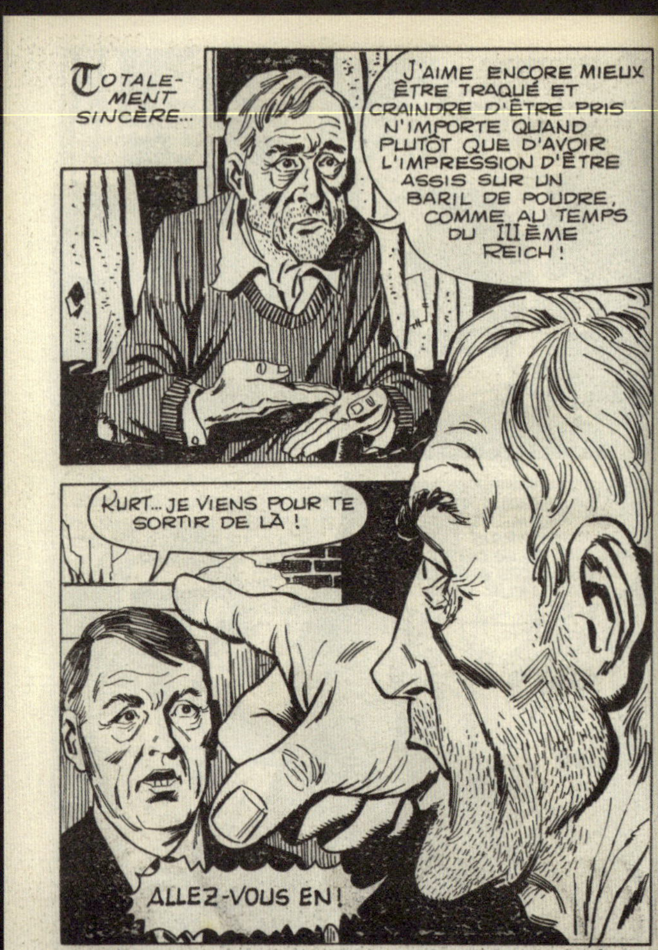
TOTALEMENT SINCÈRE...
J'AIME ENCORE MIEUX ÊTRE TRAQUÉ ET CRAINDRE D'ÊTRE PRIS N'IMPORTE QUAND PLUTÔT QUE D'AVOIR L'IMPRESSION D'ÊTRE ASSIS SUR UN BARIL DE POUDRE, COMME AU TEMPS DU IIIème REICH!
KURT... JE VIENS POUR TE SORTIR DE LÀ!
ALLEZ-VOUS EN!

QUAND GOTARD SE RETROUVE SEUL...
ÇA DOIT ÊTRE UNE HALLUCINATION... HITLER EST MORT... IL NE PEUT PAS ÊTRE VENU ICI!
JE NE VEUX PLUS FAIRE DE CAUCHEMARS... LA DROGUE, ELLE, ME PROCURE DES RÊVES AGRÉABLES... JE VEUX OUBLIER... OUBLIER...

HITLER SE RETROUVE PLUS SEUL QUE JAMAIS...
ILS CONSTRUISENT DE NOUVELLES MAISONS EN PRENANT BIEN SOIN DE NE PAS ABATTRE LES RUINES... ILS VEULENT QUE LES GÉNÉRATIONS À VENIR SE SOUVIENNENT DE LA DÉFAITE DU IIIème REICH !

ALORS QU'UNE AUBE TRISTE ET GRISE SE LÈVE, HITLER S'ASSEOIT PRÈS D'UN JEUNE CLOCHARD...
DIS, PETIT... EST-CE QUE TU AS DÉJÀ ENTENDU PARLER D'ADOLF HITLER ?
OUI... C'EST DE SA FAUTE SI ON A FAIM... C'EST À CAUSE DE LUI QUE TOUT LE MONDE NOUS DÉTESTE !

ALORS QUE TOUT LE MONDE LE REJETTE, UN CHIEN S'APPROCHE DE LUI...
UN CHIEN... ERRANT, COMME LUI...

UN CHIEN QUI LUI INFLIGE LA DERNIÈRE HUMILIATION...
SSSFFF
JE SUIS HITLER... JE SUIS ADOLF HITLER !

Svastika et soucoupes volantes

CONVERSATION AVEC

Stéphane François et Nicolas d'Estienne d'Orves

PROPOS RECUEILLIS PAR RODOLPHE LACHAT

Indiana Jones luttant contre des scientifiques SS à la recherche de l'arche d'Alliance puis du Graal. Himmler détenant la Sainte Lance dans les jeux vidéo *Wolfenstein*. Un IVe Reich spatial réfugié sur la Lune et s'apprêtant à envahir la Terre dans *Iron Sky*... La présence des nazis dans la culture populaire d'après-guerre doit beaucoup à l'aura magique et mystique qui entoure encore Hitler et ses sbires, donnant à ce régime une dimension presque incompréhensible, et mettant ainsi de côté les horreurs bien réelles commises sous l'emprise de son idéologie. Pourtant, comme nous l'explique l'historien Stéphane François, tout cela n'est que contes et légendes. Pour comprendre comment cette mythologie est née, nous l'avons invité à discuter avec l'écrivain Nicolas d'Estiennes d'Orves, dont deux romans mettent en scène cet occultisme aryen.

Fantask : ***Stéphane François, si on suit vos différents livres à ce sujet, on comprend que la légende d'un régime nazi passionné de sciences occultes s'est d'abord développée après-guerre, dans quelques cénacles et livres d'extrême droite, pour toucher le grand public avec la parution d'un best-seller,*** **Le Matin des magiciens*****, suivie de dizaines de titres de vulgarisation historique, pour enfin irriguer la culture populaire mondiale, notamment grâce à des films comme les premiers*** **Indiana Jones*****. Avant d'étudier cela en détail, pouvez-vous d'abord nous expliquer ce qui vous a amené à vous intéresser à cet angle si particulier ?***

Stéphane François : J'ai toujours eu une très grande curiosité. J'ai fait comme tout le monde : je suis né à la campagne, j'ai découvert cette littérature dans les bibliothèques municipales à proximité de chez moi et j'ai tout dévoré. Puis le côté réfléchi est arrivé quand je suis devenu étudiant et que j'ai pris le recul nécessaire et accumulé les références intellectuelles nécessaires à la compréhension de tout cela. Comme personne n'avait encore travaillé sur ces questions-là, j'ai décidé d'en faire mon champ de recherche. J'ai tout collectionné, les livres des collections noires de Robert Laffont, les J'ai Lu, la collection complète de *Planète*, de *Nouveau Planète*... J'en avais des cartons complets. J'avais tout, puis j'ai tout liquidé, sauf quelques-uns, ayant un intérêt scientifique important (en particulier par le contenu idéologique).

Nicolas d'Estienne d'Orves, l'ésotérisme nazi est un thème présent dans deux de vos romans. Je crois savoir que vous avez aussi consommé toute cette littérature, n'est-ce pas ?

Nicolas d'Estienne d'Orves : Avec Stéphane, nous devons être de la même génération, et nous avons dû tomber dans ce genre de littérature à peu près au même âge. Pour moi, la « révélation », ce fut *Le Matin des magiciens* de Pauwels et Bergier, alors que j'étais lycéen. Je l'ai lu de façon totalement boulimique, mais vraiment comme un roman, sans chercher à savoir si c'était vrai ou faux, juste comme une espèce d'immense vivier d'imaginaire. Puis je l'ai laissé de côté, et je l'ai repris quand j'avais 22-23 ans. Je commençais à travailler dans la presse et je voulais écrire des romans. Je me suis alors souvenu de ce *Matin des magiciens*, en me demandant s'il n'y avait pas quelque chose à fouiller par là.
J'ai particulièrement relu la partie sur l'ésotérisme nazi, qui s'appelle « Quelques années dans l'ailleurs absolu ». J'ai ensuite acheté tous les « classiques » de cette littérature, devenant totalement monomaniaque, accumulant une documentation, prenant des notes sans savoir exactement ce que j'allais en faire. Mais je me disais : « Il y a de la matière. » J'étais très surpris que très peu d'auteurs l'ait explorée pour en faire des thrillers. Umberto Eco le mentionnait dans *Le Pendule de Foucault*, mais c'était un peu au détour, dans les faits, peu de livres s'en étaient emparés comme base romanesque.
Des années plus tard, j'ai rencontré Bernard Fixot qui m'a proposé d'écrire un thriller. C'est donc comme cela que j'ai utilisé toutes ces années de lecture. Cela a donné *Les Orphelins du mal*. Et en préparant ce roman, j'ai fait tellement de recherches supplémentaires que je m'en suis encore servi plus tard, pour un autre roman, *L'Enfant du premier matin*. Dans les mêmes années, il y a beaucoup d'autres livres qui sont arrivés, dont ceux de Giacometti et Ravenne qui, eux aussi, ont utilisé toute cette littérature. Nous nous étions rencontrés à l'époque, nous sommes plus ou moins de la même génération et ils ont également découvert *Le Matin des magiciens* lorsqu'ils étaient au lycée.
Je n'ai jamais pris ça pour argent comptant. Je ne me posais même pas la question. Mais j'aimais que toute une mythologie se soit développée à ce sujet, avec la collection rouge de J'ai Lu, la collection noire chez Robert Laffont, « Les chemins de l'impossible » chez Albin Michel... Moi aussi j'ai tout liquidé car cela prenait une place énorme. Ça a nourri mon imaginaire, mais à un moment c'était presque suffocant, je n'en pouvais plus des nazis et du Graal.

Je comprends ! Essayons de nous intéresser aux faits réels qui ont donné naissance à tous ces mythes. Et j'aimerais que l'on parle d'abord d'un symbole, la croix gammée, qui semblait dès le départ donner une teinte ésotérique et mystique au nazisme.

S.F. : La svastika, c'est d'abord un symbole indien qui est devenu quelque chose de très courant dans la civilisation européenne. À Paris, il y a encore nombre d'immeubles haussmanniens dont les devantures sont décorées avec des croix gammées. C'était donc quelque chose de tout à fait banal jusqu'au jour où un groupuscule d'extrême droite allemand a décidé de l'utiliser. Mais jusqu'en 1933, on la trouvait vraiment un peu partout. C'est un symbole solaire présent dans différentes civilisations, pas uniquement indo-européennes d'ailleurs. C'est au XIXe siècle qu'il a commencé à être utilisé par des groupes ésotériques comme symbole de la race aryenne. Ces derniers vont se retrouver à l'extrême droite, à l'origine de la mouvance *völkisch* – terme intraduisible que l'on transcrit généralement par « racisme populaire » (dans le sens de « peuple ethnique »). À partir de là, la svastika va prendre une connotation particulière : on va ainsi la retrouver à la fin de la Première Guerre mondiale dans des milieux d'extrême droite comme les Corps francs – ces fameux groupes paramilitaires allemands qui se battaient aussi bien à l'est contre les communistes qu'à l'ouest contre les Français, mais aussi dans des commandos d'élite de l'armée autrichienne.
Elle va continuer à se diffuser après-guerre dans ces milieux jusqu'à être entièrement phagocytée par le parti nazi, lequel va lui donner sa triste postérité mondiale. Même si Hitler, comme souvent, s'en est approprié la paternité, on évoque généralement la « fameuse » société « secrète » allemande, Thulé, comme étant à l'origine de son utilisation dès 1918. Thulé a beaucoup fait fantasmer. Alors non, ce n'était pas une société sécrète, comme le prétend *Le Matin des magiciens*, mais un simple groupe paramilitaire d'environ 200 personnes des alentours de Munich, composé d'aristocrates et de grands bourgeois.
Ce qui lui a donné sa réputation ésotérique, c'est sans

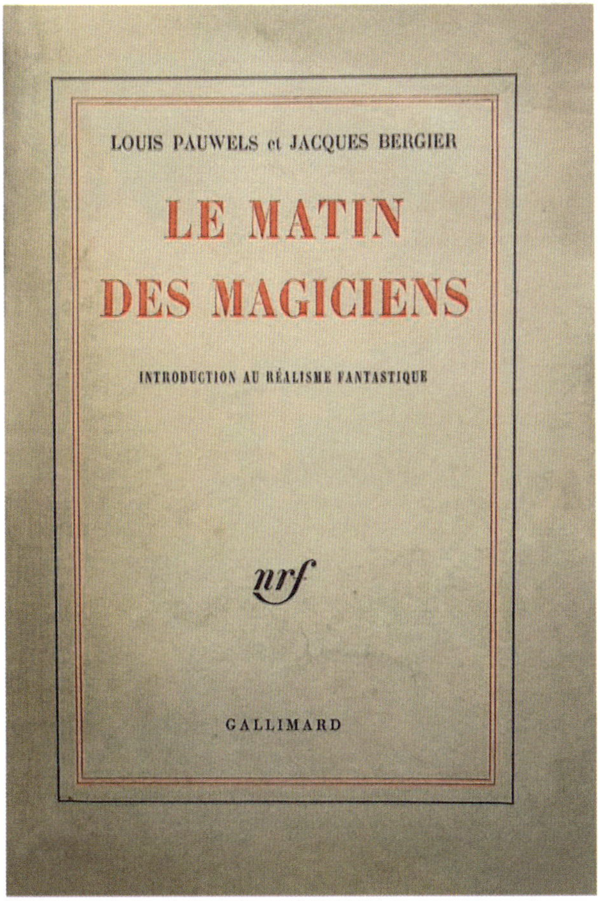

doute qu'il était une émanation d'un groupuscule païen d'extrême droite allemand : l'ordre des Germains, fondé par Theodor Fritsch. Pourquoi païen ? Parce que pour Fritsch, le christianisme était une religion juive.

Cette croix gammée va participer à cette esthétique nazie qui a séduit. Stéphane, dans votre livre, j'ai noté cette citation du musicien autrichien Kadmon : « La fascination du Troisième Reich est pour moi un romantisme noir analogue, au satanisme du XIXe siècle, cette fascination est un élément du domaine esthétique mais pas du domaine éthique. »

N.E.O. : Effectivement, les nazis avaient le sens, j'allais presque dire le génie, de la communication, de la propagande, du décor. Ils étaient nourris de ce romantisme noir de l'Allemagne du XIXe siècle – Hoffmann, tous les tableaux à la Caspar David Friedrich – et savaient quel pouvoir avaient sur les gens la récupération des vieilles légendes, ainsi que leur mise en scène. C'est toute l'esthétique développée par Leni Riefenstahl ou Albert Speer, et la croix gammée participe à cela de façon assez hypnotique. C'est d'ailleurs une roue solaire, comme les croix basque ou bretonne. Quand on lit les témoignages des journalistes français qui sont allés assister aux Olympiades de 1936 ou au Congrès de Nuremberg, ils reviennent éberlués. Comme si on les avait envoyés faire une critique d'opéra à l'étranger ! Ils ont l'impression d'être allés à Bayreuth mais d'avoir été à l'intérieur du mythe. Tout à coup, ils ont le sentiment de devenir Siegfried ou Siegmund ! Les nazis ont presque créé une réalité abstraite à partir d'une propagande forcenée, d'éléments de décor, de culture, de récits et légendes : ils ont tout mis dans une grande cuve, ils ont secoué et ça a donné cette réalité parallèle, tortueuse et torve dans laquelle l'Allemagne est tombée pendant plus de dix ans. Et qui laisse aussi imaginer l'état d'hébétude dans lequel se sont réveillés les Allemands en 1945 en se disant : « Mais mon Dieu, mais on a fait ça ?! » D'un coup, on les tirait d'un rêve, et ils comprenaient que c'était eux les artisans du cauchemar.

Intéressons-nous donc aux hommes du Troisième Reich et à leur relation réelle avec l'ésotérisme, à commencer par le premier, le Führer.

S.F. : Hitler a bien évolué dans les milieux *völkisch* au début de sa vie, notamment à Vienne. Est-ce qu'il a

Le Matin des magiciens

Ecrit par Louis Pauwells et Jacques Bergier, ce livre publié en 1960 dans la collection Blanche de Gallimard est un immense succès d'édition, se vendant à plus d'un million d'exemplaires. Il se propose de révéler l'histoire cachée du monde, évoquant aussi bien des mythiques civilisations disparues, l'héritage de visiteurs extraterrestres, le pouvoir des sociétés sécrètes, mais aussi la vérité de l'alchimie et de la télépathie, les révélations du manuscrit de la mer morte, etc. Une partie entière de cet ouvrage de 500 pages est consacrée au nazisme et à ses supposées origines mystiques, notamment grâce à l'influence qu'aurait exercé sur Hitler l'Ordre de Thulé...

Quelques mythes de l'ésotérisme nazi

Les Allemands seraient les descendants des aryens, une race de surhommes d'origine extraterrestre ou divine, qui régnaient autrefois sur l'Atlantide ou en Hyperborée (une zone située entre l'Islande et le Groenland). Ils se seraient ensuite retrouvés à Shambhala, un royaume au centre de la terre accessible par des couloirs situés au Pôle Nord et au Tibet.

Hitler aurait été un médium, agent de forces occultes, en contact avec des voyants, des astrologues, des sociétés d'initiés et même des moines bouddhistes.

Il aurait survécu à la défaite de Berlin et se serait refugié dans un refuge en Antarctique, ou en Amérique du Sud, et cela grâce aux soucoupes volantes construites par les nazis en Allemagne puis cachées dans des bases sécrètes.

Avec les SS, Himmler aurait créé un ordre noir dédié aux puissances occultes, dont le but ultime était de rassembler les objets les plus puissants, comme le Saint Graal ou la Sainte Lance. Ces missions auraient été l'unique priorité d'une officine SS, l'Ahnenerbe, qui aurait mené ces découvertes grâce à plusieurs missions d'expédition dans le Nord de l'Europe mais aussi au Tibet.

collectionné les fameux numéros de la revue racialiste et darwiniste *Ostara* de von Liebenfels ? A priori. Mais cette culture ésotérico-politique raciste n'avait rien d'exceptionnel pour l'époque. Elle imprégnait beaucoup de militants germanophones. Ce que l'on sait aussi, c'est qu'ensuite Hitler s'est très vite éloigné de ces thèses. En fait, dès l'écriture de *Mein Kampf*, il prend du recul et critique les idées *völkisch*. On a aussi plusieurs témoignages selon lesquels Hitler se moquait des lubies ésotériques de Himmler.

Parce que c'est quand même Himmler le personnage le plus ésotérique de ce régime.

S.F. : Oui, avec Rudolf Hess (qui était le numéro 2 du régime, ne l'oublions pas), qui lui aussi adorait les voyants, les pratiques alternatives, l'homéopathie et ce genre de choses. Himmler est mis avant parce que c'est le chef de la SS et, dans cet imaginaire romantique sombre que nous évoquions, la SS c'est quand même des types en Hugo Boss avec plusieurs doctorats, qui sont capables de s'exprimer en plusieurs langues et dans le même temps de massacrer de manière industrielle plusieurs millions de personnes.

C'est celui qui a la plus grande postérité dans la culture populaire.

S.F. : Je suis tout à fait d'accord : la figure du mal absolu, c'est Himmler.

N.E.O. : Ce qui est étrange c'est qu'il n'avait manifestement aucun charisme, qu'il n'était pas beau, mais falot et binoclard. On a l'impression qu'il s'effaçait : quand on regarde des photos où on voit tous les dignitaires nazis, c'est toujours celui que l'on repère le moins.

S.F. : Son génie, c'était celui de l'organisation. C'est un bureaucrate, un ancien ingénieur agronome qui va s'entourer de gens très compétents au service du Troisième Reich. Mais c'est son côté *völkisch* qui va lui donner sa postérité dans la culture populaire. Il est vrai qu'il était totalement obsédé par les questions ésotérico-racistes, comme on peut le lire dans son journal. C'est pour cela que je fais toujours la distinction entre le parti nazi et la SS, laquelle va effectivement compter en son sein un certain nombre de militants néopaïens ou de personnes qui vont flirter avec les milieux *völkisch*. D'autres dignitaires nazis, comme Martin Bormann ou Göring, n'avaient aucune sympathie pour les *völkisch*. Lorsque Hess est parti en avion au Royaume-Uni pour proposer une paix aux Britanniques, ils attendaient en embuscade que Himmler ne persécute

ROBERT CHARROUX
LE LIVRE
DES SECRETS
TRAHIS

SAINT-LOUP
Nouveaux
Cathares pour
Montségur
AUDA ISARN

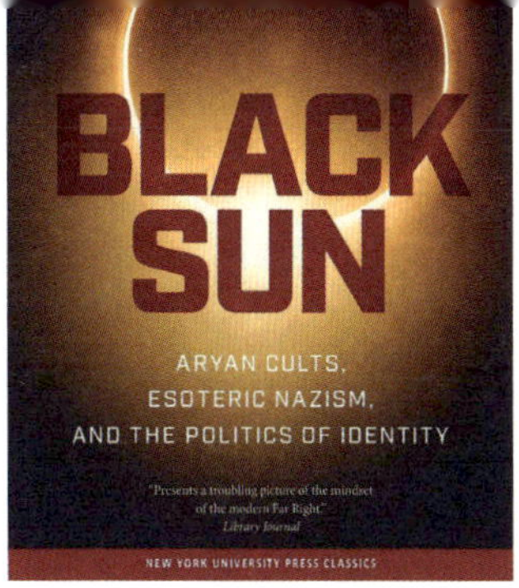
BLACK
SUN
ARYAN CULTS,
ESOTERIC NAZISM,
AND THE POLITICS OF IDENTITY

Enquête sur les sources occultes
du nazisme
T.E.X.T.O.

WERNER GERSON
le nazisme,
société secrète
INITIATION ET CONNAISSANCE
belfond

R. PETITFRÈRE
LA MYSTIQUE DE LA
croix gammée
ÉDITIONS
FRANCE
EMPIRE

Nazisme
et
Sociétés
Secrètes
Jean-Claude Frère
1 9 1 9
Thule-Gesellschaft
Grasset

JEAN-MICHEL ANGEBERT
Hitler
ET
la tradition
cathare
ROBERT LAFFONT

FRANÇOIS RIBADEAU DUMAS
HITLER
ET LA
sorcellerie

J'AI LU
L'AVENTURE MYSTÉRIEUSE
LE NAZISME
société secrète
Werner Gerson

Philippe Aziz
HISTOIRE DU IIIe REICH
Les Maîtres secrets de Hitler
VERNOY

et la sorcellerie
François Ribadeau Dumas
mondes mystérieux

cathare
ROBERT LAFFONT

SYNTHÈSE DE DOCTRINE DE LA RACE
ÉLÉMENTS POUR UNE ÉDUCATION RACIALE
OMNIA VERITAS

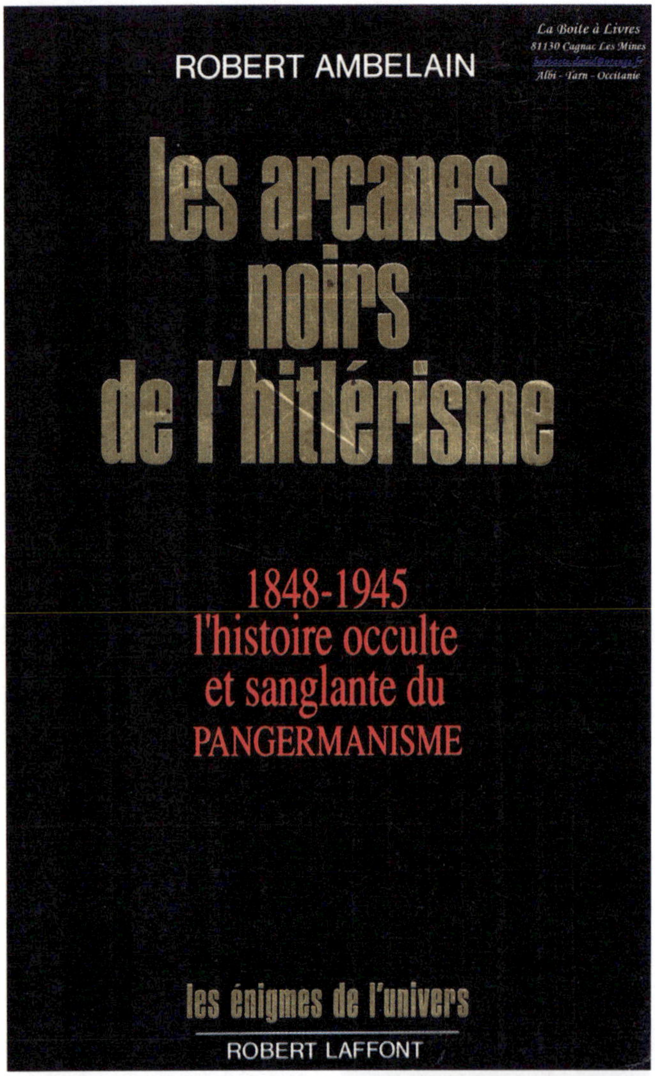
La Boite à Livres
81130 Cagnac Les Mines
Albi - Tarn - Occitanie
ROBERT AMBELAIN
les arcanes noirs de l'hitlérisme
1848-1945
l'histoire occulte et sanglante du PANGERMANISME
les énigmes de l'univers
ROBERT LAFFONT

1
EDOUARD SABY
HITLER ET LES FORCES OCCULTES
PARIS
Société d'Editions Littéraires
Et de Vulgarisation
3, rue de Savoie
1939

ROBERT CHARROUX
LE LIVRE DES SECRETS TRAHIS
ROBERT LAFFONT
D'APRÈS DES DOCUMENTS ANTÉRIEURS A LA BIBLE

El. 8° Y
43
(3461)
JEAN PRIEUR
Hitler et la guerre luciférienne
Aventure Mystérieuse

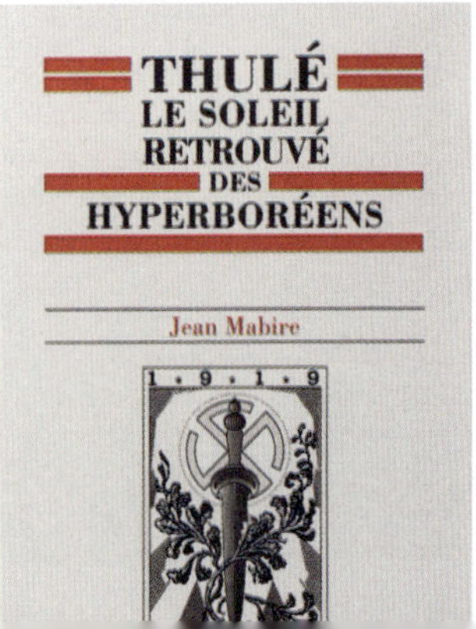
THULÉ
LE SOLEIL RETROUVÉ DES HYPERBORÉENS
Jean Mabire
1 9 1 9

christian BERNADAC
LE MYSTERE OTTO RAHN
du catharisme au nazisme

pas les astrologues et autres voyants pour lancer une campagne sur son dos. Himmler, lui, était fasciné par ces gens-là, c'était de notoriété publique. D'ailleurs, il va côtoyer un « mage », Hanussen, mais aussi Karl Maria Wiligut, un ancien officier autrichien ayant fait des séjours en hôpital psychiatrique, qui était persuadé d'être la réincarnation d'un mage aryen de l'Antiquité. On est, comme on l'a dit, dans une dimension parallèle.

Qui dit Himmler et SS dit l'Ahnenerbe, une organisation qui a fait beaucoup fantasmer, puisque dans la littérature que nous évoquions tout à l'heure, c'est elle qui, par exemple, aurait organisé des expéditions au Tibet afin de trouver un passage vers l'Agartha, le royaume du centre du monde...

S.F. : Là encore, il faut distinguer la réalité du mythe. L'Ahnenerbe a vraiment existé, elle a été fondée par un universitaire *völkisch* néerlandais, Herman Wirth ; et elle est très rapidement passée sous le contrôle de la SS. Mais si Himmler était totalement acquis aux thèses *völkisch*, la SS, elle, fonctionnait avec des universitaires tout à fait carrés, beaucoup ayant même deux ou trois doctorats. Mais si certains ont choisi de céder aux lubies de leur chef, c'est simplement pour recevoir les subsides nécessaires à la poursuite de leurs recherches. Comme ces archéologues qui pour continuer leurs fouilles ont poussé le vice jusqu'à graver sur des sites archéologiques des symboles aryens, pour ensuite pouvoir dire à Himmler : « Regardez, il y a bien une roue solaire là, les aryens étaient bien là, donnez-nous de l'argent, on continue. » Et il y a eu un certain nombre de sites dans ce cas-là, notamment en Scandinavie.

N.E.O. : Oui, et ensuite, les auteurs de livres ésotériques des années 1960 se rendaient sur ces mêmes sites, et disaient : « Vous voyez, en fait ils avaient raison. » Donc le serpent se mord la queue. C'est toute la littérature des années 1960-1970 que l'on trouve chez Laffont et J'ai Lu. Il y avait plus ou moins les mêmes livres chez les mêmes éditeurs avec des noms différents. Et puis surtout, ils se recopiaient les uns les autres. Et la matrice de tout ça, c'est *Le Matin des magiciens*, puis les livres de René Alleau, et ceux d'André Brissaud, qui a rajouté des choses, et puis ils se sont recopiés, recopiés, recopiés...

S.F. : En reprenant les éléments les plus phénoménaux chaque fois pour accentuer le trait, etc.

N.E.O. : Je me souviens d'un livre délirant, paru en en 1974 chez Albin Michel, ça s'appelle *Les Juifs de l'espace* de Marc Dem. Il nous explique que les juifs sont une race extraterrestre arrivée avant nous qui, en fait, vit en parallèle et dont le but est la domination du monde. Et ça passait à l'époque, c'était publié sans problème...

S.F. : C'est quelque chose de fou ! Et j'ai vu des personnes dire que le livre n'était pas antisémite, alors que Marc Dem y dit clairement que si l'antisémitisme existe encore aujourd'hui, c'est à cause de cette peur de la race juive cannibale qui est restée dans la mémoire inconsciente de l'humanité...

N.E.O. : Ça m'a toujours fait penser à la fin de *La Folle Histoire du monde* de Mel Brooks (1981) où il annonce : « Et quand vous aurez le tome 2 – qui n'a jamais été fait – il y a un truc qui s'appelle *Les Juifs dans l'espace* ». On voit un vaisseau spatial en forme d'étoile de David, et ça finit comme ça.

Pour finir sur les personnages du Troisième Reich qui ont inspiré ces légendes, il faut aussi citer Otto Rahn.

N.E.O. : il y a tellement de mystères autour de lui. Ce serait un passionné de langues romanes, qui aurait fait le lien entre la quête du Graal et le pays cathare, et qui était persuadé que cette relique était cachée à Montségur. Il a écrit deux livres à ce sujet, la *Croisade contre le Graal* et *La Cour de Lucifer*. Dans l'imaginaire collectif, c'est lui qui est le trait d'union entre le Graal et les nazis. C'est lui qui a inspiré le roman de Pierre Benoit, *Montsalvat*, mais aussi Spielberg avec ses *Indiana Jones* et toutes ces choses-là. Sa mort est entourée de mystère, on ne sait pas exactement comment il a disparu. Certains ont prétendu qu'il avait survécu sous une autre identité, mais ils ont confondu avec un certain Rudolf Rahn, diplomate allemand.

S.F. : Rahn était docteur en littérature et avait fait sa thèse sur le catharisme, il avait repris les thèses de Wolfram von Eschenbach sur la nature du Graal. C'est-à-dire qu'il y a eu un débat : « C'est quoi le Graal ? » Est-ce la morale perdue de Lucifer, sont-ce les tables dictant les lois du sang ou est-ce un réceptacle, un récipient ? Et il est vrai que chez Rahn, ce n'est pas clair : tout va se mêler. Mais cela va revenir à une idée plus large qui était vraiment très importante chez Himmler ; c'était l'idée que la vraie religion de l'Europe n'est pas le christianisme, mais ces espèces de mouvements hérétiques pagano-chrétiens du Moyen Âge. Les mythes d'un nazisme

ésotérique tiennent pour beaucoup de cette obsession qu'avait Himmler de reconstituer une religion qui serait propre à l'Europe et donc néopaïenne. Mais le cas Otto Rahn est vraiment intéressant de ce point de vue-là, parce que là encore, on voit un universitaire, plutôt solide au départ, partir dans des considérations totalement ésotériques.
N.E.O. : C'est incroyable de se dire que ce qui a provoqué l'un des drames les plus atroces de l'humanité, ce sont des gens qui ont parcouru le monde pour aller rechercher des légendes, plus ou moins floues. On a l'impression qu'on a affaire à de grands enfants, presque à Tintin.

Cette aspiration néopaïenne va être ensuite sauvegardée et relayée par des écrivains d'extrême droite, qui vont aussi participer à la propagation des thèses nazies ésotériques après-guerre, je pense notamment à Saint-Loup en France.
N.E.O. : Ah, il y aurait de quoi creuser et explorer sur cet homme qui vient plutôt de la gauche, fondateur des auberges de jeunesse, puis qui vire au nazi forcené jusqu'à intégrer la division de la Waffen-SS Charlemagne. Ensuite, il part en exil et on dit qu'il aurait été le moniteur de ski d'Eva Perón. Mais ça, je ne sais pas si c'est un mythe ou pas.
S.F. : Je pense que c'est un mythe, en revanche officier instructeur de l'armée de Perón, oui.
N.E.O. : Et puis il loupe le prix Goncourt, la légende veut qu'on ait découvert sa véritable identité à la dernière minute. Il écrivait très bien, un peu à la Jean Raspail, proposant des grands romans réac d'aventure, avec de la force virile. Sortis de leur contexte idéologique, ses livres se relisent assez agréablement. C'est un peu poussiéreux, c'est à l'ancienne, mais ce sont de grandes fresques avec plein de personnages. Cependant, lorsqu'on creuse, l'idéologie est toujours là. Il était considéré comme une espèce de maître qu'on allait voir, comme un oracle. C'était le maître d'un Mabire ou d'un Venner. En fait, comme vous l'écrivez, Stéphane, si ces écrivains d'extrême droite, souvent anciens collaborateurs, versent dans l'ésotérisme, c'est qu'ils ne peuvent pas se contenter d'une explication rationnelle à la fin de leur Reich tant aimé...
S.F. : Oui. Il y avait clairement de ça. Pour continuer avec Saint-Loup, dans les années 1950, lorsqu'il était en Argentine, il est allé jusqu'à la pointe sud, à la Terre de Feu, pour voir s'il n'y avait pas cette fameuse base nazie, parce qu'il y a cru lui aussi. Il ne pouvait pas concevoir que le Führer pouvait mourir de manière aussi pathétique. Pour ne pas arranger les choses, les Soviétiques ont eu la bonne idée de brûler le corps du Führer sans pour autant préciser l'endroit où ils l'avaient incinéré. Donc il y a un flou. Le FBI l'a cherché aussi. Et effectivement, on a un certain nombre d'auteurs, d'intellectuels, de militants de l'époque qui se sont retrouvés orphelins de leur idéologie, qui ont cherché à comprendre et qui sont ainsi tombés dans l'irrationnel et l'ésotérisme.
Et cette offre va trouver sa demande, à savoir une population qui après la guerre et ses atrocités se demande même si les nazis étaient bien humains, et pas des bêtes ou des démons. Cela va préparer le terrain au *Matin des magiciens*.
N.E.O. : *Le Matin des magiciens* et la revue *Planète*, qui a suivi, se sont trouvés à une époque idéale : on était en train de remettre en cause la science, le nucléaire. La fin des années 1950 est une période très mécaniste, c'est la maison de Monsieur Hulot où tout est en place, cadré. Et soudain, on donne de l'imaginaire aux Français, on leur propose une version alternative au réel. C'est ce qui explique aussi le succès colossal de *Belphégor* à la télévision, en 1965, avec cette histoire d'un fantôme au Louvre. On dit parfois que l'esprit *Planète* a un peu préparé psychologiquement les gens aux explosions de la fin des années 1960. Ce qui était drôle, c'est que les gens de la revue participaient à des camps organisés par le Club Med, il y avait des conférences à l'Odéon, des universités d'été où les gens étaient à moitié à poil en train de parler des ovnis. C'était assez étonnant, et rien qu'en cela Pauwels et Bergier ont vraiment créé quelque chose à part.
S.F. : C'est Pauwels qui prétendait que c'était son livre qui avait amené Mai 68, mais c'est prendre les choses à l'envers. Il y avait déjà quelque chose en germe dans la société occidentale, avec le déclin de la pratique religieuse traditionnelle et l'émergence de contre-cultures et de nouveaux types de spiritualité.
Le Matin des magiciens a été publié au bon moment. Et c'est pour ça que ça s'est vendu autant, pas loin de dix millions d'exemplaires en une centaine de langues.

Mais pourquoi dans ce livre, paru quinze ans après l'armistice, et dans tous ceux qui ont suivi, les nazis occupent-ils encore une telle place ?
S.F. : D'abord, les nazis, c'est le mal absolu. Ensuite, nous sommes dans les années 1960, on a des générations qui ont peu ou pas connu la guerre et qui vont entrer dans

l'âge adulte, et elles essaient de comprendre comment des types habillés en noir ont pu asservir l'Europe aussi facilement ? Cette époque, c'est aussi celle d'un gros trou historiographique, notamment sur l'extermination des juifs d'Europe, car les premières vraies études scientifiques sur cette question arriveront seulement à la fin des années 1970. Entretemps, c'est un trou noir. En France, il ne faut pas l'oublier, c'est la pacification gaullienne, c'est *La Bataille du rail*, on vit dans le mythe du résistancialisme qui veut que tous aient résisté.

N.E.O. : Effectivement, à cette époque, soit les nazis sont des monstres de science-fiction, soit ce sont des personnages de *La Grande Vadrouille* ou de *Papa Schultz*. On ne les considère pas d'un point de vue d'analyse historique pure.

S.F. : Toute cette production relevant d'une écriture historique populaire a presque totalement disparu depuis le milieu des années 1970. Cet intérêt pour l'occultisme et ses formes de nazisme délirantes a ensuite investi le champ des contre-cultures. On a parlé d'*Indiana Jones*, mais c'est aussi bien d'autres films, séries télé, romans, bandes dessinées. Il faut être honnête : c'est du matériau très intéressant pour des scénarios totalement délirants.

N.E.O. : Oui, le nazisme reste l'incarnation du mal absolu et l'on ressent pour cette histoire ce mélange d'épouvante et de fascination que certains éprouvaient autrefois à l'écoute des légendes sur les dragons et les ogres.

POUR DÉCOUVRIR LES MYTHES ET LEURS ORIGINES

L'occultisme nazi
Entre la SS et l'ésotérisme

Stéphane François

232 pages – 24 € – CNRS Editions

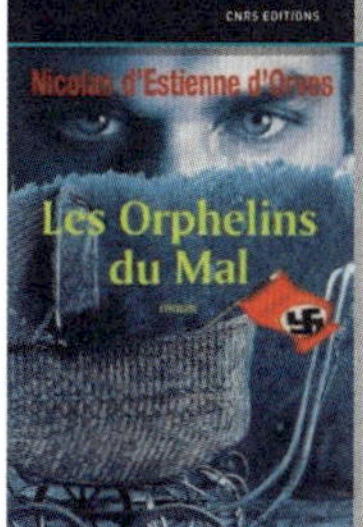

Les Orphelins du Mal

Nicolas d'Estienne d'Orves

523 pages – 19,90 € – XO

Hellboy est l'un des fleurons de la bande dessinée *mainstream* US. Lancée en 1994 par Mike Mignola, il raconte l'histoire de ce « fils de l'enfer », Anung Un Rama de son petit nom, né de l'union entre une femme et un démon et élevé aux enfers, jusqu'à ce qu'il soit appelé sur terre par le mage Raspoutine dans le cadre du projet ésotérique Ragnarök, censé changer le cours de la guerre. Recueilli par les alliés, il intègre ensuite le Bureau de recherche et de défense sur le paranormal. En équipe ou en solo, il affronte les forces occultes les plus maléfiques : plein de nazis mais aussi toute sorte de monstres, démons et personnages historiques dans la grande tradition des pulps ou des romans des Lovecraft.

Le réalisateur Guillermo Del Toro lui a consacré deux de ses plus beaux films. Ses nombreuses aventures en comics sont toutes disponibles aux éditions Delcourt.

POUR PLUS D'ÉSOTÉRISME

Les dossiers secrets de Hellboy : Raspoutine

Mignola - Roberson - Mitten - Stewart

144 pages – 15,95 € – Éditions Delcourt

Quand le nazisme renaît au cinéma

Par Michel Marmin

Les néonazis se consoleront aisément de l'absence des films authentiquement nazis, comme *Le Jeune Hitlérien Quex* de Hans Steinhoff (1933), dans les programmes de télévision et dans les catalogues de DVD. Car leurs fantasmes en brun ou noir se trouvent régulièrement alimentés par des films qui, pour afficher la réprobation de leurs auteurs envers la bête immonde, n'en traduisent pas moins une incontestable fascination, non tant pour les idées, il est vrai, que pour les images, les clichés que le régime hitlérien a légués à la postérité après sa défaite. Il n'est pas jusqu'aux vêtements de la firme allemande Hugo Boss qui n'aient bénéficié, et aujourd'hui encore, de cette fascination, ses ateliers ayant produit sous le Troisième Reich les seyants uniformes noirs de la SS !

Nous ne nous éloignons pas de notre sujet, car les uniformes de la SS, frappés de la double rune de la victoire et de la tête de mort, constituent l'un des éléments essentiels du fétichisme nazi ou néonazi – et ce n'est pas sans quelque ambiguïté que celui-ci est aussi insistant dans les films. Au point que les héritiers d'Hugo Boss auraient pu continuer de fournir les studios de cinéma en costumes : ils en avaient peut-être conservé les patrons... Mais évoquons les principaux films qui, selon nous, ont propagé, à leur corps défendant ou non, cette image esthétisante, sinon nostalgique, du nazisme. Le plus étonnant demeure indiscutablement *En Angleterre occupée* (1966), une extraordinaire uchronie qui raconte l'occupation de la Grande-Bretagne par la Wehrmacht et la SS, la mise en place d'un régime national-socialiste à la mode anglaise, mais aussi la reconquête du pays par la Résistance et l'armée américaine. Deux séquences se détachent de ce film réalisé avec un soin extrême par un historien du cinéma, Kevin Brownlow, et un spécialiste des uniformes et des armes, Andrew Mollo. La première voit la Wehrmacht défiler sur Trafalgar Square, la seconde, à l'inverse, montre le massacre à la mitrailleuse, par la Résistance, et après leur reddition, de jeunes volontaires d'une division anglaise de la Waffen-SS. Est-il besoin de préciser qu'auprès d'une partie du public, la première séquence suscite la jubilation et la seconde, la compassion ? Tel n'était probablement pas le but de Brownlow et Mollo...

Plus troublant encore apparaît *Le Sauveur* (1971), dû au cinéaste et romancier français Michel Mardore. C'est en effet l'histoire d'un officier SS qui, se faisant passer pour un agent de Londres, séduit une jeune paysanne et, exploitant l'amour fou qu'il fait naître,

HHhH de Cédric Jimenez (2017).

Le Sauveur de Michel Mardore (1971).

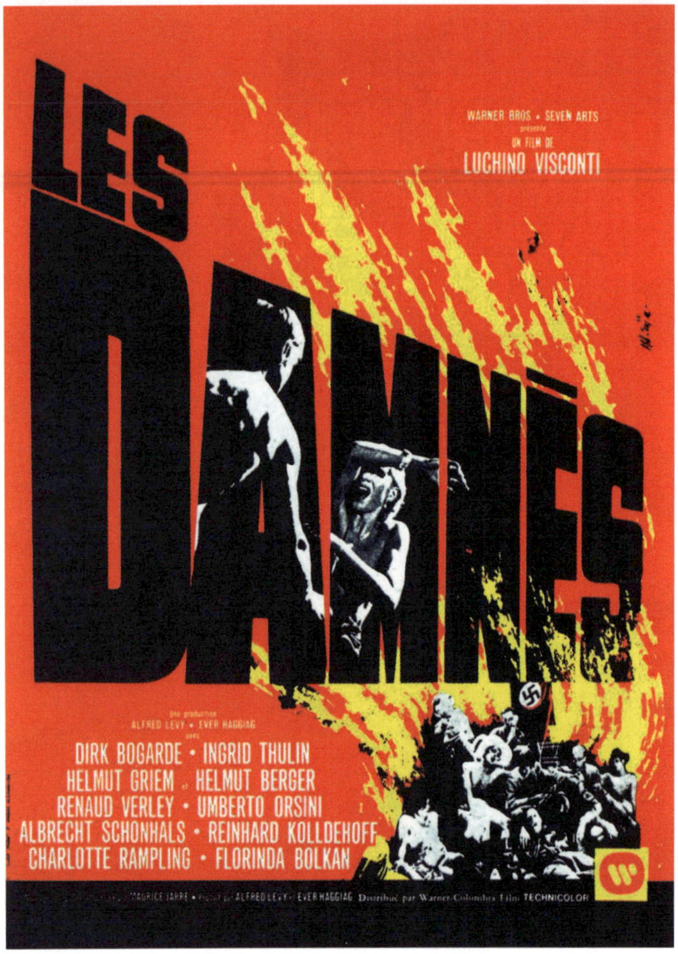

recueille les renseignements qui lui permettront d'anéantir un maquis. Figure du mal à la beauté angélique, le héros incarné par Horst Buchholz rappelle certains personnages de Cocteau... La fascination du nazisme, décuplée ici par la splendeur de la nature et les chairs nacrées de la jeune fille (Muriel Catala), laisse le spectateur avec le sentiment d'avoir voyagé dans une sorte de rêve éveillé dont le titre, soit dit en passant, indique clairement la suprême perversité et, subliminalement, la dette que Mardore a envers le marquis de Sade... N'est-il pas l'auteur d'un subtil roman sadien, *La Première Communion* ?

En matière d'ambiguïté, *Le Sauveur* partage sans doute la palme avec *Les Damnés* de Luchino Visconti (1969), moins toutefois en raison du personnage interprété par Helmut Berger, détraqué sexuel manipulé par les nazis, que par les enjeux politiques mis en exergue dans le film : la prise de contrôle, au profit du projet national-socialiste, d'un groupe industriel, celle-ci passant par la liquidation des cadres de la SA par la SS lors de la nuit des Longs Couteaux, en 1934.

Ce que dit Visconti, c'est que le populisme de la SA étant improductif aux yeux d'Hitler, seule la mainmise du parti sur l'appareil économique de l'Allemagne pouvait rendre possible la révolution nationale-socialiste. La question a longtemps été de savoir si c'est l'industrie allemande qui s'est mise au service d'Hitler, sous la contrainte ou non, ou l'inverse (selon le point de vue marxiste). Visconti, de toute évidence, s'est rallié à la première hypothèse, qui sera aussi celle de l'historien Joachim Fest pour qui Hitler « n'était pas à vendre ». Le goût du réalisateur pour les fastes de l'opéra italien a trouvé à pleinement s'exprimer dans ce film où les assassinats participent d'une délectation morbide. Oui, dit Visconti, le nazisme est le mal, mais que le mal est beau, tout de noir vêtu !

Peu de cinéastes échappent à la tentation de parer le mal de ses plus beaux atours

Les bourreaux meurent aussi de Fritz Lang (1943).

Le phénomène est effrayant, mais peu de cinéastes échappent à la tentation de parer le mal de ses plus beaux atours. La représentation de Reinhard Heydrich à l'écran en fournit des exemples singulièrement significatifs. Chef de toutes les polices du Troisième Reich, « protecteur » de la Bohême-Moravie (noyau de l'actuelle République tchèque), organisateur de la Shoah, mais aussi brillant violoniste et réformateur social apprécié dans sa juridiction, Heydrich fut abattu par la Résistance tchèque en 1942. Plusieurs films ou téléfilms ont été consacrés à cet attentat et à celui qui en fut la victime, dont la personnalité hors du commun a laissé le champ libre à toutes les spéculations. Jeune, grand, blond, dolichocéphale, parfaite incarnation de l'idéal racial nazi, n'a-t-il pas été présenté comme un possible successeur d'Hitler ? Le résultat, c'est que la fascination opère dès qu'il apparaît à l'écran, quel que soit l'acteur qui endosse ce rôle quasi shakespearien : Hans Heinrich von Twardowski dans *Les bourreaux meurent aussi* de Fritz Lang (1943), Kenneth Branagh dans *Conspiracy* de Frank Pierson (2001), Jason Clarke dans *HHhH* de Cédric Jimenez (2017), pour ne citer que les principaux.

Mais le comble a été atteint par *La Chute* d'Oliver Hirschbiegel (2004). Il est donc revenu à un cinéaste allemand non de réhabiliter Adolf Hitler, mais de le représenter dans son bunker berlinois, pas comme le diable, mais comme un homme fini, qui a fait son temps... Le pathétique, servi par la performance de Bruno Ganz, n'entraîne plus la fascination, mais la pitié. On pourrait presque croire que le Führer, ainsi banalisé, était un homme comme les autres !

POUR S'ÉVADER

Cinéphilie vagabonde

Michel Marmin

292 pages – 18 €

Pierre-Guillaume de Roux éditions

Les louves SS

Par Christophe Bier

Résurgence de la guerrière amazone, la militaire sanglée dans son uniforme et bottée appartient à la mythologie moderne du sadomasochisme, jouissant d'un pouvoir absolu, aboyant des ordres qui ne supportent aucune rébellion. Régnant en souveraine sur un régiment de soldats et des prisonniers, elle torture et tue, impitoyable maîtresse. La pire de toutes : une affidée du national-socialisme.

À quoi bon les fantasmes s'ils ne peuvent être inavouables ? Balayons sans plus d'efforts dialectiques les néo-censeurs qui tentent d'aseptiser l'imaginaire en brandissant leurs éternels prétextes : dégradation de la dignité humaine, apologie de la torture et du racisme. La barbarie nazie s'est invitée dans les rêveries comme expression d'un Mal absolu, flattant des instincts autant sadiques que masochistes, au même titre que l'esclavage dans les Antilles ou les procès de l'Inquisition dans maints récits et illustrations érotiques. Rictus farouche aux lèvres, la louve SS est, dès l'après-guerre, une promesse de voluptés tyranniques.

Les fantasmes ne font pas de politique, ils ne s'intéressent qu'aux pulsions. Démonstration éclatante : les premières SS érotisées viennent d'Israël. Au début des années 1950, une flopée de pulps en hébreu, aux couvertures outrageuses, baptisés *stalag fictions*, excitent les enfants des rescapés des camps. Après le procès Eichmann, la censure met fin à ces ouvrages « pornographiques », opposant de perverses SS à des GI et des pilotes de l'Air Force enchaînés et fouettés. Sans doute y avait-il, pour les auteurs juifs de ces fascicules – prétendument traduits de l'anglais –, un insurmontable tabou à utiliser des victimes juives. Ces romans connurent un engouement fantastique auprès des adolescents de la Terre promise, désormais très recherchés par des collectionneurs nostalgiques de leurs jeunes excitations[1].

En France, même période, des récits dévoyés, sur fond d'aventures héroïques, sont publiés. Le château sadien devient forteresse, camp de prisonniers ou bordel sibérien de la Wehrmacht. Les blondes gretchens qui manient la trique détournent l'idéologie du IIIe Reich à des fins sexuelles. Tout ce courant débute en 1949 avec le succès de *Gretchen en uniforme* d'un certain K.-H. Helms-Liesenhoff, un Allemand qui aurait vaillamment

A DIFFERENT KIND OF X
THE MOST DREADED NAZI OF THEM ALL!
She committed crimes so terrible ... even the SS feared her!
ILSA
She wolf of the SS
starring
DYANNE THORNE as ILSA
with SANDI RICHMAN · JO JO DEVILLE · USCHI DIGARD
Directed by DON EDMONDS Produced by HERMAN TRAEGER
An AETAS FILM PRODUCTION · Color
A CAMBIST FILM RELEASE
WARNING: SOME MEMBERS OF THE PUBLIC MAY FIND CERTAIN SCENES IN THIS FILM OFFENSIVE AND SHOCKING – the Management

combattu contre le nazisme, ou plus simplement premier pseudo d'un besogneux polygraphe (suivi de Heinrich Muller, L.-K. von Himeloff, Vicker Wolf, K. Vandorff...). Même Frédéric Dard en écrivit trois (*Sergent Barbara*, *Guerriers en jupon* et *Plaisirs de soldats*). *Femmes maudites*, *La Panthère nazie*, *La Chienne de Buchenwald*, inspirée de la sinistre Ilse Koch : ces soldates sont aussi dépravées que leurs homologues masculins. Le filon s'épuise en peu d'années – des titres sont souvent victimes d'interdiction d'affichage – mais connaît un regain dans les années 1970, avec les collections guerrières du Gerfaut et « Les soudards » : *Les Diablesses de la Luftwaffe*, *L'Ange pervers des SS*, *La Louve de Smolensk*, *Les Prêtresses de la croix gammée*, etc. Encore en 2000, l'*Affaire Ilsa Koch* (chez Média 1000)

> **La véritable Ilse Koch est devenue le mythe ultime du sadisme féminin**

fait resurgir cette *kommandeuse*, laquelle maintient en vie la tête d'Hitler et a découvert le secret de l'éternelle jeunesse au moyen d'une machine à jouir, accumulatrice d'orgasmes rappelant les inventions de Wilhelm Reich. La véritable Ilse Koch est devenue le mythe ultime du sadisme féminin, collectionneuse d'abat-jour en peau humaine tatouée et de têtes réduites, se promenant à cheval et frappant de sa schlague tout prisonnier osant la regarder. Un portrait à nuancer, selon l'irréprochable historien Benoît Cazenave, couronné du prix de la fondation Auschwitz en 2003 : « Incontestablement criminelle, son image dans l'opinion publique dépassera largement la réalité prouvée de ses crimes », écrit-il, démontrant qu'elle est « l'incarnation socialement construite de l'ignominie nazie[2] » par la justice et la presse, influencées par leurs clichés misogynes sur la violence féminine et pour qui la féminisation du nazisme sert de défouloir.
Le cinéma d'exploitation ne s'en prive pas.
Le personnage le plus emblématique, Ilsa, est la star d'une trilogie mémorable, réalisée aux États-Unis

entre 1975 et1977. Ilsa défie la logique temporelle, archétype indestructible du Mal, doctoresse de camp de concentration (*Ilsa, la louve des SS*), gardienne de harem d'un émir du pétrole (*Ilsa, la gardienne du harem*) et enfin, en tunique de l'Armée rouge, régnant sur un camp soviétique sibérien avant de s'enfuir au Canada, à la mort de Staline (*Ilsa, la tigresse du goulag*). L'esprit délirant du serial souffle sur cette saga qui mise sur le sexe, les perversions et les effets gore de Joe Blasco (qui travailla avec David Cronenberg). Dyanne Thorne, ex-danseuse de night-club, est parfaite : grande blonde aux traits durs, regard de glace, elle dégaine une menaçante poitrine que ses tenues ont du mal à comprimer. Cravache, ceinturons de cuir, casquette à visière, bottes en font une scrupuleuse fétichiste. Diplômée en religion comparative, attachée au ministère laïc de la Nature's Cathedral Outdoors, elle célébrera des mariages à Las Vegas dans les années 2000, avec son mari. « Beaucoup de fans, racontait-elle, viennent nous voir pour être mariés par Ilsa ! Si je ne peux pas célébrer leur union entièrement habillée en Ilsa, c'est quand même l'idée… » Un tel personnage sera imité, jamais égalé. Les Italiens exploitent la *nazisploitation* (ou *éros-svastika*), avec des épigones comme l'exaltée Fräulein Doktor Kratsch d'*Holocauste nazi* (*La Bestia in calore*, Luigi Batzella, 1977), qui accouple de hurlantes captives à un monstre néandertalien encagé. *« Nul au monde n'a le droit de s'attaquer à l'œuvre de* Dieu en soumettant à d'odieux traitements ses propres créatures », lui rétorque le médecin juif qu'elle a réquisitionné. Elle ricane, décidée à se vautrer dans le trash : castration, ongles arrachés, vagins électrifiés, plaie dévorée par des rats, elle observe tout avec lubricité, frottant sa poitrine sur celle d'un détenu suspendu avant de connaître elle-même l'étreinte fatale de la bête immonde. De nombreuses croix gammées sont à l'envers, cohabitant parfois dans un même plan où d'autres sont à l'endroit ! Toute la négligence

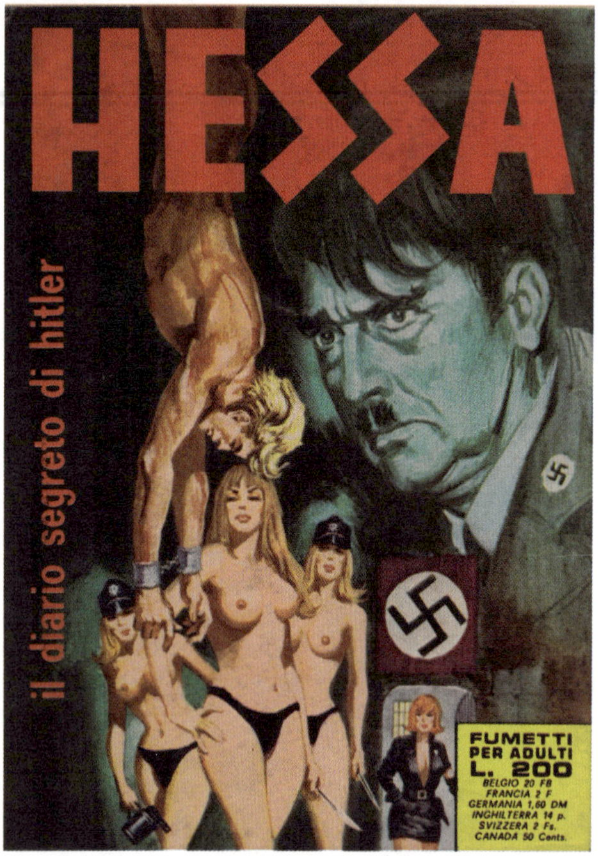

attendrissante du cinéma bis transalpin.
Côté presse, les Américains, à partir des années 1950, publient des *men's magazines*, revues à sensation, aux couvertures dessinées, prenant la relève des pulps d'antan. Les récits « vrais » (*True Story*, *True Danger*, *True War*, etc.) sont imaginés par des rédacteurs (dont le futur auteur du *Parrain*, Mario Puzo), fausses confessions de rescapés en tous genres, qui exacerbent la virilité, menacée par de multiples dangers. La castration rôde à chaque page, à moins que ce ne soit déjà trop tard : l'abondance de femmes ligotées, pantelantes aux mains d'officiers ricanants, est révélatrice du seul danger réel éprouvé par le lecteur : le sexe dit « faible » qu'il faut contrôler, dégrader, asservir. Cet univers infantile est l'exutoire d'une impuissance redoutée, ou vécue. Confronté à ses désirs inassouvis, l'Américain moyen se voit aussi proposer des vamps sadiques titillant sans détour sa peur des femmes. Des gardiennes de camps fouettent le héros ; souriantes, elles le narguent d'un rasoir ensanglanté, le chevauchent comme un cheval maté. Toutes ont des attributs trop volumineux qui dépossèdent l'homme de sa puissance ; seins en obus, comme Dyanne Thorne – jamais l'expression n'a été plus juste. Pour confirmer cette analyse angoissée, des pages de publicités vantent les mérites de chaussures « grandissantes » pour hommes, à semelles surélevées, des traitements contre la calvitie et des ceintures abdominales pour un ventre plat ; des articles « scientifiques » remuent le couteau dans la plaie béante : « La femme sexuellement agressive : pouvez-vous lui faire face ? », « Comment la frustration sexuelle peut vous paralyser ? ».
En cas de complète défaillance, des annonces sardoniques proposent des vibromasseurs à offrir aux dames ou, en dernier recours, des armes automatiques !
Du côté de la BD érotique, il faut retenir un *fumetti per adulti*, ces pockets d'Italie, bon marché, des années 1970-1990 : *Hessa*, 47 numéros d'octobre 1970 à août 1972, issus du Studio Rosi (Di Stefano et Zeccara), sur une création de Renzo Barbieri : « La terrible condottiere des guerrières blondes, annonce l'éditeur Elvipress, Hessa des Sex Truppen, vierge, aristocratique, tortionnaire, héritière de la brutalité d'un père incestueux, de la perversité d'une mère morphinomane, élevée dans les collèges dépravés prussiens, incendiaire et tueuse à 13 ans, crainte même

Extrait du clip de Rob Zombie.

par les SS, fondatrice d'une école d'amazones où toute perversité est permise, tout crime récompensé ! Hessa, la vraie "arme secrète" d'Hitler au moment du Blitzkrieg, espionne géniale, reçoit en ce tragique jour de 1940 la consigne suprême : faire exploser l'Europe ! Hessa ! Walkyrie de la destruction, aventurière désespérée d'un walhalla sans dieux… » Cette série débridée est un écrin noir d'exploits sanglants, mêlés d'éléments fantastiques. Hessa von Thurm y croise le monstre du loch Ness, entraînant au fond de son lac un fasciste écossais, le fils du fantôme de l'Opéra Garnier, maître des rats, le Hollandais volant et son équipage de morts vivants, Hitler en personne[3].
Résurgence inattendue en ces temps d'autocensure, Tabou éditions a sorti en 2019 *Chattes hurlantes sur Grossenchtein* de Cénou et McCock, premier volume de la « Sexxion X », cellule nazie de la Forêt-Noire, dirigée par Kirsten Kirsten, bourrelle imaginative qui tente de faire parler un capitaine français que des résistants cherchent à libérer. L'ambiance est au pastiche gore, d'une obscénité roborative.
Au second plat, des titres annoncés pour la rigolade, et pourtant nous aimerions en lire certains : *Fais pas chier la SS*, *Squirt en U-Boot*, *Bordel de Dieu en Normandie* et surtout le si direct et simple *Sperme*.
Le délire atteint des cimes avec *Werewolf Women of the SS*, réalisé par Rob Zombie en 2007 : un SS fanatique et un savant forcément fou créent une armée indestructible de louves-garous avec du sang pur d'aryennes.
Les sanguinaires Eva et Gretchen Krupp ont la ferveur flagellante, la blondeur et le buste opulent d'Ilsa.
Mais que vient faire ici Nicolas Cage en Fu Manchu hystérique ? Nous ne le saurons jamais car ce n'est qu'une fausse bande-annonce d'un film du programme *Grindhouse* de Quentin Tarantino et Roberto Rodriguez. Dommage car Zombie réunissait en cinq minutes toute la démesure des meilleurs films bis et des *fumetti*.

Notes :

1. Voir *Stalags : Holocaust and Pornography in Israel*, documentaire d'Ari Libsker, 2007.
2. Benoît Cazenave : « La mégère de l'Armaggedon – Ilse Koch », *in Revue pluridisciplinaire de la fondation Auschwitz*, éditions Kimé, Paris, 2008, p. 25-42.
3. Inédite en français, *Hessa* est traduite depuis 2014 par Auda Isarn.

L'affaire Charles Krafft

Quand théière rime avec Hitler

PAR MARC LIPKOWICZ

C'est de notoriété publique, art et controverse font bon ménage. Qui ne se souvient pas de l'*Hitler qui prie* de Maurizio Cattelan (sculpture représentant un Hitler au visage pieux et à l'uniforme d'écolier, les mains jointes et les genoux à terre), du *Piss Christ* d'Andres Serrano (étrange photographie d'un crucifix en plastique immergé dans un bocal d'urine), ou encore du duo d'artistes chinois Sun Yuan et Peng Yu, dont les œuvres sont composées de tissus humains, d'animaux vivants et de cadavres de bébés ? L'art a cette capacité – cette fonction – particulière de solliciter l'émotion, et ainsi d'inviter à découvrir notre monde selon une perception nouvelle. Mais comme le montre le cas de l'artiste céramiste Charles Krafft, l'artiste n'est jamais bien loin de son sujet.

Qui est Charles Krafft ?

Charles Krafft est originaire de Seattle. Connu depuis une trentaine d'années pour son obsession concernant la vaisselle victorienne aux motifs aryens et aux répliques d'AK-47 en porcelaine, cet artiste fut un temps reconnu par la critique et les musées pour son audace et l'ironie avec laquelle il mettait en avant l'imagerie totalitariste au service de son art. Mais ce qui paraît comme de la parodie prend un tout autre sens quand le journal *The Stranger* dévoile en 2013 l'implication de Charles Krafft sur des sites nationalistes blancs. L'ironie devient hommage et s'ensuit alors l'une des révélations les plus fracassantes du milieu de l'art américain.

Premières années

Charles Krafft n'a pas toujours été un négationniste notoire. Il est d'abord un enfant qui grandit à côté du Seattle Art Museum, prédisposition géographique qui le destine à une carrière artistique qu'il décide d'embrasser très jeune. Intéressé par le travail de Von Dutch, un designer de voiture qui privilégie l'armurerie et l'expertise en explosifs aux balades dominicales dans le parc, il amorce son entrée dans le monde de l'art en fréquentant Guy Anderson, peintre américain du courant expressionniste abstrait. Après avoir tenté de se faire un nom dans le monde impitoyable de la peinture, Charles revient dans sa ville natale en 1991 et se découvre alors une passion pour la céramique, activité qu'il pratique avec « un petit groupe de grands-mères[1] ».

Premières œuvres

Inspiré par ces ateliers créatifs, Krafft décide d'utiliser le médium vieillissant de la vaisselle peinte pour représenter des scènes de désastre. Les pièces qui constituent la collection *Disasterware* (1991) commémorent ainsi des catastrophes, à la fois naturelles (tremblements de terre, inondations) et sociopolitiques (le bombardement de Dresde ou l'explosion du *Hindenburg*). La nature décalée de ses œuvres ne tarde pas à intéresser les galeries, avant de se répandre dans

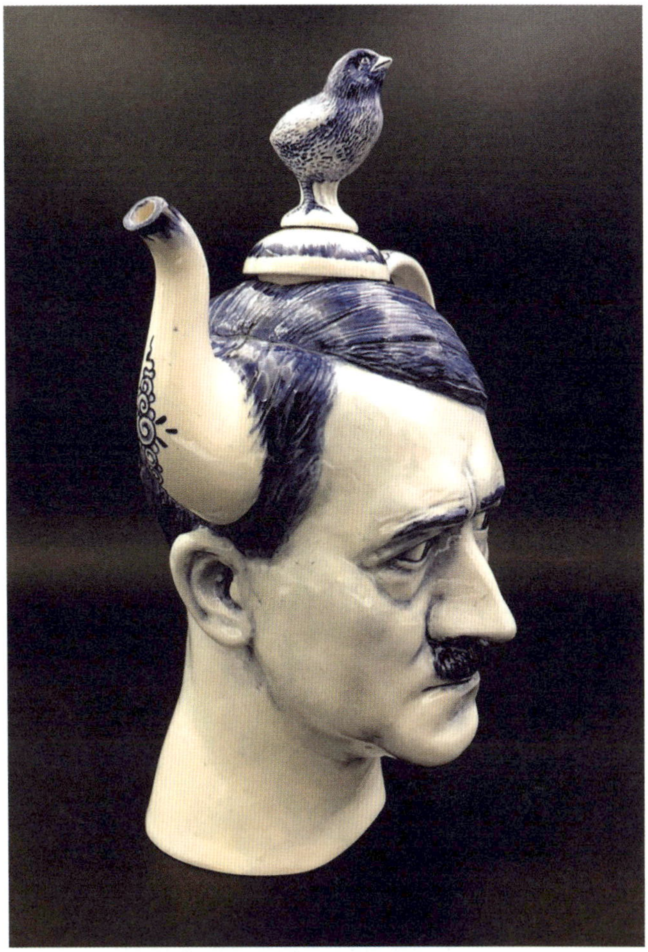

les musées américains, puis européens. Il acquiert peu à peu le statut d'un des artistes les plus atypiques des années 1990. Comme il le dit lui-même :

> « Le monde a commencé à me remarquer à partir du moment où j'ai lâché le chevalet pour me consacrer à l'assiette en porcelaine[2]. »

Pourtant, se trouver sur le devant de la scène n'apporte pas que des louanges et le côté provocant de certaines de ses pièces oblige l'artiste à s'expliquer sur ses intentions :

> « Je ne veux pas offenser les gens. Je veux les choquer juste assez pour qu'ils voient les choses différemment. Je joue beaucoup sur l'humour. Je pense que l'humour est important pour notre santé. Et l'art ne s'en sert pas assez[3]. »

Par la suite, celui qu'on appelle alors déjà « l'ange sombre de l'art de Seattle[4] » casse de nouveau les codes conventionnels de la céramique en réalisant une série d'armes en porcelaine. Se multiplient alors les kalachnikovs, uzis et autres grenades, mais aussi les critiques et rumeurs sur ses visites au marché noir de Ljubljana (Slovénie) pour se fournir en modèles réels.

Inspirations

L'achat d'armes illicites n'est d'ailleurs pas le seul point qui lie Charles Krafft à la Slovénie. En 1995, il est engagé comme photographe de tournée par le groupe de musique industrielle Laibach, expérience qui influencera profondément l'artiste par la suite. Laibach est un groupe avant-gardiste slovène connu pour sa musique et les influences qu'il a pu avoir sur des groupes plus récents tels que Rammstein, mais c'est avant tout son imagerie « radicalement ambiguë » qui fait sa réputation, évoquant par son esthétique martiale les grands courants totalitaires de l'histoire, de l'Allemagne du IIIe Reich au communisme soviétique et nord-coréen. Souvent critiqué pour ses postures à la frontière de la provocation, le groupe défend la caricature et le pastiche, « absorbant le maniérisme de l'ennemi, adoptant tous les pièges séduisants et les symboles du pouvoir de l'État, pour les exagérer au point de la parodie[5]. »

C'est avant tout son imagerie « radicalement ambigüe » qui fait sa réputation

Hitler, Idaho

C'est cette même ambiguïté et cette même parodie qui serviront d'abord à décrire l'une des pièces maîtresses de Krafft, qu'il réalise en 2003 : *Hitler, Idaho,* une théière aux traits d'Adolf Hitler. Celle-ci est exposée en 2007 au musée des Beaux-Arts de San Francisco, présentée avec la notice suivante : Hitler, Idaho *de Charles Krafft ressuscite l'image d'Adolf Hitler pour critiquer le fascisme par le prisme du kitsch. Le bec et la poignée de la théière rappellent les cornes du diable, consacrant Hitler comme un être démoniaque et mauvais.*

Charles Krafft et l'une de ses armes en céramique.

L'inscription Idaho *écrite en police gothique fait référence à l'État américain et à sa réputation d'être un refuge pour les groupes racistes et néonazis comme Aryan Nations. Le couvercle de la théière sert aussi de kippa, une référence aux révélations selon lesquelles certains suprémacistes blancs seraient de descendance juive.* Tout est dit.

Le rideau tombe

C'est alors que sort un article le 13 février 2013[6]. Posté sur le site du journal en ligne *The Stranger*, celui-ci révèle la participation de l'artiste à des sites nationalistes blancs ainsi que son révisionnisme vis-à-vis de l'Holocauste. Il y a comme un léger goût de négationnisme dans l'air. La journaliste et critique d'art Jean Graves, autrice de cet article, retrouve par ailleurs un podcast de juillet 2012 sur un site intitulé thewhitenetwork.com où Krafft est interviewé. L'artiste se dévoile, dépourvu de l'ambiguïté prétendument si caractéristique de ses œuvres :

> « Je crois que l'Holocauste est un mythe [...] utilisé pour promouvoir le multiculturalisme et la mondialisation [...] Ce ne sont pas juste les juifs qui promeuvent cette chose. Oui, c'est leur petit mythe... »

À cette même époque, le compte Facebook de l'artiste change également de ton :

> « Pourquoi y a-t-il parmi les monuments glorifiant l'histoire de cette nation, à Washington DC, un musée des horreurs dédié à des gens qui n'ont jamais vécu, ne se sont jamais battus, ni ne sont morts ici ? Le USHMM [le musée des États-Unis en mémoire de l'Holocauste] a été érigé avant même qu'il y ait un monument aux 465 000 Américains morts

MANSON

KIM JONG IL

PUTIN

AHMADINEJAD

> pendant la Deuxième Guerre mondiale. Et personne n'a fait assez pour sauver les juifs d'Europe ? »

À partir de là, la dynamique s'enchaîne, les journaux relayent l'information et les musées se délestent de ses œuvres. En France, la Halle Saint-Pierre (Paris XVIIIe) *retire Hitler, Idaho* de son exposition « Hey ! ». Commence alors une nouvelle vie pour Krafft, une vie où l'ombre de l'artiste cache peu à peu l'art qu'il produit, jusqu'à le faire disparaître complètement. Krafft n'est plus (re)connu pour ce qu'il fait, mais pour qui il est. Certains voient chez lui un usurpateur, « ayant profité de l'ironie qu'on attachait à son œuvre pour infiltrer son extrémisme dans les musées[7] ».
D'autres considèrent qu'il ne faut pas se débarrasser des œuvres de Krafft mais les expliquer au contraire, les montrer pour ce qu'elles sont, les exorciser et ouvrir le dialogue sur des questions fondamentales comme la place de l'œuvre face à son artiste. Comme le dit Rachel Arons, journaliste pour le *New Yorker* :

> « C'est maintenant que regarder une œuvre de Krafft est devenu difficile que nous ne devrions pas détourner le regard. »

Une œuvre sans artiste

Car c'est bien là toute la problématique que soulève le travail de Charles Krafft.
Quel lien peut-on (doit-on) établir entre l'artiste et son œuvre ? L'œuvre d'art ne dispose-t-elle pas d'une vie indépendante, complètement détachée de l'artiste, dès lors qu'elle est vue, écoutée, lue par un autre ? Cette question n'est en rien nouvelle, elle concerne Richard Wagner, Louis-Ferdinand Céline, Hugo Boss ou même Roman Polanski. Mais alors, jusqu'où peut-on se permettre de faire abstraction de l'un pour pouvoir apprécier l'autre ? L'interprétation du public peut-elle primer l'intention de l'artiste ? Les révélations de Charles Krafft n'enlèvent en rien la dichotomie qui existe dans *Hitler, Idaho*, celle d'une des figures les plus pesantes de notre histoire, représentée dans l'un des matériaux les plus fragiles qui soient. Dans ce paradoxe, l'œuvre (et non l'artiste) évoque toute la faiblesse d'un système, qu'il soit politique ou idéologique, mais aussi la précarité de la figure qui la représente.

Le dernier musée

Après trente ans de carrière dont vingt de polémique, Charles Krafft est décédé le 12 juin 2020, laissant derrière lui des bustes de Charles Manson, des mugs Kim-Jong-il et des figurines en céramique de lapins criblées de croix gammées. Cet héritage, on le retrouve sur un site internet encore actif à ce jour, comme une rétrospective dans un musée, le seul qui aura jamais accepté d'exposer toutes ses œuvres.

Notes :

1. Rachel Arons, « Charles Krafft and the Conundrum of Nazi Art », *The New Yorker*, 23 mars 2013.
2. Douglas Cruickshank, « Been There, Smashed That », http://www.salon.com, 30 mai 2002.
3. *Id., ibid.*.
4. *Id., ibid.*.
5. Richard Wolfson, « Warriors of Weirdness », *The Daily Telegraph*, 4 septembre 2003.
6. Jean Graves, « Charles Krafft Is a White Nationalist Who Believes the Holocaust Is a Deliberately Exaggerated Myth », *The Stranger*, 13 février 2013.
7. *Id., ibid.*.

REICH'N'ROLL

Quand la pop music joue avec le fascisme

Par Rémi Mistry

De Serge Gainsbourg à David Bowie, des Rolling Stones à Joy Division, de Marilyn Manson à Laibach, nombreux sont les musiciens à avoir pioché dans les symboles du nazisme pour en imprégner leurs univers visuels comme leurs créations sonores. La plupart du temps par pure provocation ou esprit de dérision mais parfois aussi pour livrer une réflexion plus profonde sur la place de l'art dans les régimes totalitaires. Retour sur plus d'un demi-siècle de déguisements douteux, discours ambigus et musiques rebelles.

2 mai 1976. David Bowie, alors de retour à Londres dans le cadre de la tournée internationale *Station to Station*, quitte la gare Victoria dans une Mercedes décapotable. Perché sur le siège arrière du véhicule, l'artiste semble esquisser un salut nazi à ses fans venus en nombre l'accueillir. La scène est immortalisée par une photographie qui fait la une de la fameuse revue musicale anglaise *NME* assortie d'un article baptisé « Heil and Farewell ». Scandale. Pour lui, le cliché est « truqué », simplement capturé au mauvais moment afin de travestir la réalité. Il n'empêche : cela fait plusieurs mois que le musicien, campé dans la peau du personnage « aryen et fasciste » Thin White Duke, enchaîne les déclarations controversées – « Hitler était l'une des premières rockstars. Ce n'*était* pas un politicien mais un grand artiste moderne ». Carrément. Bowie attribuera plus tard ces incartades à une consommation surréaliste de cocaïne mais surtout à une irrésistible envie de provoquer. Et il est, à l'époque, loin d'être le seul. On le sait, la « provoc » a toujours été l'un des moteurs essentiels du rock et ce dès sa naissance à l'orée des années 1950. Objectif affiché : choquer le vieux monde bourgeois en l'attaquant sur ses valeurs, ses traditions, ses tabous. Cheveux longs, déhanchements lascifs, guitares assourdissantes... le choix des armes est large. Mais quoi de mieux pour déclencher consternation et indignation que de jouer avec les codes du nazisme – sorte de transgression ultime pour des millions d'Européens encore abasourdis. Et c'est ainsi que cette première génération de « rebels without a cause » n'ayant jamais éprouvé les atrocités de la guerre va accompagner, avec un mélange de morgue et d'inconséquence, l'introduction de l'imagerie IIIe Reich dans la pop culture.

Une affaire d'esthétisme

Si la chose commence à germer dans les sixties, c'est lors de la décennie suivante que la référence au nazisme devient quasiment une mode dans la pop et le rock. Souvent, la dimension esthétique prime : une poignée de musiciens confesse un penchant pour les vêtements et accessoires du régime allemand. Et du beau linge, s'il vous plaît. Parmi eux, Siouxsie (Siouxsie and the Banshees), Keith Moon (The Who), Ron Asheton (The Stooges), Jimmy Page (Led Zeppelin), Johnny Thunders (The New York Dolls) ou Brian Jones (The Rolling Stones) n'hésitent pas à arborer des uniformes ou brassards nazis en public – un acte qui se veut délicieusement subversif. En 1973, apogée

Lemmy Kilmister le leader de Motorhead était un grand collectionneur de souvenirs de guerres.

de cet emballement, l'artiste Guy Peellaert, notamment reconnu pour son splendide travail visuel sur le mythique ouvrage *Rock Dreams* dressant un portrait fantasmagorique de figures pop majeures du XXe siècle, représente les Stones en « pédophiles nazis » (*sic*). Loin d'être horrifié par une telle vision, le groupe demande même à l'artiste de réaliser la pochette de son prochain album ! Au même moment, au cinéma, le succès de *Portier de nuit*, un film de Liliana Cavani mettant en scène les amours SM

Le « nazi chic », c'est l'utilisation de l'esthétique du IIIe Reich dans la mode et la culture pop

d'une survivante des camps et de son bourreau, accompagne cette exploitation du décorum nazi, quitte à styliser son imagerie. C'est la tendance du « nazi chic », un terme imaginé pour qualifier l'utilisation de l'esthétique IIIe Reich dans la mode ou plus globalement la culture populaire. Il est d'ailleurs encore en vogue aujourd'hui dans certains pays asiatiques où fleurissent costumes SS et affiches à l'effigie du Führer. Comme quoi, les voix du « cool » sont parfois impénétrables...

« Depuis le début des temps, les méchants ont toujours eu les meilleurs uniformes », tentait d'expliquer Lemmy Kilmister, le leader de Motörhead, au fanzine *New York Waste*. « Napoléon, les confédérés, les nazis. Ils avaient tous des uniformes de tueurs. Je veux dire que l'uniforme SS était vraiment génial ! Ils étaient les rockstars de l'époque » (décidément !) L'icône du heavy metal qui ne cachait pas sa passion pour les objets de la Seconde Guerre mondiale ira même jusqu'à poser en uniforme pour un magazine allemand en 2008 alors qu'une loi l'interdit, ce qui lui vaudra une pluie de reproches – une démarche qui relève quasiment d'une forme de fétichisme. Kilmister prenait tout de même garde de préciser qu'il était profondément antiraciste et collectionnait des « objets et non des idées ». Pour le reste : « Les gens peuvent penser ce qu'ils veulent de cette manie : j'en ai rien à foutre ! »
Un discours que pourraient reprendre à leur compte les Sex Pistols et la cohorte de groupes punk qui débarquent à la mi-temps des années 1970 en entretenant la flamme de la provocation gratuite tous azimuts. En tête de gondole, Johnny Rotten et son T-Shirt orné d'une croix gammée et du mot « destroy » dans le clip de *Pretty Vacant*. Johnny Rotten toujours, esquissant un salut nazi sur une photo. Ou Sid Vicious publiant la chanson *Belsen Was a Gas* pour plaisanter

Logo du groupe Death in June.

Logo du groupe NON.

à propos du camp d'extermination de Bergen-Belsen. Évidemment aucune idéologie fasciste là-dessous, juste la célébration d'un nihilisme « no future » censé encore et toujours faire pousser des cris d'orfraie à un « establishment » tant haï.

Entre fascination et répulsion

Parfois, la provocation dépasse la simple imagerie et se mêle à une sorte de fascination-répulsion pour le morbide et la déshumanisation liés à cette période historique, devenant ainsi une source d'inspiration pour des groupes pas spécialement connus pour faire tourner les serviettes. « Nous traitons des thèmes du bien et du mal dans nos morceaux mais nous ne prenons pas position », expliquait à *Vintage Guitar Magazine* Donald Roeser, le guitariste du combo hard rock Blue Öyster Cult, réputé pour ses paroles truffées de références à des doctrines maléfiques diverses et variées. En témoigne la chanson *ME-262* sur l'album *Secret Treaties* racontant les affrontements anglo-allemands du point de vue des nazis. Et d'ajouter : « Quand nous avons parlé de la face sombre de l'humanité, nous l'avons simplement exposée en disant : la voici. » Il en va de même pour le cultissime groupe anglais Joy Division qui a multiplié tout au long de sa courte carrière ce genre de clin d'œil, notamment à travers le choix de son nom renvoyant aux sections des camps de concentration réservées à la prostitution des déportées ou ses allusions à Rudolf Hess, confident d'Adolf, sur l'EP *An Ideal for Living* – dont la pochette est au passage

ET GAINSBOURG CRÉA LE *NAZI ROCK*

Il était inconcevable que notre Serge national, grand amateur de provocation devant l'Éternel, ne se frotte pas au thème du nazisme – lui qui, enfant, porta l'étoile jaune lorsqu'il s'appelait encore Lucien Ginzburg. Ce fut chose faite en 1975 avec *Rock around the Bunker*, un album quelque peu oublié de sa discographie. Musicalement, pas de fioritures, de volutes orchestrales à la *Melody Nelson*, l'album est au contraire un concentré de rock'n'roll brut de décoffrage. Peut-être parce que ce qui compte ici, ce sont les textes. Et quels textes ! De l'entêtant single *Nazi rock* et sa référence à la nuit des Longs Couteaux à *J'entends des voix off* où l'on pénètre dans le cerveau détraqué du Führer en passant par l'impudent *Yellow Star* (« J'ai gagné la Yellow Star / Et sur cette Yellow Star / Inscrit sur fond jaune vif / Y a un curieux hiéroglyphe »), Gainsbourg a pris le parti de tourner en dérision le IIIe Reich à base d'allitérations potaches et de punchlines redoutables. Un exercice de style surprenant quand on sait que l'homme n'avait jusqu'alors jamais évoqué son passé douloureux. Étrangement, l'album ne déclencha pas le scandale escompté – la presse fit l'autruche et les ventes ne décollèrent jamais – mais amena une nouvelle génération (dont la scène punk) à redécouvrir le personnage et à en faire un des siens. Un bel exemple de dédramatisation par l'humour donc, à brandir chaque fois que revient sur la table la sempiternelle question : peut-on rire de tout ?

une illustration estampillée Jeunesses hitlériennes. La référence perdurera même après le suicide du leader Ian Curtis puisque le reste de la formation créera New Order, soit encore un nom ambivalent qui pourrait évoquer l'« avènement de l'ordre nouveau » proclamé par Hitler en 1940. Ou comment le rock aide parfois à réviser ses cours d'histoire. Pour dénicher des discours plus troubles et passer un cran dans l'anticonformisme, il faut se tourner vers une partie de la scène rock industrielle qui œuvre depuis les années 1980. En première ligne, Death in June et son attirail paramilitaire mêlé à sa passion pour le fondateur des SA Ernst Röhm, mais surtout le groupe NON de Boyd Rice, un expérimentateur protéiforme membre de « l'Église de Satan » dont l'influence se mesure jusqu'à Rammstein ou Marilyn Manson – on se souvient notamment de la controverse autour du titre *Pretty as a Swastika* (« Belle comme une croix gammée ») de Manson qui dû être modifié en *Pretty as a $* pour atterrir en magasin. Car naturellement, à jouer avec le feu, on finit par se brûler, avec à la clé parfois polémiques et rumeurs d'appartenance politique extrémiste, censure médiatique ou annulations de concerts. Presque un titre de gloire pour ces agitateurs qui prennent un tel plaisir à cultiver l'ambiguïté qu'il est souvent difficile de démêler ce qui relève de la provoc punk, de l'humour noir, de l'attirance pour le mal ou au contraire de sa dénonciation. Le must en la matière reste d'ailleurs le groupe slovène Laibach qui pousse la pop music dans ses retranchements, par exemple à travers la métamorphose d'hymnes populaires (*Life Is Life*, *One Vision* de Queen...) en chants nationalistes et militaires. Comme pour montrer que la culture pop peut très bien être aussi un instrument d'oppression et de contrôle des sociétés.
Ces situationnistes du rock qui déclaraient en 1983 être « autant fascistes qu'Hitler a pu être peintre » testent les limites du spectacle en reproduisant les codes du totalitarisme lors de happenings malfaisants dont le but est de susciter le débat sur les pouvoirs en place. Un art conceptuel jusqu'au-boutiste à la portée ironique jamais dévoilée qui les amènera à devenir en 2015 le premier groupe étranger à se produire en Corée du Nord, le régime de Kim Jong-un ayant apparemment pris la chose au premier degré ! La boucle est bouclée, comme on dit. Et en 2021 alors, le maniement de l'iconographie nazie est-il toujours un jeu dangereux auquel aiment à s'adonner les musiciens en quête de sensations fortes ? Plus vraiment. Si la plupart des groupes indus cités plus haut sont encore en activité, cela reste un épiphénomène s'adressant à un public restreint. La pop *mainstream*, elle, a délaissé peu à peu l'épouvantail nazi, voyant peut-être la subversion ailleurs, notamment dans des sujets qui résonnent davantage avec l'actualité. Mais, pas de doute, au vu des vagues d'indignation soulevées par les quelques artistes qui s'y sont risqués ces dernières années (Nicki Minaj en tête, et son clip *Only* très nazi chic), Hitler semble bel et bien conserver son statut de figure ultime du mal – et on l'espère pour très longtemps.

Hipster Hitler

ou comment être scandaleux sans scandale

Par Hector Nissac

Écolo, végétarien, peintre raté mais designer de logos plutôt réussis... et si Adolf Hitler avait été le premier des hipsters ? Voici en substance la philosophie d'un webcomic satirique lancé en 2010. On y découvre le Führer portant d'épaisses montures de lunettes, engoncé dans des pantalons slim et affichant une impressionnante collection de T-shirts à messages, lesquels sont pour beaucoup dans l'humour de ces strips : « Organic Reich », « Meincraft », « 1941 : a race odyssey », « Under Prussia » et autre « You make me feel like Danzig »... On le voit discuter PBR (la bière cheap préférée des hipsters) et lait de cajou, piquer des grosses colères et multiplier les jeux de mots idiots, quand il ne fait pas un concours de moustache avec Broseph Staline.

Très vite, ces pages de comics se font virales et deviennent l'objet de mèmes. Le site commence à proposer à la vente les fameux T-shirts, et « Hipster Hitler » devient un thème tendance pour Halloween... Après tout, qui n'a pas eu envie d'arriver en soirée en arborant sur le torse un « Death camp for cutie » (« Les camps de la mort pour les mignons ») ? Le succès se fait livre, lequel envahit les librairies du monde entier. Même le très sérieux éditeur allemand Dumont en propose une édition germanique, laquelle est recensée avec éloge par le journal *Die Welt*... C'est l'absence de scandale, ou même de petite polémique, pour un thème si controversé, dans un style si outrancier, et dans un monde de plus en plus « offensé » qui surprend. Seule une microassociation de défense de la mémoire juive s'en offusqua et demanda son boycott, mais c'est bien tout. Les auteurs, dont on ignore si c'est leur véritable identité, qui n'ont rien publié d'autre et qui ont stoppé la publication de nouveaux strips quelques mois après la sortie de leur ouvrage, ne se sont jamais exprimés. Seule une notule sur leur site précisait que les propos de cette bande dessinée ne reflétaient pas les leurs : « En faisant d'Hitler un hipster, nous proposons une nouvelle façon de ne pas l'aimer et de rire de ce paresseux de dictateur, connu pour être indolent, parfois maniaque, avec de violents éclats d'enthousiasme. En caricaturant de la sorte les pensées, les actions et la logique d'Hitler, nous nous intéressons à une sous-culture contemporaine de la jeunesse urbaine de la classe moyenne qui fétichise l'"authentique" et se conforme au non-conformisme. » Mais l'on sait bien que railler le conformisme des non-conformistes est aussi un conformisme, en l'occurrence ici celui qui, de certaines galeries d'art aux salles de projection de *Jojo Rabbit*, surfe tranquillement sur la vague d'un « nazi cool »... *Fantask* vous en propose quelques planches pour vous laisser seuls juges. ■

POUR PLUS DE PROVOCATION

Hipster Hitler

James Carr & Archana Kumar

126 pages - 14,99 € - Feral House

Adolf Hitler

« Hipster Hitler ». Ça roule sur la langue, n'est-ce pas ? Hitler est sorti des livres d'histoire pour, dans une paire de jeans skinny, embrasser pleinement la sous-culture que nous savions tous qu'il adorait. Artiste incompris, végétarien, militant des droits des animaux, connard – c'est cohérent.
Hitler est né à Braunau am Inn. Ça sonne comme un motel pour culturistes, mais c'est une petite ville du nord-ouest de l'Autriche. Jusqu'à l'âge de 4 ans, il a refusé de marcher à quatre pattes parce que tous les autres bébés le faisaient, et il devait être transporté dans un petit panier, qu'il s'était confectionné lui-même. Finalement, il a fui son humble village et déménagé à Vienne, où il a appris à jouer du synthé et à détester les minorités ethniques. Nous savons tous ce qui s'est passé ensuite : Hitler est devenu chef du NSDAP et a déclenché le plus grand conflit du XXe siècle, commettant des atrocités tout au long... Quelle bite.
Mais regardez les choses de cette façon – il est parti maintenant, et s'il savait que ce livre a été imprimé sur du papier blanchi, il piquerait une crise.

Machine à écrire

Prisonnier politique après l'échec de son putsch, Hitler a commencé une autobiographie qui détaillait également son idéologie politique. Au départ, il souhaitait intituler le livre *Quatre ans et demi (de lutte) contre les mensonges, la stupidité et la lâcheté*, mais quand il s'est rendu compte qu'il ne pouvait pas intégrer le titre dans un haïku, il l'a simplement réduit à *Mon combat*.

Kan
heilvetica
Goebbels, trou du cul germanique,
c'est de l'Arial !
NOOOOOOOOOON !!!

Paris

Paris a été l'une des premières cibles de Hipster Hitler, à la fois à cause de sa proximité mais aussi en raison de son impressionnant nombre de cafés. C'est ainsi qu'a commencé sa quête pour faire de la Ville Lumière la capitale des bières légères.

App

Lorsque Steve Jobs disparut en 2011, les hipsters du monde entier hurlèrent leur douleur d'une même voix. Hipster Hitler n'aurait jamais eu la chance de vivre assez longtemps pour connaître Jobs, même s'il aimait les cols roulés et la suffisance.

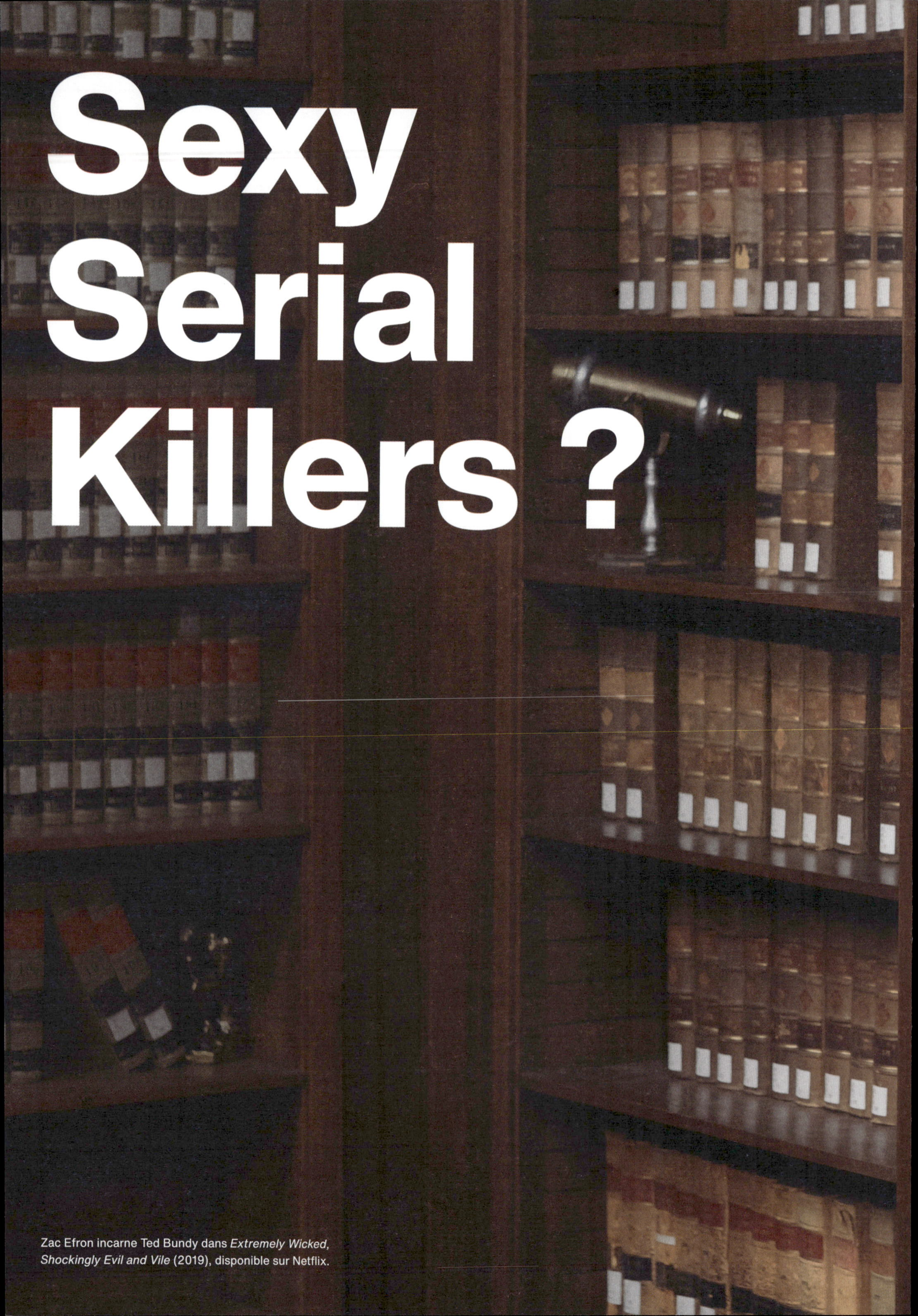

Sexy Serial Killers ?

Zac Efron incarne Ted Bundy dans *Extremely Wicked, Shockingly Evil and Vile* (2019), disponible sur Netflix.

L'ordre et l'amoral

ENTRETIEN AVEC

Tahar Rahim

Propos recueillis par François Léger

Tahar Rahim a fait du chemin depuis son double césar du Meilleur acteur et du Meilleur espoir masculin en 2010 pour *Un prophète*. Comédien protéiforme et désormais star internationale, il s'est construit une solide carrière entre la France et les États-Unis, toujours en quête de rôles complexes. Cette année, Rahim est au casting de deux histoires inspirées de faits réels : d'un côté, le film *Désigné coupable*, où il joue un homme accusé à tort de terrorisme (qui lui a valu une nomination aux Golden Globes) ; de l'autre, la série *Le Serpent* sur Netflix, dans laquelle il incarne un serial killer qui a sévi dans les années 1970 entre la Thaïlande, le Népal et l'Inde. L'acteur nous raconte ses difficultés à entrer dans la peau d'un tueur en série et comment la religion l'a aidé à définir sa vision du mal (et donc du bien).

Commençons par le commencement : comment définiriez-vous le mal ?

Compliqué ! Je dirais que c'est quand, volontairement, quelqu'un provoque des choses qui vont nuire à des gens lambda. Et le problème avec le mal, c'est que lorsqu'il est enclenché, il peut perdurer et continuer à se répercuter de génération en génération. Quand un type comme Charles Sobhraj [le tueur en série qu'il joue dans la série *Le Serpent* – NDLR] assassine quelqu'un, c'est à la fois sa famille et la famille de ses victimes qui vont vivre avec ce trauma. Et elles passeront certainement leur douleur à leur entourage, à leurs enfants... C'est comme si tu allumais un feu de poudre qui pourrait ne jamais s'éteindre.

Vous serez prochainement à l'affiche de Désigné coupable, *où vous incarnez le Mauritanien Mohamedou Ould Slahi, qui a réellement été détenu des années à Guantánamo car suspecté d'avoir participé aux attentats du 11 septembre, mais sans jamais avoir été inculpé, ni jugé. En 2018, dans la série* The Looming Tower, *vous jouiez Ali Soufan, un agent du FBI qui enquêtait sur Al-Qaïda et a tenté d'empêcher les attentats. Vous dites souvent que vous aviez peur des clichés sur ces sujets sensibles : pourquoi avoir accepté ces deux projets ?*

Je trouvais que c'était une nouvelle façon de représenter – je n'aime pas cette expression, mais c'est celle qui est utilisée – les minorités aux États-Unis. Enfin, ça, c'est la raison pour laquelle je ne refuse pas. Si j'accepte, c'est parce que ce sont de super-personnages, dans des histoires extraordinaires. Et si en plus cela permet au public d'apprendre quelque chose au passage, tant mieux. Je me dis que j'aurais servi à aller au-delà du simple divertissement.

Les rôles d'Ali Soufan et de Mohamedou Ould Slahi se répondent, difficile de ne pas faire de lien entre eux. Ce sont en quelque sorte les deux faces d'une même pièce...

Il y a une certaine ironie à ce que je les incarne tous

Tahar Rahim dans la peau de Charles Sobhraj (© Netflix).

Tahar Rahim, incarne Mohamedou Ould Slahi dans *Désigné coupable* (© Graham Bartholomew).

les deux, ça ne m'a pas échappé. Et quand on prend les choses dans leur ensemble, je vois évidemment ce qui les relie. Pourtant au niveau macro, il s'agit d'histoires et d'investigations précises, totalement séparées... Disons que ce sont deux personnages très différents, qui ont en commun d'être positifs. Mais pour vous dire à quel point Mohamedou Ould Slahi a été oublié, je n'ai jamais vu son nom apparaître durant toutes mes recherches pour préparer *The Looming Tower*. Pas une fois. Ce n'est que bien plus tard, lorsque je me suis renseigné pour *Désigné coupable*, que j'ai découvert que des agents du FBI et des policiers avaient alerté sur le fait qu'il y avait de la fumée, mais aucun feu.

Et pourtant, dans le film comme dans la réalité, cet homme catégorisé comme terroriste a incarné le mal absolu pour les États-Unis.

Oui, il a incarné le mal. Mais surtout la terreur, c'est pour ça que les Américains appellent la lutte contre le terrorisme *The War on Terror*. Reste que le terrorisme est le mal absolu, parce que rien ne devrait se régler ainsi. Quelle que soit la forme qu'il prend d'ailleurs : la terreur, c'est large. L'extrémisme, comme on peut le voir depuis des décennies dans les attentats, c'est évidemment le plus grave. Maintenant, terroriser un enfant – avec des paroles, par exemple –, c'est aussi une forme de terrorisme, donc l'expression du mal. Bien entendu, je ne compare pas les deux : je suis juste en train de dire que le terrorisme existe à différents degrés, et qu'à chaque fois c'est un traumatisme.

Comment se met-on dans la peau de quelqu'un qui est regardé comme la pire personne sur terre, mais qui est innocent ?

En ne pensant pas du tout au regard des autres. Je sais qu'il est innocent, qu'il n'y a aucune charge contre lui et qu'il a gagné son procès. Donc c'est ce que je décide d'incarner directement. Le reste revient à l'écriture et à la réalisation. J'avais suggéré à Kevin Macdonald [le réalisateur de *Désigné coupable* – NDLR] qu'il serait

Il y a un choix qui est fait, celui de s'abandonner complètement au mal

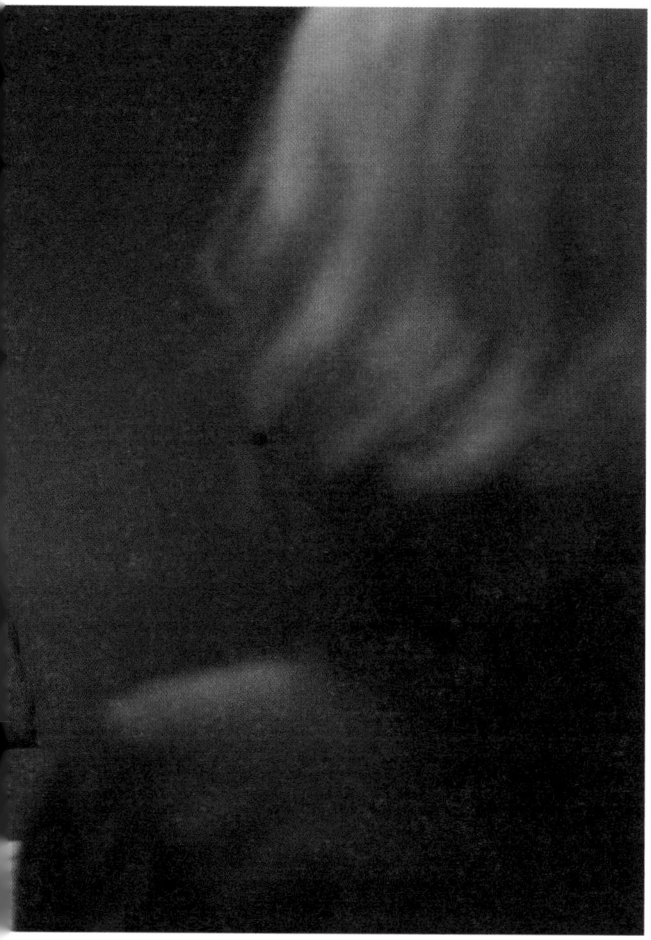

intéressant que, pendant une bonne partie du film, les spectateurs puissent vraiment croire que Mohamedou était un terroriste. Mais ça, ce n'est pas à moi de le jouer, c'est à Kevin de le mettre en scène. Parce que si je le fais, je vais forcément surligner quelque chose, vu que l'image et le scénario l'expriment déjà. Donc ça devient *too much*. Pas authentique. Il était clair qu'il était victime d'un système, mais il ne fallait absolument pas le dépeindre comme une victime. Mohamedou est un mec normal, et si on prenait cette histoire et qu'on la plaçait dans une autre narration, où le personnage s'appellerait Francis et serait accusé à tort d'un autre crime, ça fonctionnerait. Et je l'aurais joué de la même façon.

En plus de cet étranger injustement emprisonné dans* Désigné coupable*, vous êtes aussi au casting de la série* Le Serpent*, l'histoire d'un* serial killer *peu à l'aise avec ses origines et qui ne s'attaque d'ailleurs qu'aux étrangers. Est-ce qu'à Hollywood, et plus généralement dans l'inconscient collectif, on considère facilement que le mal vient de l'étranger ?

Dire ça, ce serait faire des généralités. Et puis je ne le pense pas. Les Américains ont su créer plusieurs genres et styles de films qui frappent dur sur leur propre histoire et leur propre politique. Ce sont les premiers, artistiquement, à balancer sur leur propre gouvernement. Et ils le font plus vite que n'importe quelle autre nation de cinéma ! Prenez le western : ça a démarré en sublimant des figures comme le général Custer et, dans les années 1970, avec la révolution culturelle et le changement de mentalités, amené notamment par le mouvement hippie, tout a profondément changé. Dans *Little Big Man*, Custer est absolument ridicule. Et quand il y a le scandale du Watergate, très vite, *Les Hommes du président* est mis en scène.

Mais le cinéma américain s'est souvent nourri de l'étranger comme antagoniste. Le Russe a par exemple été pendant longtemps la figure du mal.

Effectivement. Comme pendant un moment les gens du Moyen-Orient d'ailleurs, et c'est seulement maintenant que ça bouge. Je crois profondément que le cinéma a une fonction de témoin, mais aussi par moments d'éducateur. Les choses mettent toujours quelques dizaines d'années à évoluer, mais Hollywood est un système de cinéma qu'il faut regarder dans son époque. Et si le Russe a pendant longtemps été le méchant, ce n'était pas dans tous les films. Cela concernait surtout les grosses productions, les plus faciles, les films à pop-corn que les gens vont voir en nombre. On retrouvait moins ce schéma dans les films indépendants.

DÉSIGNÉ COUPABLE

Le réalisateur Kevin Macdonald (*Le Dernier Roi d'Écosse*, *Jeux de pouvoir*...) s'attaque à l'histoire méconnue de Mohamedou Ould Slahi, mauritanien livré aux États-Unis pour suspicion de terrorisme après le 11 septembre. Jamais inculpé ni jugé, il a passé quatorze ans à Guantánamo, dans une minuscule cellule. Tahar Rahim, en apesanteur, est l'attraction principale de ce plaidoyer pour la justice et les droits de l'Homme, où l'on retrouve également Jodie Foster et Shailene Woodley. La face B parfaite de la série *The Looming Tower* et du *film Zero Dark Thirty*.

AU CINÉMA LE 2 JUIN.

Depuis une quinzaine d'années, Hollywood ausculte le 11 septembre sous toutes ses coutures et le 9/11 movie est devenu un genre en soi. Regarder cet événement traumatique à travers la fiction pour tenter de comprendre ce qu'il a généré et comment il s'est produit, est-ce essentiel pour vous ?
Est-ce que ça l'est pour vous ?

Je pense que c'est très important, oui.
Alors ça l'est pour moi aussi, au même titre que vous. En tant qu'humain, tout simplement.

Mais comme c'est la deuxième fois que vous vous y intéressez, je me demande si ce n'est qu'un hasard ou une volonté de votre part...
Ce n'est pas que ce sujet précis me passionne particulièrement en tant qu'acteur, ce sont simplement de bonnes propositions qui m'ont été faites. Et tant mieux ! À la base, il y a un scénario qui est déjà écrit. Ceux qu'il faut saluer, ce sont surtout ces gens qui ont le courage d'écrire ces histoires. De faire bouger les choses en représentant des gens du Moyen-Orient ou d'Afrique sous d'autres visages, d'autres formes, mais surtout comme des humains et pas des victimes ou des terroristes. Ce n'est pas moi qui impulse ça : tout ce que je fais, c'est le choix d'incarner. Je n'aime pas m'étaler politiquement, dire ce que je pense. D'autres le font mieux que moi, et puis ce n'est pas ma place. Ce qui ne veut pas dire que je juge d'autres personnalités qui le font, mais je préfère que mes films parlent pour moi.

Pourtant j'aimerais vous poser une question assez personnelle... Je comprendrais évidemment si vous ne souhaitez pas y répondre.
Allez-y, je vous dirai. [*Rires.*]

Êtes-vous quelqu'un de croyant ? Et si c'est le cas, est-ce que cela a défini votre relation avec le bien et le mal ?
Hum... Je vais vous répondre, mais je vais d'abord vous demander quelque chose : pourquoi me posez-vous cette question ?

Parce que ce magazine est consacré au mal, et la figure du diable y revient régulièrement. Par ailleurs, il me semble que la question de Dieu et du diable est centrale quand on évoque ce sujet.
Est-ce que vous pensez qu'il est nécessaire d'être religieux pour pouvoir distinguer le bien du mal ?

Non, mais je crois que cela peut définir la conscience morale d'un individu. On voit certainement le bien et le mal un peu différemment quand on est croyant.
Tout dépend de ta compréhension de ta religion et de ta capacité à lire les textes sacrés. Donc pour vous répondre, oui, je suis croyant. La spiritualité est quelque chose qui m'habite depuis que je suis tout gamin. Ça a toujours fait partie de moi. J'ai eu une crise de foi, un peu comme tout le monde, étant adolescent. Et j'aime à dire que je suis devenu musulman, parce que j'ai lu les livres, j'ai cherché à comprendre. Effectivement, il y a une définition du bien et du mal dans tous les livres saints. Mais ce qu'il faut en tirer, pour pouvoir comprendre le bien et le mal, c'est un comportement à adopter. Ce « bon comportement », qui est énoncé dans les livres saints, est commun à toutes les religions, même les moins dogmatiques. Le bon comportement te pousse à faire le bien. Et en faisant le bien, tu comprends forcément ce qui fait le mal. Tu peux aussi faire du mal par inadvertance : ça arrive, et ça fait partie du chemin. C'est pour ça que la perception du bien et du mal est constamment évolutive, en fonction de ta réflexion, de la manière dont tu grandis...

LE SERPENT

Biopic ? Thriller policier ? Drame ? Un peu tout ça à la fois. Tahar Rahim incarne le tueur en série Charles Sobhraj, qui dans les années 1970 a assassiné de nombreux touristes venus visiter l'Asie du Sud-Est. Une histoire vraie complètement dingue, où le Bikini Killer se fait passer pour un négociant en pierres précieuses, afin d'attirer ses victimes. Jenna Coleman (*Doctor Who*, *The Cry*) joue sa compagne Marie-Andrée Leclerc, une femme sous l'emprise de ce charismatique psychopathe, qui a longtemps échappé à la justice.

Série en 8 épisodes à voir sur Netflix.

Marie-Andrée Leclerc (Jenna Coleman) et Charles Sobhraj (Tahar Rahim) (© Netflix).

Et tout ça devient de plus en plus subtil. L'idée proposée par toutes religions confondues, dogmatiques ou non, c'est d'être perfectible. J'aime ça. Je ne dis pas que c'est facile à atteindre, je pense que c'est le trajet d'une vie et peut-être qu'on ne l'atteint d'ailleurs jamais. Personne n'est parfait, mais tenter d'être perfectible, de s'améliorer en tant qu'être humain, je trouve que c'est une belle direction à prendre.

Les tueurs en série sont des gens qui sont à la limite de ne plus être humains

Selon vous, le mal est-il purement humain ou bien est-ce quelque chose qui nous dépasse ?

Je pense que c'est humain mais que, certainement, il existe des choses invisibles - des énergies, si vous voulez - qui peuvent parfois nous pousser. Mais au final, la décision appartient à chacun. La responsabilité est tienne. On ne peut blâmer personne lorsqu'on fait du mal volontairement. Personne ne naît mauvais mais, à un moment donné, certains le deviennent. Je vais prendre l'exemple de Charles Sobhraj : il l'a choisi, même s'il a vécu des choses qui sont communes à beaucoup de tueurs et de serial killers. Le psychiatre John M. Macdonald a théorisé la triade Macdonald, soit les trois caractéristiques qui appartiennent à pratiquement tous les tueurs en série : l'énurésie nocturne après l'âge de 5 ans, la pyromanie et la cruauté envers les animaux. Ajoutons à ça l'abandon du père et la maltraitance d'une mère, choses qui reviennent souvent. On pourrait croire avoir le prototype parfait du tueur en série, sauf qu'il y a des exceptions, des gens qui ont eu une enfance dite normale. Et quand c'est le cas, d'où vient ce mal ? Je ne sais pas.

Question vertigineuse.

Oui, et plus on fait de recherches, plus ça le devient. C'est très intéressant d'étudier la psychologie de ce type d'être humain. Tout ça pour dire qu'à un moment donné, il y a un choix qui est fait, celui de s'abandonner complètement au mal. Et donc il n'y a pas d'excuse.

La triade Macdonald, c'est le genre de lecture que vous aviez en préparant votre rôle dans* Le Serpent *?
Oui, et j'ai aussi rencontré Stéphane Bourgoin [écrivain qui a publié de nombreux livres sur les serial killers – NDLR], regardé beaucoup de documentaires... Je voulais essayer de comprendre la psyché des tueurs en série, leur fonctionnement, pour que je puisse m'en emparer.

Vous avez également étudié le livre* The Life and Crimes of Charles Sobhraj *de Richard Neville, qui a interviewé ce tueur et a retracé sa vie et ses crimes ? C'est la référence sur le sujet.
Oui, bien sûr. Mais bien avant ça, quand j'avais 16 ans, j'ai découvert sur la table de chevet de mon frère le livre de Thomas Thompson, *La Trace du serpent.* Je l'ai lu, et c'est là que j'ai eu envie de jouer Sobhraj. Je voulais déjà être acteur et quand je tombe là-dessus – même si je suis encore suffisamment naïf pour ne pas bien comprendre de quoi il retourne réellement –, j'ai un film devant les yeux. Et comme le type est français et qu'il change d'identité constamment, je comprends pourquoi j'ai fantasmé.

Et donc c'est un pur hasard qu'on vous ait proposé le rôle des années et des années plus tard ?
Hasard ou destinée. [*Rires.*] Je sais qu'en 2001, William Friedkin et Benicio del Toro devaient en faire un film, qui n'a finalement jamais vu le jour. De mon côté, je n'avais jamais oublié ce personnage et lorsque j'ai reçu un e-mail des Anglais pour me proposer de le jouer vingt ans plus tard, c'était une évidence.

> je pense toujours que le mal est un choix qu'on fait

Qu'est-ce qui vous fascinait, au-delà du côté très cinématographique de sa vie ?
Pas les meurtres, mais sa capacité à être presque transformiste, à se faire passer pour d'autres gens et à toujours réussir à s'échapper... Il y a là-dedans quelque chose qui relève du fantasme quand tu es acteur, tu as envie de jouer ces personnages totalement à l'opposé de toi. Les tueurs en série sont des gens qui sont à la limite de ne plus être humains. C'est fascinant. En tant qu'acteur, est-ce que je vais arriver à incarner ça ? Ça m'excite de savoir que je peux faillir.

Charles Sobhraj a dit un jour : « Tant que je peux parler aux gens, je peux les manipuler. » C'est évidemment terrifiant, mais est-ce qu'on se raccroche à ce genre de déclaration pour incarner quelqu'un comme ça ?
Non, parce que je ne ressemble pas du tout à ça. En fait, c'était très compliqué de trouver une connexion avec lui... J'ai beaucoup galéré, je n'arrivais pas à construire le personnage. Je cherchais, je cherchais... Généralement, je prépare mes rôles de l'intérieur, mais cette fois, ça ne marchait pas. Alors j'ai démarré de l'extérieur.

Avec ses cheveux longs, ses lunettes de soleil fumées...
Voilà. Le look, ses vêtements... Cette étape allait arriver d'une façon ou d'une autre, mais c'était une bonne base pour moi. Et j'ai beaucoup pensé à un animal. Le serpent, évidemment, mais lequel ? J'ai finalement choisi le cobra, car il y a tout un champ lexical du charme autour de lui, quelque chose d'hypnotisant. Et c'est un serpent très froid, calme, qui observe, choisit ses proies, prend le temps... Et quand il arrive, boum ! L'attaque va très vite et c'est déjà terminé. J'apprendrai plus tard, durant le tournage, que l'autre surnom qu'il avait, au-delà du Serpent et du Bikini Killer, c'était le Cobra. Dingue ! Ensuite, à force de jouer, tu finis par installer quelque chose au fond de toi qui semble être une vérité. À un moment donné, ça prend, sans que tu puisses vraiment expliquer pourquoi... Maintenant que j'y réfléchis, la seule connexion que j'avais avec lui, c'est quand dans l'épisode 3 il dit quelque chose comme : « Si j'avais dû attendre que le monde vienne à moi, je serais encore en train de l'attendre. Tout ce que j'ai toujours voulu, j'ai dû le prendre. » J'y ai vu quelque chose que j'ai personnellement traversé. Je viens d'une *working class family*, je ne connaissais personne dans le business, et je vivais dans un quartier d'une petite ville de province. J'ai dû prendre mon courage à deux mains, partir en train avec mon sac à dos et 1 500 euros en poche, dormir à l'hôtel, bosser jour et nuit... Pour au final réussir à prendre ce que je voulais. Une fois que j'ai compris qu'on avait ça en commun, ça m'a un peu plus aidé.

Le Serpent (© Netflix).

Y a-t-il quelque chose de libérateur à jouer une figure extrême et terrifiante ?

Ce qui est libérateur, c'est d'explorer un terrain totalement inconnu, qui ne t'appartient absolument pas. Tout est un peu neuf chaque jour et surtout, tu as le droit de le faire ! Tu as le droit d'incarner ce type atroce. C'est con, hein, c'est de la fiction, mais on te donne le droit de le faire.

Quel était votre imaginaire du serial killer avant le tournage ? J'imagine que comme beaucoup de monde, vous avez emmagasiné des tas de choses dans la littérature, les séries, les films, les documentaires...

Pour moi, c'était le mal absolu, déjà. Il m'est impossible de concevoir une telle folie, une telle violence, un tel vice, une telle soif de mort... Ça me met très mal à l'aise. Cela dit, toutes ces séries et documentaires marchent justement parce que c'est très éloigné de nous. Il y a une fascination et une répulsion en même temps. On se demande comment quelqu'un devient ça.

Mais plus on creuse, moins on a de réponses.

Exactement. Certains vont vous expliquer que leur cerveau est construit différemment... Mais comme je vous le disais, je pense toujours que le mal est un choix qu'on fait. À partir du moment où l'on est un être conscient de ses actes, on fait le choix de passer de l'autre côté.

Pacôme Thiellement. © Quentin Caffier.

Barberousse et les serial killers

ENTRETIEN AVEC

Pacôme Thiellement

PROPOS RECUEILLIS PAR GRÉGOIRE KAUFFMANN

Lecteur de René Daumal ou Philip K. Dick, fan de *Buffy* et de *Lost*, maniant avec la même dextérité références à la culture populaire et pensée gnostique, qu'il est difficile de décrire Pacôme Thiellement, l'un des esprits les plus originaux de la pensée française contemporaine. Pour *Fantask*, il revient sur la généalogie du terme « serial killer » et son miroir, le *profiler*.

La figure du serial killer est-elle d'invention récente ?

Son apparition accompagne le bond exponentiel accompli par la presse imprimée au XIXe siècle. On entre dans la modernité, dans l'« âge des foules ». Les journaux à grand tirage propulsent la notion de fait divers au cœur de la culture populaire. Le serial killer est d'abord une figure médiatisée, et c'est à l'aune de cette médiatisation qu'il faut comprendre ses motivations. Ce criminel d'un type nouveau sait jouer avec les attentes des journaux. Il agit constamment sous leur regard. À cet égard, Jack l'Éventreur, qui sévit à la fin des années 1880, peut être considéré comme le premier serial killer de l'histoire. Cette volonté de capter l'attention des médias a été portée à son paroxysme chez le Tueur du Zodiaque, auteur d'au moins cinq meurtres commis dans le nord de la Californie à la fin des années 1960 et au début des années 1970. Ce personnage jamais identifié envoyait des lettres à la presse en exigeant qu'elles soient publiées, manière pour lui de narguer la police. Les serial killers se distinguent aussi des autres criminels par le caractère très méthodique et ordonnancé de leur mode opératoire. C'est une autre nouveauté : jusqu'à présent, on avait affaire à des tueurs « désorganisés », comme Gilles de Rais, l'inspirateur du personnage de Barbe Bleue, qui égorgeait des enfants dans les catacombes de son château médiéval. Le serial killer est un tueur organisé dont les mobiles sont très difficiles à saisir, car il s'en prend à des victimes situées en dehors de son entourage. L'intensité qu'il éprouve en tuant n'est jamais suffisante ; chaque fois, il est comme frustré par l'accomplissement de son meurtre, réclame un nouvel épisode, puis un autre encore...

> La figure du serial killer est surtout « populaire » en temps de paix

À l'époque du Tueur du Zodiaque, l'expression de « serial killer » est-elle déjà entrée dans le langage courant ?

Non, mais elle aurait pu l'être de justesse, puisque elle se diffuse immédiatement après la série d'homicides qui lui est imputée. Ce qui fait du Zodiaque le dernier serial killer à ne pas avoir été qualifié comme tel à l'époque où ses crimes ont été perpétrés. L'expression est popularisée dans les années 1970 par deux agents du FBI et *profilers*, John E. Douglas et Robert Ressler. Ici encore, il faut souligner l'étroite interdépendance entre les supports de la culture populaire et l'émergence de la figure du serial killer.

En effet, le terme, tel que forgé par Robert Ressler, s'inspire directement des feuilletons du cinéma primitif, productions muettes en noir et blanc. Bien plus, c'est par le truchement d'œuvres de fiction que Douglas et Ressler vont formaliser leurs méthodes de détection des serial killers et imposer cette nouvelle taxinomie dans les sciences criminelles. Comme ils le confieront des années plus tard, ces pionniers du *profiling* prennent alors pour modèles deux personnages de fiction, respectivement créés par Edgar Poe et Arthur Conan Doyle : Auguste Dupin et Sherlock Holmes. Même si Auguste Dupin ne traque pas les serial killers, il cherche chaque fois à se mettre dans la tête de l'assassin, à comprendre au plus près ses sentiments, ses motivations, sa psychologie. Dans *Le Démon de la perversité* (1845), Poe souligne un élément fondamental dans la personnalité du tueur : le désir de se faire prendre. Il insiste sur cette part de l'homme qui le pousse à aller à l'encontre de son propre bien, de ses intérêts. Le *profiler* va jouer là-dessus, agir en orfèvre sur ce désir de se faire attraper. Sa méthode proactive consiste à entrer en communication avec le tueur pour l'inciter à commettre des fautes. Si la fiction inspire en profondeur la science des *profilers*, les serial killers, eux aussi, n'hésitent pas à puiser abondamment dans les ressources offertes par les œuvres d'imagination. C'est le cas du Tueur du Zodiaque, fortement influencé par le personnage principal du film *Les Chasses du comte Zaroff*, sorti en 1932. À travers les miroirs de la fiction, c'est donc à l'émergence d'un tandem inédit que l'on assiste dans les années 1970 : le duo serial killer/*profiler*.

> **La figure du serial killer est surtout « populaire » en temps de paix**

Vous définissez le profiler comme un critique d'art...

Tout bon *profiler* est aussi un esthète. John E. Douglas confesse à ce propos : « Si vous voulez comprendre l'artiste, regardez son œuvre. [...] Les serial killers qui réussissent leurs crimes les planifient avec autant de soin qu'un artiste quand il prépare une toile. Ils considèrent ce qu'ils font comme leur "art" et ils ne cessent d'affiner leur technique au fur et à mesure. » La scène de crime exige d'être appréhendée sous un angle esthétique, avec ses motifs visuels, la position du corps de la victime, le travail opéré sur la matière... Tous ces éléments composent une œuvre au long cours et portent la signature du tueur. Le prosateuranglais Thomas de Quincey (1785-1859) a publié à ce sujet un livre dont le titre parle de lui-même : *De l'assassinat considéré comme un des beaux-arts*. Il écrit à propos des crimes de John Williams, le tueur londonien de Ratcliff Highway : « Ce fut sans nul doute un triste événement, un fort triste événement ; mais quant à nous, nous n'y pouvons rien. Dès lors, tirons le meilleur parti possible d'une mauvaise affaire ; et, comme il est impossible, fût-ce en la battant sur l'enclume, d'en rien tirer qui puisse servir à une fin morale, traitons-la esthétiquement et voyons si de la sorte elle deviendra profitable. » Inspiration débordante d'un poète sous opium ? Peut-être, mais ce texte, publié avant l'invention du roman policier, brille aujourd'hui par son caractère visionnaire.
C'est cette même dimension esthétique qui fera le succès du genre *true crime* ou de *Faites entrer l'accusé*. On ne regarde pas cette émission pour s'informer : c'est d'abord à une opération esthétique qu'est convié le téléspectateur. Le serial killer sait parfaitement jouer de cette ambiguïté. Par sa quête permanente de publicité, il cherche à fournir la narration adéquate à ce public apathique et à son critique d'art d'élection qu'est le *profiler*.

Cette position d'esthète est-elle suffisante pour entrer dans la tête du serial killer ?

Pas seulement. Le *profiler* est aussi un voyant. Sa réaction devant une scène de crime est comparable à celle du voyant durant la transe. Il mobilise en la circonstance sa faculté d'hyperempathie avec le criminel, comme en témoigne John E. Douglas dans *J'ai traqué des serial killers* (1995). Un passage du livre est consacré à son enquête sur le Tueur des Sentiers, auteur d'au moins huit meurtres d'une extrême violence commis à San Francisco entre 1980 et 1981.
Arrivé sur une scène de crime, Douglas décrit les visions qui l'assaillent : « J'ai dit au groupe de policiers que, selon moi, ce type avait un passé

Jack l'éventreur, premier des serial killers, ici dans le film éponyme de Monty Berman et Robert S. Bake (1959).

chargé. Il avait fait de la prison. Il avait peut-être déjà commis des viols, ou plutôt des tentatives de viol, mais pas de meurtre avant cette série. Un facteur déclencheur avait vraisemblablement précipité les choses. J'étais à peu près sûr qu'il était blanc, puisque toutes les victimes l'étaient et je le voyais mécanicien ou ouvrier. [...] Si on fouillait dans son passé, on trouverait une énurésie, des incendies volontaires et de la cruauté envers les animaux, ou au moins deux de ces trois éléments. Encore une chose, ai-je ajouté après une longue pause, le tueur a un trouble de l'élocution. »
Pris par des visions, le *profiler* parvient à se transporter, de façon médiumnique, au moyen d'un « voyage chamanique » dans la psyché du serial killer, et à obtenir sur lui des données personnelles très précises. C'est un ressort que beaucoup d'œuvres de fiction ont réussi à saisir. Le roman de Thomas Harris *Dragon rouge*, sorti en 1981, marque à cet égard une étape décisive. Avec ce livre, à ma connaissance, c'est la première fois que le duo serial killer/*profiler* fait son apparition dans une œuvre de fiction.
Par sa faculté d'empathie, le *profiler* de *Dragon rouge* pénètre les arcanes psychologiques du tueur qui sévit les nuits de pleine lune. Il entre dans son monde.
Un monde qui repose sur le principe de transformation : le tueur est mobilisé par une voix intérieure, celle du dragon rouge de l'Apocalypse, qui lui enjoint de tuer pour se transformer. Le serial killer manifeste une totale absence d'empathie pour ses victimes mais un grand amour pour lui-même...

John E. Douglas et Robert Ressler, premiers *profilers*, ici avec le tueur Ed Kemper.

L'Apocalypse est un sujet qui revient souvent...

Le thème de la fin des temps inspire puissamment les fictions consacrées aux serial killers. Exemple symptomatique de cette fascination pour l'Apocalypse : la formidable série télévisée *Millennium* de Chris Carter, diffusée à la fin des années 1990. Terrains désolés, ciels blancs et pluvieux... *Millennium* décrit un monde qui est en train de perdre en réalité, un monde qui court à sa chute. Chris Carter glisse de nombreuses références à Nostradamus, aux versets de l'Apocalypse. Toute la série est traversée par cette idée que le serial killer serait un signe de la fin des temps. Cette ambiance crépusculaire rappelle celle de *Dragon rouge* ou certaines scènes du film *Seven* de David Fincher (1995), sorti en salle peu avant la diffusion de *Millennium*. Il y a dans cette fascination pour l'Apocalypse un trait d'époque intéressant à relever.

Dans Seven, le* profiler *interprété par Morgan Freeman se distingue lui aussi par son pouvoir d'empathie avec le serial killer...

Oui, au même titre que l'agent du FBI Frank Black dans la série *Millennium*. L'un et l'autre cherchent à pénétrer au plus profond de la personnalité du tueur, à épouser ses obsessions, ses peurs, ses peines, ses névroses. Ils sont dévorés par les visions d'horreur du meurtrier. Ce qu'ils craignent le plus, c'est de devenir comme lui. Par son pouvoir d'empathie, le *profiler* endosse presque une fonction de martyr : comment se mettre dans la tête

Le serial killer devient un sujet d'intrigue parmi d'autres

du tueur, comment « sentir » comme lui tout en maintenant les affects à distance ? Comment ne pas en ressortir abîmé ? Exercice impossible au commun des mortels. La seule façon d'arrêter le serial killer, c'est de ne pas en faire une affaire personnelle.
Et c'est précisément cette résistance que le serial killer va tenter de briser. Pour casser la puissance du *profiler*, il va choisir de l'attirer sur le terrain personnel, en essayant par exemple de s'en prendre à ses proches, à sa famille, en fouillant dans son passé – moins sans doute dans la réalité que dans les œuvres de fiction, comme dans *Seven* où le personnage interprété par Brad Pitt perd la partie pour n'avoir pas su déjouer ce piège tendu par le tueur. Dès lors qu'un *profiler* se met à détester sa cible, c'est qu'il en fait une affaire personnelle et se prive par là même des moyens de l'arrêter. En se mettant dans la tête d'une personne dont il réprouve les actes, le *profiler* doit gérer son empathie de manière à en faire une arme qui seule permettra au tueur d'arrêter de tuer. Cette empathie contrôlée est à la fois un outil esthétique et un outil d'investigation. Cela revient à pratiquer une forme d'exégèse sur soi-même, à la source d'une sorte d'éthique de l'empathie qui résume tout l'art du *profiler*.
En définitive, le *profiler* ne doit rien attendre du serial killer.

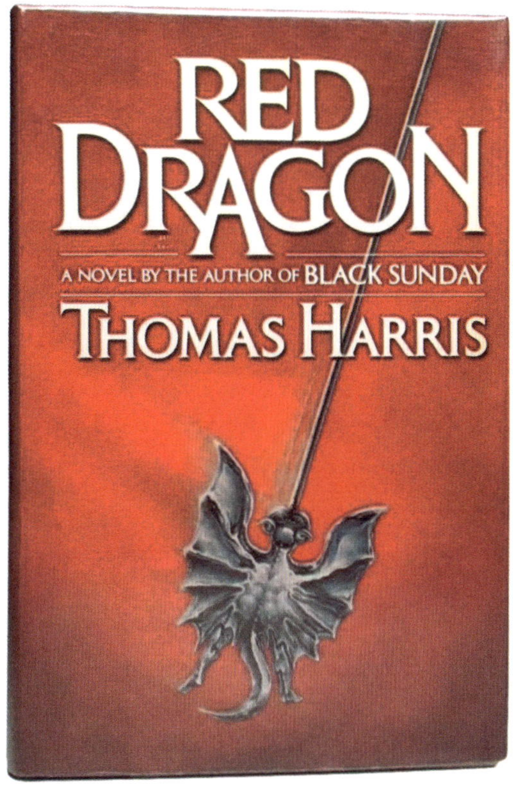

La première édition américaine de *Red Dragon* par Thomas Harris qui consacre le couple profiler/serial killer.

Tant dans la littérature qu'au cinéma, la figure du serial killer semble aujourd'hui moins présente qu'il y a vingt ou trente ans. Comment l'expliquez-vous ?

Je vais risquer une hypothèse : la figure du serial killer est surtout « populaire » en temps de paix, c'est-à-dire dans les périodes marquées par des conflits de moindre intensité entre les États-Unis – berceau des serial killers – et les autres parties du monde.
Si l'on excepte l'intervention américaine en Irak à l'aube de la décennie, les années 1990 correspondent plus ou moins à cette configuration de paix relative. C'est la fin de la guerre froide. Coïncidence ? Ces années signent en tout cas l'âge d'or de la représentation du serial killer.
Ce pouvoir d'attraction commence à refluer après le 11-Septembre. Le serial killer devient un sujet d'intrigue parmi d'autres. Dans ce nouveau contexte, il n'est plus nécessaire de faire appel à lui pour interroger l'absence d'empathie des tueurs, pour décrypter l'inquiétante étrangeté qui, à travers lui, se glisse au cœur des sociétés humaines. En témoigne, entre mille exemples, le film *Redacted* de Brian De Palma, qui porte sur la violence de guerre.
Les questions qui présidaient à la fascination pour les serial killers n'ont pas disparu, mais se reformulent différemment, à travers d'autres choix narratifs, d'autres personnages. La figure du flic antiterroriste tend à supplanter celle du *profiler*...

POUR S'ÉLEVER

Tu m'as donné de la crasse et j'en ai fait de l'or

Pacôme Thiellement

186 pages – 18,50 € – Massot éditions

L'ENTAILLE

ENTRETIEN AVEC

Antoine Maillard

Propos recueillis par Sabrina Lamotte

Brillant illustrateur, Antoine Maillard a su séduire les plus grands médias américains et français par son style *moody* et sa narration percutante. À l'occasion de la sortie de son premier roman graphique, *L'Entaille*, aux éditions Cornelius, il livre à *Fantask* sa vision du mal.

Pouvez-vous nous raconter les origines de* L'Entaille*, un projet qui avait au début un nom plus évocateur,* Slash Them All *?

C'est le titre que j'avais choisis au départ, en effet. Ça remonte à l'époque où je faisais un master BD à l'École de l'image d'Angoulême, et mon sujet de mémoire était les liens entre la BD américaine et le cinéma de genre, et plus particulièrement ceux entre Daniel Clowes et David Lynch. J'ai donc regardé beaucoup de films et de BD liés à cette thématique-là. Et en même temps, j'essayais de garder une pratique de la bande dessinée, du dessin, à côté de ce travail de recherche. Ce projet était un peu mon bac à sable, je l'ai débuté en tentant de transposer ce langage cinématographique du thriller, du *teen movie*, en BD et en essayant de jouer autour. Et de fil en aiguille, j'ai réalisé pas mal de pages que j'ai mises sur Internet, et lorsque je suis passé aux Arts déco de Strasbourg, un de mes professeurs a vu le projet et m'a encouragé à le continuer plus sérieusement pour qu'il devienne éditable. Puis il a été prépublié dans des revues plus importantes de BD comme *Franky* des Requins Marteaux. Et à partir de ce moment, je me suis mis à entrevoir l'idée d'en faire un vrai livre cohérent et un peu moins expérimental. Mais ça a pris du temps car au même moment, j'ai commencé une carrière d'illustrateur de presse, et je travaillais la BD de manière épisodique. Il y a eu un moment charnière où je me suis dit qu'il fallait en faire un vrai livre, que j'avais amassé beaucoup trop de pages pour le laisser à l'état de fanzine ; et à l'occasion d'une résidence d'auteur à laquelle j'ai participé aux États-Unis, les choses se sont accélérées. J'y ai fini le manuscrit du livre et cette résidence m'a permis d'avoir une exposition médiatique dans le milieu de la BD américaine et française. Ça a été un bon tremplin pour démarcher les éditeurs.

Cet hommage au cinéma de genre, on pense aux* slashers *et autres* teen movies*, devait-il absolument pour vous se passer en terres américaines ?

Ce n'est pas vraiment une terre américaine. Depuis le début du récit, c'est un parti pris que j'ai choisi assez vite, je voulais évoquer la vision que l'on peut avoir en tant qu'Européens sur les États-Unis à travers les films. Ce qu'on y voit, ce n'est pas l'Amérique, et je voulais un peu retranscrire cela dans la BD. Si on regarde bien la BD, l'architecture, certaines voitures et d'autres éléments sont plutôt français, et d'autres sont plus américains. J'avais un peu envie de casser, dès le départ, la tentation de faire une imitation de décors américains. Le récit est très inspiré de souvenirs de mon adolescence, vagues ou précis, et je voulais aussi retrouver les sensations de cette période où je regardais cette Amérique

complètement fantasmée, comme un Français qui n'a jamais mis les pieds là-bas. Ce pays était pour moi quelque chose de fictif, de composite. Quand on voit les séries télé, on a l'impression qu'elles se passent toutes dans la même ville, mais en fait, ce sont des lieux de tournage différents, et on se crée une image mentale, ce qui m'intéressait beaucoup. Et c'est ce que j'ai voulu intégrer dans ma BD. Donc j'y ai mélangé plein de références différentes, architecturales, photographiques.
Et ce qui est drôle, c'est que les gens qui ont lu la BD aux États-Unis m'ont dit que c'était très français, dans la manière d'envisager l'urbanisme et dans celle dont les personnes occupent la ville. Par exemple, pour la séquence où les élèves se retrouvent devant le lycée, on m'a dit que c'est quelque chose qui n'arrivait jamais là-bas, vu que les élèves viennent tous en voiture.

Vous êtes aussi connu pour votre travail d'illustrateur, notamment pour des célèbres titres américains comme le* New Yorker *et le* New York Times*. Cette approche de la société américaine, par l'angle de l'actualité, a-t-elle influencé* L'Entaille *?

Pas trop en fait, mon travail d'illustrateur dans l'écriture du livre n'a pas eu beaucoup d'impact car j'avais déjà une idée assez précise de ce que je voulais raconter. Ce sont plutôt dans les aspects formels du livre, à savoir gagner du temps. Dans la presse, c'est grand maximum trois jours de délai pour rendre un dessin, et encore... Mes cases sont des petites illustrations en tant que telles, donc j'ai développé certains automatismes. Les articles que j'ai dû illustrer étaient des sujets terre à terre, à part deux ou trois sur des films. Ce sont des choses très différentes, mon livre a des aspects réalistes, mais qui sont diffus, avec quelque chose de surréaliste, de fantastique. J'ai rarement illustré des articles sur les adolescents. Le seul lien que je pourrais faire, c'est avec mon travail dans le *New York Times*, où on me confiait des sujets sur des choses un peu tristes, *moody* comme ils disent. Je pense que c'est quelque chose qui se dégage de mon travail, un côté mélancolique.

Comme souvent chez vous, tout est affaire d'ambiance et d'atmosphère. La figure du serial killer n'apparaît-elle pas comme le revers du rêve américain ?

Je suis fasciné par cette période aux États-Unis où il y a eu une panique satanique dans les années 1980.

C'était avant les QAnon, les gens craignaient que leurs enfants soient enrôlés dans des rites sataniques, et il y a eu aussi la peur liée aux tueurs en série, avec le Zodiac, Jeffrey Dahmer et tout ça... Quand j'étais là-bas, j'ai pu remarquer que le moindre fait divers prend des aspects communautaires très forts. Par exemple, lorsqu'il y a une agression dans un quartier ou sur un campus, il va y avoir une traînée de poudre, des effets de peur, ce qui n'est pas le cas en France. Ici, on en parle mais il n'y a pas de comités de vigilance qui s'organisent, pas de protocole sécuritaire qui se met en place tout de suite. Là-bas, il y a quelque chose de l'ordre de la contagion, de la peur, le mal et toutes les choses négatives sont perçus de manière épidémique. Comme si ça pouvait se transmettre. Et on retrouve un peu ça dans ma BD, où il y a cette espèce de rumeur qui enfle, et où le tueur en série est une sorte de personnage neutre, comme dans *Halloween* de John Carpenter. On ne connaît pas ses intentions,

L'adolescence est un moment où on se rend compte de la moralité de nos actes

il est juste là, il commet des actes délictueux, mais on ne sait pas à quel point il est malveillant, on ne sait pas si c'est juste un fou ou s'il cible des personnes volontairement. D'ailleurs, c'est ce que je fais dire au psychiatre dans la BD : on n'est même pas sûr que ce soit un tueur en série, on ne connaît pas ses motivations. Et je trouvais intéressant de mettre en relation cette espèce de tueur sur lequel on projette plein de choses parce qu'il est neutre, et cet autre personnage qui suit un *pattern* de vrai tueur en série et commence à faire comme Jeffrey Dahmer, à disséquer des animaux et à les tuer, même si ce n'est pas dit clairement – mais on suppose que c'est le cas.
Et donc je voulais porter l'attention sur quelque chose qu'on ne connaît pas réellement, alors que les personnes qui sont en train de se perdre et d'avoir des premiers symptômes de psychopathie et de détresse, on ne les remarque pas et on s'arrête sur des choses spectaculaires.

> **[Quelle est] l'origine du mal : est-ce que c'est quelque chose d'inné ou d'acquis ?**

Après avoir lu votre BD, on sent une certaine fatalité, comme si tout était déjà tracé...

Je ne suis pas sociologue et je ne suis pas à l'aise avec le déterminisme social, mais on sent pendant tout le récit des trajectoires qui se dessinent et qui sont immuables, c'est un peu en sous-lecture.
C'est une des thématiques du récit, par exemple, toutes les conversations que Daniel a avec sa mère, où on comprend qu'il a un avenir tout tracé, qu'il doit aller à la fac, et ne pas traîner avec des « cas sociaux », car il est voué à un meilleur avenir que telle autre personne. Ce sont des idées qui étaient très présentes quand j'étais ado, où nos parents et notre entourage traçaient des lignes, et c'était un peu compliqué de les franchir. Ce qui est intéressant, c'est que la vraie ligne qui est tracée pour Daniel et que personne ne voit mais qu'il est le seul à comprendre, c'est qu'il va probablement devenir quelqu'un de problématique pour la société. Je pense que même lui s'en rend compte, il le cache mais il le sait : dès le début du récit, il a des insomnies, il sait qu'il n'est pas du tout dans la norme et qu'il a un secret inavouable pour ses contemporains. J'utilise beaucoup d'archétypes de fiction, mais j'ai voulu éviter de tomber dans des clichés. Pourtant, dans le personnage de Daniel, on retrouve les gros traits de la personnalité de Jeffrey Dahmer, ainsi que d'autres tueurs en série, et j'ai mélangé ça avec des archétypes de *teen movies*. Car il y a aussi des *teen movies* où on retrouve ces principes-là. Par exemple dans *Scream*, qui est une sorte de parodie d'*Halloween* sans en être, où au final les tueurs sont parmi les adolescents – et on ne s'en rend compte qu'à la fin. Bon, c'est un peu grotesque dans *Scream* et je n'ai pas voulu reprendre cette veine-là, j'ai essayé d'avoir une approche plus sensible de la chose, moins dans l'« humour noir ».
Je pense que l'adolescence est un moment où on se rend compte de la moralité de nos actes. Lorsqu'on est enfant, qu'on fasse des choses bonnes ou mauvaises, c'est très abstrait, les parents nous disent si c'est bien ou pas, mais nous-mêmes, on n'en a pas vraiment conscience. Alors qu'à l'adolescence, on comprend vraiment la portée de nos actes, on sait si on est une personne moralement juste ou injuste. Il y a pas mal de dialogues dans la BD qui parlent de ça, où les personnages s'interrogent. John Carpenter dans ses films pose souvent ces questions-là, en filigrane. Si on enlève la couche « film de genre », d'« horreur », beaucoup de ses longs-métrages, comme *Halloween* ou *Le Voyage des damnés*, posent la question de l'origine du mal : est-ce que c'est quelque chose d'inné ou d'acquis ? à quel moment on considère que la personne est responsable du mal qu'elle fait ou qu'elle est atteinte d'un mal psychiatrique ?... Je voulais insérer cela aussi en sous-texte dans la BD, l'infuser sans en faire le sujet principal évident. ■

POUR NE PLUS ÊTRE SEREIN

L'entaille

Antoine Maillard

152 pages – 25,50 € – Cornelius Editions
© Antoine Maillard / Cornélius 2021

MOI JE SUIS MORTE, ON DOIT VRAIMENT ALLER À CETTE SOIRÉE ?
PROMIS, ON SE CASSE SI LA MUSIQUE EST NULLE.
ÇA VA ÊTRE CHAUD POUR ALLER EN COURS DEMAIN.
IL RESTE DU RHUM COCA ?
TIENS, FINIS.
T'AS VU CE TYPE ?

TROP CHELOU… C'EST UN JOUEUR DE L'ÉQUIPE DU LYCÉE, TU CROIS ?
QU'EST-CE QUE TU FOUS ?
VIENS ! ÇA VA ÊTRE DRÔLE.
T'ES TARÉE, TU SAIS.
ATTENDS !
HEY, SALUT !
OOOH ! JE TE PARLE !

ON A AFFAIRE À UN GRAND TIMIDE, DIS DONC…
DEBRA…

… NON MAIS ÇA N'A RIEN À VOIR AVEC L'HERBE OU L'ECSTA…
… J'VOUS JURE, LES CACHETS QU'ON A PRIS C'EST FAT, LES GARS…
DEPUIS TOUT À L'HEURE, C'EST UN PEU COMME SI JE VOYAIS EN 4D…
HEY MAIS RESTE AVEC NOUS MEC…
JE REVIENS, JE VAIS M'EN GRILLER UNE À LA FRAÎCHE.

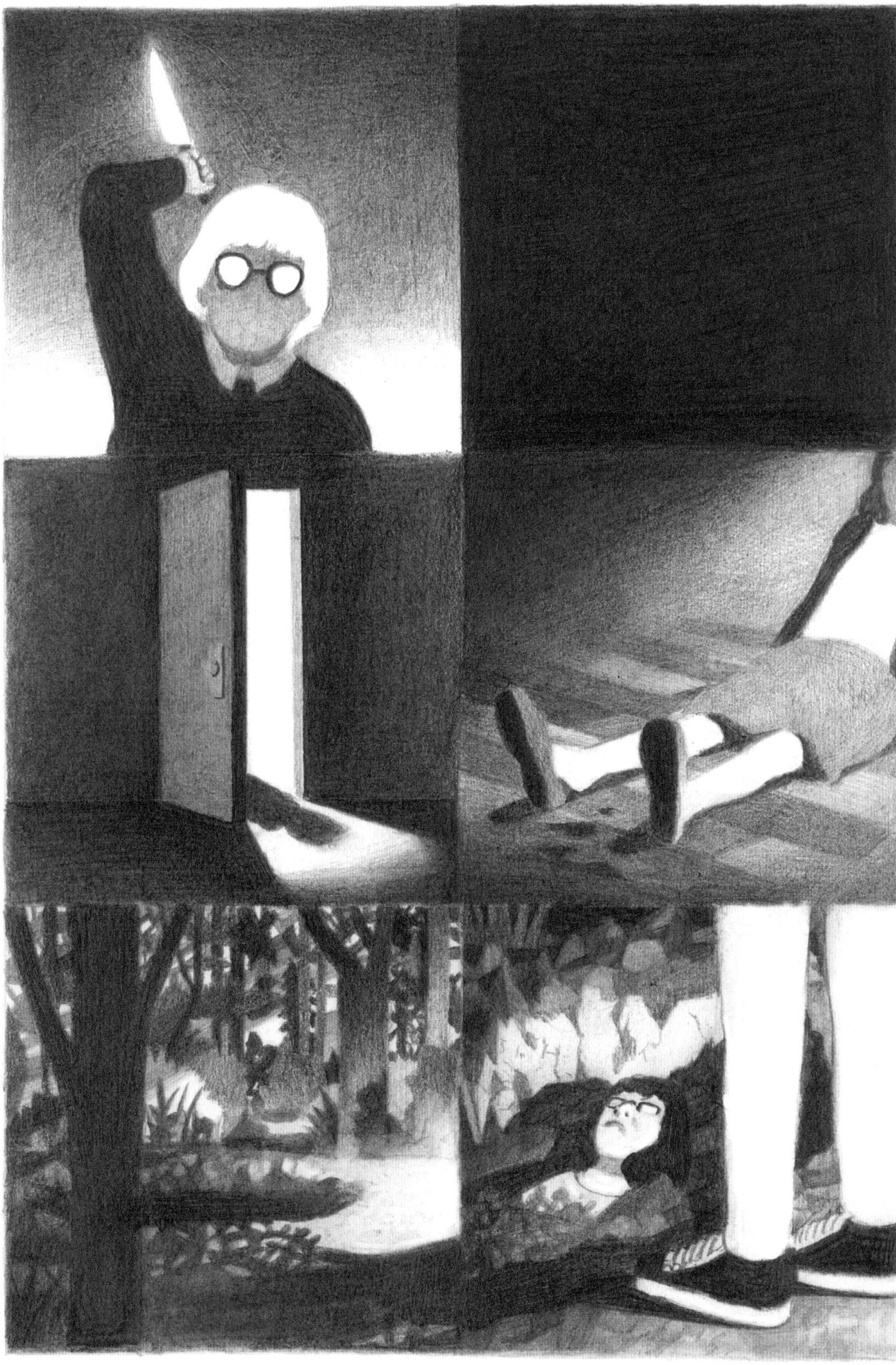

Charlie don't surf

Par Jean-Emmanuel Deluxe

Ou comment un délinquant psychopathe, « cerveau » d'un crime terrifiant, à Hollywood est devenu une icône de la pop culture.

Une nuit d'été 1968, Charles Manson parvient à rentrer au très sélect Whisky a Go Go grâce à son « ami » Dennis Wilson qui ne peut lui refuser cette faveur, puisqu'il lui fournit des aréopages entiers de filles issues de sa « famille »... Le batteur des Beach Boys est de sortie sur le Sunset Strip avec des potes, dont Terry Melcher, le producteur des Byrds... Ils restent interdits devant un Manson en train d'exécuter une danse de Saint-Guy sur une piste qu'il vide à lui seul, fascinant ainsi l'ensemble de l'assistance. L'un des invités déclarera cinquante ans plus tard que c'est à ce moment qu'ils ont « réalisé que Charlie avait quelque chose de différent, que n'importe quand, n'importe où, lorsqu'il avait décidé d'être le centre d'attention, il pouvait le devenir »...

Manson souhaite devenir une rock star, écrit des chansons, mais ne perce pas. Avec son accord, Dennis Wilson recycle l'une d'elles, « Cease To Exist », pour en faire « Never Learn Not To Love » sur l'album *20/20* des Beach Boys en 1969. Problème, Manson n'aime pas le rendu final, d'autant qu'il n'est même pas crédité en tant qu'auteur... Leur relation se dégrade et Manson est prié de quitter la demeure de Wilson chez qui il squatte avec sa « famille »...

Ce sentiment de rejet se double d'une paranoïa de plus en plus grande. L'esprit dérangé de Manson interprète la chanson « Helter Skelter » de l'*Album blanc* des Beatles comme la description d'une guerre raciale apocalyptique dont il sortirait vainqueur... Voilà pourquoi il aurait envisagé de perpétrer des crimes en laissant à l'évidence des preuves incriminant les membres de la communauté afro-américaine, le tout pour accélérer le déclenchement de cette guerre des races. Baignés dans ces prophéties, le LSD et l'*Album blanc*, les membres de la famille s'engagent dans une sanglante croisade...

La nuit du 8 au 9 août 1969, Charles Manson persuade Tex Watson, Susan Atkins et Patricia Krenwinkel de se rendre au 10050 Cielo Drive en bordure de Beverly Hills afin d'y tuer tous ses habitants, sans savoir que Terry Melcher, à qui Manson reproche d'avoir refusé de lui signer un contrat, n'y habite plus. Ce qui va se passer cette soirée-là va marquer au fer rouge l'inconscient collectif. La villa est alors occupée par Sharon Tate, la femme de Roman Polanski, enceinte de huit mois et demi, qui est en compagnie de son ex Jay Sebring, le coiffeur des stars, ainsi que de Wojciech Frykowski et de sa compagne Abigail Folger. La suite de l'histoire est tragiquement connue et sonne le glas des utopies des *sixties*.

Dès le début du procès Manson, en 1970, le personnage fascine les médias. En 1971, Ed Sanders publie *The Family: The Manson Group and Its Aftermath*, première étude

Manson serait-il devenu un symbole inoffensif ?

sérieuse sur le sujet. Sanders par sa « connaissance du terrain » parvient à séduire la jeunesse des campus, l'air du temps, transformant son essai en best-seller.

La même année, le *San Francisco Comic Book* nº 3 de Robert Crumb présente le personnage de Jumpin' Jack Flash, grand manipulateur de jeunes adolescentes en fugue à Haight Ashbury, le fameux quartier hippie de San Francisco où Manson avait longtemps séjourné.

En 1973, c'est Roger Corman, le pape du cinéma bis, qui produit le premier documentaire sur Manson. On y découvre un membre de la « famille », Lynette « Squeaky » Fromme qui, bien qu'elle n'était pas présente le soir des meurtres, s'était illustrée par son soutien à la « cause ». Deux ans plus tard, elle tentera d'assassiner le président Gerald Ford et sera incarcérée à vie. La fascination autour de Manson dans les années 1970 touche son apex avec le *Helter Skelter*

Dessin de William T. Robles, 1970. Manson en tenue de prisonnier assis à la barre des témoins lors du procès pour meurtre de Tate-LaBianca à Los Angeles, Californie. © Library of Congress.

de Tom Gries en 1976. Un téléfilm CBS, retraçant l'enquête découlant des meurtres Tate/LaBianca ainsi que le procès de Manson et de sa « famille », et battant des records d'audience.
Les années 1980 aux États-Unis sont marquées par la victoire des néoconservateurs reaganiens.
Une sorte de révolution conservatrice s'abat sur l'Amérique, laissant le *mainstream* agir comme si la contre-culture des années 1960 n'avait jamais eu lieu. Dans ce contexte, quelques artistes underground s'entichent de l'album de Manson : *Lie, The Love and Terror Cult*, enregistré dans le studio de Dennis Wilson et sorti en 1970. En 1984, le sulfureux Genesis Breyer P-Orridge du groupe Psychic TV enregistre le single « Roman P. » avec la voix de Charles Manson en face B, pour le label français Sordide Sentimental. Les années 2000 voient se multiplier les films basés sur Manson et son « entourage » mais tout cela reste assez marginal et réservé aux geeks déviants qui collectionnent les vignettes de serial killers.
C'est vraiment en 2015 qu'une nouvelle génération découvre Manson à travers la série *Aquarius* avec David Duchovny et Gethin Anthony ou encore en 2017 où on le retrouve interprété par Even Peters dans l'épisode « Charles (Manson) s'en charge » de la saison 7 d'*American Horror Story*. Puis en 2019, c'est à Damon Herriman d'incarner le personnage par deux fois : pour la série *Mindhunter* de David Fincher puis dans le film *Once Upon a Time in Hollywood* de Quentin Tarantino.
Les plaies du passé cicatrisent lentement, et Debra Tate valide même l'interprétation de sa sœur Sharon par Margot Robbie. Manson serait-il devenu un symbole inoffensif ?
Heureusement, Boyd Rice et Laurence Romance sont

Dessin de William T. Robles, 1970. Manson laisse tomber son crayon après avoir été arrêté par un officier de justice alors qu'il se précipitait vers le juge Charles H. Older lors du procès pour meurtre de Tate-LaBianca à Los Angeles, Californie. © Library of Congress.

CHARLES H. OLDER
JUDGE
Manson leaping at
Judge Older!

là pour remettre du soufre dans la Campbell Soup pop américaine. Le premier, sous le pseudonyme NON, est une des pierres angulaires du label Mute. Ce grand fan d'Yves Adrien et de Jean Cocteau, qui a fait office de visiteur de prison pour Charlie, nous confie que « la pop culture a la même fonction dans l'esprit de l'homme moderne que la mythologie pour les anciens. C'est un langage de symboles ». Avant d'ajouter que « les humains sont plus intéressés par les méchants dans l'histoire que par les héros. Si vous demandiez à l'homme de la rue qui était le plus grand samaritain de 1969, vous n'auriez qu'un regard vide. Mais tout le monde se souvient de Charles Manson. Ce qui nous renseigne davantage sur le psychisme humain que sur Manson ». Laurence Romance, *rock critic* iconique, a elle aussi longuement étudié le « cas Manson » en plongeant directement dans son psychisme via sa traduction de l'ouvrage *Charles Manson par lui-même*. Elle nous confirme qu'« aux États-Unis, il fait partie intégrante de la pop culture », lui « le prisonnier qui a le plus reçu de courrier de fans durant toute sa vie », sans compter tous ceux qui se revendiquent comme ses enfants ! Elle nous raconte également qu'il n'était pas fan de Marilyn Manson, l'accusant de lui avoir volé son nom, comme il accusait le chanteur des Guns n'Roses de s'être servi de sa notoriété en arborant un T-shirt à son effigie et en reprenant une de ses chansons dans un de ses albums. Et que dire de Trent Reznor de Nine Inch Nails qui a enregistré un album dans la maison où est morte Sharon Tate... Laurence poursuit : « Manson voulait être une star du rock et à force d'être rejeté il a pété les plombs », « pour de nombreuses personnes il a fait plus que tuer des gens, il a tué la culture hippie, mettant fin à cette insouciance ».

CHARLES MANSON EN DIX DATES

1 — **12 novembre 1934**
Naissance dans l'Ohio.

2 — **1967**
Fondation de la *family*.

3 — **22 novembre 1968**
Sortie de *l'Album blanc* des Beatles.

4 — **2 décembre 1968**
Sortie du single *Never Learn Not To Love* (*Cease To Exist* de Manson) des Beach Boys.

5 — **9 août 1969**
Meurtre de Sharon Tate et de ses amis.

Dessin d'Arnold Mesches, 1970. Trois femmes discutant entre elles, peut-être Susan Atkins, Patricia Krenwinkel et Leslie Van Houten, alors qu'elles étaient assises derrière Charles Manson lors du procès pour les meurtres Tate-LaBianca. © Library of Congress.

6 mars 1970
Sortie de l'album de Manson.

15 juillet 1970
Début des audiences du procès Manson et de sa « famille ». Un des plus long et coûteux de l'histoire américaine.

25 janvier 1971
Manson est déclaré coupable (condamné à mort puis la peine est commuée en prison à vie).

13 juin 1981
Première vraie interview TV de Manson portant la swastika sur le front pour le *Tomorrow Show* de NBC.

19 novembre 2017
Décès.

6 7 8 9 10

Manson par Manson

PAR CHARLES MANSON

C'est sûrement le texte qui écorne le plus le mythe Charles Manson... et il est signé Charles Manson. En 1979, le criminel accepte le projet d'un de ses anciens compagnons de prison, celui de se raconter dans une autobiographie. Le résultat, c'est 400 pages de colères, d'humiliations, d'esbroufe, de trips et certainement de vérités. Voici quelques morceaux choisis de ses mémoires essentiels et dérangeants.

Quelques souvenirs d'enfance

« Un membre de la famille de maman adorait raconter qu'elle m'avait un jour vendu pour une pinte de bière. Un après-midi, maman était dans un café et j'étais sur ses genoux. La serveuse, qui aurait bien voulu être mère mais n'avait pas d'enfant, lui dit pour plaisanter qu'elle serait prête à payer pour m'avoir. Maman répondit : « Une pinte de bière et il est à vous. » La serveuse apporta la bière, maman resta le temps de la boire et partit sans moi. Quelques jours plus tard, mon oncle dut écumer la ville pour retrouver la serveuse et me ramener à la maison. »

« Mon oncle Bill avait des idées bien arrêtées sur la manière dont les jeunes garçons devaient se conduire, et une mauviette ayant peur de tout ne collait pas avec son idéal du jeune mâle. Je me souviens de lui me disant d'arrêter de pleurer pour un rien et de me comporter en homme, faute de quoi il se mettrait à m'habiller et à me traiter en petite fille. J'imagine que ma conduite ne s'est pas vraiment améliorée. Je suis incapable aujourd'hui de me souvenir de ce qui l'a fait agir ainsi, mais toujours est-il que pour mon tout premier jour d'école, Bill m'a habillé en fille. J'étais gêné et rempli de honte. Les autres gosses se sont tellement moqués de moi que je suis devenu furieux et que j'ai commencé à me battre avec tout le monde. J'ai oublié de tendre l'autre joue, comme grand-mère avait toujours voulu que je fasse. J'ai pris des coups et versé un peu de sang, mais dans cette école, je suis devenu le petit salopiaud le plus bagarreur qu'ils aient jamais vu. Ce qui doit avoir plu à l'oncle Bill, puisque dès lors j'ai porté des vêtements de garçon. »

Les premiers passages en prison

« [...] quatre détenus parmi les plus mastoc et les plus âgés m'ont coincé dans un des silos. J'ai tout de suite su quelles étaient leurs intentions. J'ai fait un mouvement vers la sortie, mais deux d'entre eux m'ont rattrapé et les deux autres m'ont ôté mon pantalon. Je me suis débattu comme un possédé. Je hurlais, mais ils ont fait en sorte d'étouffer mes cris. Deux gars me tenaient tandis qu'un autre essayait de me mettre sa bite dans le cul. Le quatrième faisait le guet près de la porte. J'allais me dégager quand les quatre m'ont plaqué au sol. Une pluie de coups s'est abattue sur moi. Deux des types ont eu le temps de me violer avant que le guetteur ne lance l'alerte, mais ils n'ont pas réussi à quitter les lieux avant l'arrivée de Fields. J'étais en train de pleurer et de remettre tant bien que mal mon pantalon et Fields n'a rien trouvé d'autre à dire que : « Vous savez que je ne tolère aucune bagarre. Tirez-vous d'ici, les gars. Et toi, Manson, va te nettoyer la figure et arrête de pleurnicher. »

Naissance de la « Famille »

« Mary Brunner et Lynette Fromme sont à l'origine de ce que les gens appelleraient plus tard la « Famille Manson ». Personnellement, j'avais depuis longtemps perdu l'envie d'être rattaché à une structure familiale classique. Ma mère avait été tellement dominée par ses parents qu'elle avait préféré fuir n'importe où et fonder ensuite un simulacre de foyer. Pour ma part, j'avais eu deux épouses et deux fils, un que je n'avais jamais vu et l'autre que je n'avais connu que bébé. Évidemment, c'était de ma faute si je n'avais plus rien de tout cela, mais le fait est que le mot même de « famille » était pour moi vide de sens. J'aurais peut-être pensé autrement s'il ne s'était agi que de mes expériences propres ; mais tous les gamins, sans exception, qui ont un jour mis le pied dans mon combi venaient eux aussi de familles pourries. Et je connais trop de pères paraissant au-dessus de tout soupçon qui cognent leurs bonnes femmes et leurs enfants, s'adonnent à l'inceste, fricotent avec n'importe quelle gonzesse dès qu'elle les regarde, et se targuent malgré tout d'être des pères et des maris formidables, des parangons de respectabilité. Je considère les épouses et les mères comme plus dignes de confiance que les pères, mais à l'arrivée, la vanité des femmes, qui ont besoin d'être jolies, aimées et acceptées, prend le pas sur leur devoir d'épouse dévouée et de mère attentive. Beaucoup d'entre elles, comme leurs maris, raffolent des liaisons extraconjugales. N'écoutant que leur plaisir, pères et mères sacrifient donc leurs enfants, qui ne sauront jamais ce qu'est une véritable famille. C'est pourquoi Mary et Lyn ne constituaient pas une « famille » à mes yeux, mais les premiers membres d'un cercle de personnes libres et éclairées réalisant leurs fantasmes en ma compagnie. C'était le cas de tous ceux qui ont rejoint notre groupe, et particulièrement de ceux et celles qui sont restés avec moi durant l'été et l'automne 1969. À cette époque, je ne me voyais pas comme un leader cherchant à contrôler autrui. Je voulais laisser les gens libres d'agir à leur guise. Je ne voulais ni sauver des âmes, ni corrompre qui que ce soit. Je pensais seulement pouvoir filer un coup de main à des individus se trouvant à un carrefour de leur existence. J'avais besoin d'être avec des personnes en quête de compréhension et d'amour. Et comme je m'y connaissais en expériences merdiques, je croyais que mes conseils pouvaient être utiles à ces gosses paumés et les rendre plus forts. Pour ce qui est des filles, j'admets que je voulais sauter tout ce qui portait des jupons – mais pas si ça impliquait de les violer. En réalité, pour chaque nana que j'ai tirée, il y en a dix autres que j'ai aidées sans penser une seconde au sexe. Quant aux hommes, je voulais aussi leur rendre service, mais les mecs ont un instinct de survie dont la plupart des femmes sont dépourvues, moyennant quoi je me retrouvais plus souvent en contact avec des filles.

Les trips

« Mais le trip qui m'attendait allait surpasser les autres en profondeur et en intensité : sentiment de connaissance parfaite, perceptions extrasensorielles, confrontations avec les démons et rencontre de dieux multiples. J'étais à la fois le petit garçon et la fenêtre. Je n'étais plus à genoux mais aux côtés d'un homme vêtu d'une longue robe blanche. Il n'avait pas le visage de Jésus dans ma vision d'enfant, mais la scène participait du sacré. Nous flottions dans l'air. Sa main reposait sur mon épaule, il était silencieux mais des voix puissantes et graves répercutaient un message comme venu des cieux : « Maintenant, Charlie, ceux-là sont tes amours et tu es leur élu. » Les voix résonnaient dans mes oreilles et les mots pénétraient chaque pore de ma peau ; mon corps savait ce que mon cerveau enregistrait. Toujours suspendu dans les airs, j'ai vu une mer de visages me regardant avec confiance et amour. Puis la voix et l'homme en blanc se sont éloignés. Je n'étais plus un enfant mais un homme, en robe immaculée. La vision s'est dissipée. J'ai jeté un oeil à mes fringues : pas de robe blanche. J'ai cherché la mer de visages et n'ai vu que quatre nanas dont les yeux disaient assez qu'elles étaient en plein trip. Nous étions toujours assis en tailleur dans une pièce remplie de gens aussi défoncés que nous »

« Regardez autour de vous, le règne de l'homme blanc s'achève. Lui et ses pigs ont tout merchandisé. Même leurs propres enfants. Les blackos en ont marre de torcher le cul des riches. Alors pendant que les blancs-becs s'étouffent dans leurs dollars, les Noirs enfilent leurs filles blondes aux yeux bleus et ça fait des métis. Tout ça va tourner très mal. Il va y avoir une vague de folie collective, ça va être le chaos, tout va devenir "Helter Skelter". Mais on ne sera pas touchés, parce qu'on sera à l'abri dans un pays magnifique où on sera les seuls à savoir comment survivre. Pour être prêts, on a besoin d'un max de matériel et de réserves. Et si on doit voler et arnaquer pour se les procurer, alors on doit le faire sans hésiter. »

Le premier mort

« Je l'ai regardé et bien qu'il n'y ait pas de sang visible, j'ai su qu'il était mort. J'ai pointé le flingue alentour et j'ai dit aux potes de Crowe que je n'étais pas venu dans l'intention de blesser qui que ce soit, mais que j'y avais été obligé. « Maintenant, si l'un d'entre vous a une objection à faire, je suis tout ouïe. » Leurs visages étaient livides et leurs lèvres trop sèches pour laisser échapper un seul mot. Ils restaient là à fixer le corps sur le sol. En enjambant Crowe, j'étais conscient que j'avais tué un homme mais je n'avais aucun remords. Je ne me sentais pas nauséeux et je ne me préoccupais pas en cet instant des conséquences de mon acte. En fait, c'était le contraire. Toutes les tensions que j'avais accumulées m'ont quitté et un sentiment de puissance m'a envahi. Je me sentais bien ! En regardant les potes de Crowe, je pouvais lire la peur dans leurs yeux, comme s'ils s'attendaient à être les prochains. Je me suis délecté de cette peur. »

Après les meurtres collectifs

« Tandis que j'attendais le retour des jeunes, j'ai repensé au jour de 1967 où je suis sorti de prison. À cette époque, j'en voulais à la loi et au système mais je respectais ceux qui suivaient leurs règles. Durant les premiers mois qui avaient suivi ma remise en liberté, j'avais connu l'amour, j'avais trouvé ma place dans le monde, et ces sentiments demeurent les plus beaux cadeaux que la vie m'a offerts. Je me suis rappelé le moment où j'avais jeté des armes dans les eaux de la baie à cause de la violence qu'elles symbolisaient. Je n'en revenais pas : c'était il y avait seulement deux ans ? J'avais l'impression que c'était dans une autre vie. À présent, j'attendais qu'on vienne me parler de meurtres sans me soucier un instant du nombre ou de l'identité des victimes. Et j'étais incapable de pousser l'autocritique au-delà de considérations comme : « Charlie, tu es bien le fils de ta mère, un sale enculé foireux. »

« Sept des assassinats les plus brutaux de l'histoire de Los Angeles venaient d'être perpétrés en vingt-quatre heures. Les médias en ont fait des tonnes, si bien que tout le monde ne parlait que de ça et qu'on ne comptait plus les théories fumeuses sur les raisons qui avaient bien pu motiver ces meurtres. La paranoïa [...] envahissait à présent Los Angeles. Chacun regardait son voisin d'un œil méfiant. Tout le monde s'enfermait à double tour, surveillait ses arrières, sursautait au moindre bruit et portait des armes. Plus les médias montaient le truc en épingle, plus je me marrais. »

Après l'arrestation, les débuts de la légende

« Accompagnée de son avocat, [Sadie] est allée voir le procureur et lui a fourni tout ce dont il rêvait en lui livrant « sa » version des faits. Puis, quelques jours plus tard, toujours via son avocat et avec l'aide de quelques journaleux, Sadie a vendu son histoire. Initialement publié dans *The Los Angeles Times* sous le titre « Two Nights of Murder » le 14 décembre 1969, l'article a été repris dans le monde entier. Cette fille, celle qui s'est le plus défoncée, nous a causé le plus d'ennuis, a donné plus de coups de couteau que quiconque, celle qui possédait l'imagination la plus dépravée et réclamait le plus d'attention au sein de notre cercle… cette fille a raconté une histoire où elle m'a dépeint comme l'amour incarné, un musicien envoûtant, un démon, un gourou, Jésus et l'homme qui leur a ordonné, à elle et aux autres, de tuer. Autrement formulé, de quoi donner aux médias toute latitude pour nourrir leurs fantasmes morbides et pervers. Si je n'avais pas été le sujet et la cible de son récit, j'aurais ri en lisant chaque mot de ces élucubrations, mais on comprendra que dans ma position, je n'étais pas vraiment enclin à me marrer. Quoique le ridicule de certaines de ses assertions était tel que je m'en suis amusé.

J'étais un moins que rien qui savait à peine lire et écrire, qui n'avait jamais lu un livre en entier de toute sa vie, ne connaissait que les prisons, n'avait pas été fichu de garder ses épouses, s'était révélé un maquereau minable, s'était fait prendre à chaque fois qu'il avait volé, n'était pas assez bon musicien pour s'imposer sur le marché, ne savait que faire de l'argent, même quand il en avait, et haïssait aux tripes tout ce qui ressemblait à une structure familiale établie. Mais une semaine après la publication de l'histoire de Sadie, voilà que j'étais le charismatique leader d'une secte baptisée la « Famille », un génie capable d'endoctriner les gens et de leur faire accomplir toutes ses volontés. Putain, s'il y avait eu la moindre parcelle de vérité dans ce qu'on me disait capable de faire, j'aurais trôné dans un palais équipé de chaînes hi-fi dans chaque pièce, à écouter mes propres albums de platine.

Sur sa propre légende

Les médias, les réalisateurs et les écrivains ont fait une montagne d'une taupinière. On m'a accusé de manipulation mentale, mais la légende de Charles Manson a perverti bien plus d'esprits que je n'en ai jamais atteint. Putain, dans le bouquin qui a fait de lui un millionnaire, le procureur me confère un tel pouvoir que d'après lui, je n'ai eu qu'à regarder sa montre pour qu'elle s'arrête. De même, il existe un film où je fais bouger les aiguilles d'une horloge d'un simple coup d'œil. Je n'ai jamais bousillé une montre autrement qu'en marchant dessus. Depuis ce satané film, je regarde attentivement toutes les pendules que je vois. Et vous savez quoi ? J'ai beau essayer, elles ne s'arrêtent pas et leurs aiguilles ne bougent pas d'un pouce. Mais ces conneries ont convaincu le monde que je suis une espèce de sorcier. Et si vous doutez encore de ce que j'affirme, j'ai des tonnes de courriers pour prouver le contraire. Des lettres de tous les pays, envoyées par des hommes et des femmes de tout âge qui me sont tous parfaitement inconnus. Leur intérêt pour mon cas et ce qu'ils en savent émane directement des bouquins et autres formes de publicité auxquels ils ont eu accès. Ces correspondants croient dur comme fer que je suis investi du pouvoir et du charisme que des journaleux en quête de notoriété m'ont conférés. Mais le truc vraiment tordu, c'est que la moitié des gens qui me contactent sont prêts à m'offrir leur vie. Certains veulent prendre les armes, des flingues et des couteaux, en mon nom. D'autres recherchent mon amour et mon attention. Bordel de merde, quand j'étais dehors, j'aurais pu passer un siècle à essayer d'appâter des gens sans parvenir à en rassembler davantage que ceux qui étaient avec moi lors de mon arrestation. Mais grâce au sensationnalisme qui se rattache à mon affaire, ils sont désormais des milliers à vouloir s'associer à moi et à ce que je suis censé représenter. Maintenant, j'ai une question à vous poser : est-ce bien mon charisme, mon pouvoir, mon amour ou ma folie qui fascinent ces gens ? Ou bien l'attraction qu'apparemment j'exerce est-elle le fait d'auteurs qui, voulant désespérément se faire mousser, ont créé un monstre dont ils entretiennent le mythe pour entrer eux-mêmes dans l'histoire ?

Portrait of Charles Manson, 1988.
Acrylique sur panneau, 119,4 x 106,7 cm.

Au panthéon des *freaks*

ENTRETIEN AVEC

Joe Coleman

Propos recueillis par Rodolphe Lachat

Consacré par des grandes rétrospectives à Paris, Berlin ou Los Angeles, le peintre Joe Coleman n'a pourtant pas grand-chose à voir avec les grands ténors de l'art contemporain. Le *New York Times* l'a parfaitement décrit : « Si P.T. Barnum avait embauché Breughel ou Bosch pour réaliser des banderoles, elles auraient pu ressembler à l'art de Joe Coleman. » Peignant à la loupe huit heures par jour, à l'aide d'un pinceau à deux poils, ce fascinant personnage, influencé aussi bien par les fresques médiévales que par cet art « dégénéré » que fustigeaient les nazis, met plusieurs années à réaliser ses sublimes portraits et leur arrière-plan, qui sont autant de miniatures. Ce faisant, il compose un extravagant panthéon où pécheurs et saints communient, à condition qu'ils soient tous *freaks*. Parmi eux, quelques serial killers dont la vie et les effets personnels l'ont toujours fasciné.

Fantask : ***En préparant cette interview, il m'est venu à l'esprit un mot qui conviendrait peut-être pour décrire si ce n'est votre art, votre univers et votre philosophie : « autopsie ».***
Joe Coleman : Oui, une « auto-autopsie ».

Voilà, votre propre autopsie. On a beaucoup écrit sur le fait que vous essayez de voir au-delà des dualités classiques, « homme ou animal », « normal ou monstrueux », « bourreau ou victime », « sacré ou obscène ». Vous avez déclaré : « Mon intention est de trouver l'humain dans ce que l'humain a de pire, ou tout simplement de comprendre ce qu'est l'humanité. » Et pour trouver cette humanité cachée dans le pire, vous vous êtes souvent tourné vers les tueurs en série. D'ailleurs, vous souvenez-vous de la première fois où vous avez entendu parler de tueurs en série ?

Je crois que je connaissais leur existence avant l'apparition du terme « tueur en série ». J'avais entendu parler de Richard Speck et Charlie Starkweather, mais à l'époque on ne les qualifiait pas ainsi. Le terme adéquat dans le cas de Starkweather est « tueur à la chaîne » (*spree killer*), mais globalement, on n'utilisait pas « serial killer » à l'époque. J'ai lu cependant que l'expression trouve sa source dans le mot allemand *Serienmörder*, inventé dès 1930 par l'enquêteur Ernst Gennat. Mais aux États-Unis, il a fallu attendre les années 1970 pour l'entendre.

Avant ça, on disait « meurtriers de masse », ou on leur donnait un surnom spécifique.
Il suffisait pour cela qu'ils aient tué au moins trois personnes. L'idée de « série » ne faisait pas partie de la définition. On parlait aussi de « meurtre par désir »

(*lust murder*), qui venait de l'allemand *Lustmord*, terme inauguré par Richard von Krafft-Ebing en 1889. On s'en servait pour définir des gens comme Peter Kürten ou Fritz Haarmann, et le mot allemand a fini par être parfois utilisé tel quel en anglo-américain. Mais c'est en 1966, alors que j'étais encore enfant, que Richard Speck a fait son apparition dans les actualités pour prendre sa place dans mon imagination et mon psychisme. C'était un criminel à la petite semaine qui, une nuit, s'est introduit dans un dortoir d'élèves-infirmières à Chicago. Il était complètement défoncé et il a tué huit pensionnaires du dortoir. Une neuvième s'est cachée sous son lit et il l'a oubliée pendant qu'il torturait et tuait les autres. Au petit matin, la survivante s'est rendu compte qu'il était parti, et elle s'est précipitée à la fenêtre pour appeler à l'aide. Elle a pu le décrire et l'identifier grâce à ses tatouages, notamment celui qui disait « né pour réveiller l'enfer ». C'est ainsi qu'il s'est fait prendre.

C'est donc lui le premier qui a retenu votre attention ?
Oui, parce qu'il y avait quelque chose de tellement dépravé dans cette affaire. Vous savez, c'était une autre époque. Il était presque devenu un animal pour avoir franchi tant de tabous. Les infirmières étaient neuf, elles auraient dû pouvoir le maîtriser. Le fait qu'il ait réussi à les tuer presque toutes était tellement choquant. En outre, il était bourré de drogues.

Avez-vous peint son portrait ?
Pas le sien en particulier, non, mais il apparaît comme figure secondaire dans certains de mes tableaux. J'ai une statue de cire grandeur nature à son effigie dans ma collection.

C'est à partir de l'affaire Speck que vous vous êtes intéressé à ce genre de crimes ?
Oui, Speck a suscité ma curiosité. J'ai commencé à chercher des livres sur le sujet, et j'ai appris que le magazine *Life* y avait consacré un dossier. Ils avaient aussi fait leur couverture avec Charles Manson. Ça vous dit quelque chose ? Une superbe photo de lui avec cette lueur sauvage dans le regard, qui semblait surgir du fond de son crâne. J'ai conservé l'exemplaire que j'avais acheté à l'époque.

Je viens de trouver la couverture sur mon moteur de recherches : « The Love and Terror Cult » (« La secte de l'amour et de la terreur ») !
Voilà. Manson a quelque chose à voir avec mon éducation religieuse, aussi. Je trouvais qu'il avait un côté très catholique. J'ai même envie de préciser « catholique irlandais », parce que j'ai toujours discerné une facette païenne cachée derrière le christianisme. Le nom « Manson » me faisait penser à « Son of Man » (« le fils de l'Homme »), et son visage ressemblait aux représentations du Christ sur les vitraux et peintures de notre église. C'était une figure christique, mais qui portait l'épée. Ça collait bien à l'iconographie chrétienne, plus particulièrement catholique, au centre de mon éducation. Surtout dans la version latine et catholique irlandaise du christianisme, qui est très sanglante, très axée sur la violence du martyre. Une violence qui lui confère sa sainteté. Pour moi, c'est un peu à ce moment que s'est cristallisée la connexion entre cette figure sainte et ce monstre atroce. Il y aussi quelque chose de divin chez Manson, ne serait-ce qu'en tant que reflet déformé. De même, le Christ n'existerait pas sans ceux qui l'ont crucifié. Judas joue un rôle tout aussi important dans l'histoire, ainsi que le soldat romain qui a planté sa lance dans les flancs de Jésus. Parce que toute histoire comporte invariablement deux facettes et n'est pas complète sans l'une des deux.

Et il vous arrive de trouver un peu de cela à travers les tueurs en série...
Il y a chez les tueurs en série un aspect très proche du chamanisme, qui représente la noirceur de la culture qui les a créés.

De nos jours, le public est fasciné par les tueurs en série. Mais il s'agit généralement de figures du passé, ou de personnages fictifs issus de films ou de feuilletons télévisés. Vous, vous avez découvert ces tueurs en série ou « meurtriers de masse » lorsqu'ils étaient en activité.
Effectivement. Aujourd'hui, il existe toujours de vrais tueurs en série en activité, mais ils ne font plus partie de la culture ambiante. Il me semble qu'on vient d'en arrêter un récemment, mais les médias en ont à peine parlé. Ça ne fait plus autant de bruit qu'à l'époque de Manson, Ed Gein ou même Ted Bundy. C'est fini, tout ça. C'est une époque révolue.

Portrait of Albert Fish, 1992. Acrylique sur panneau, 71,12 x 55,88 cm.

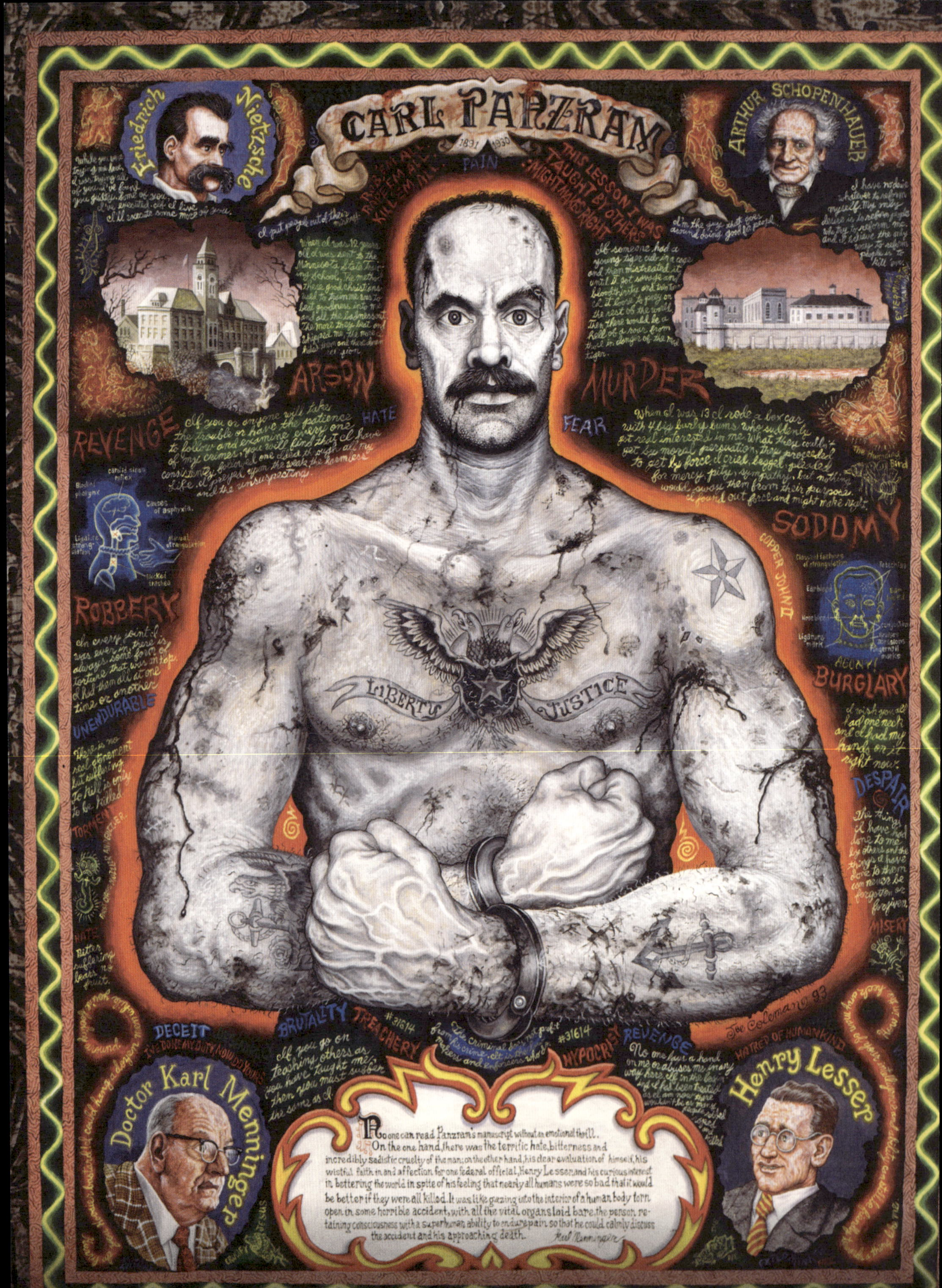

Portrait of Carl Panzram, 1993. Acrylique sur panneau, 71,12 x 55,88 cm.

C'est peut-être tout simplement parce que aujourd'hui, on arrive à les attraper avant qu'ils aient commis un grand nombre de meurtres...

Les monstres d'aujourd'hui sont la technologie, la propagande et la politique. Les tueurs en série me fascinaient parce qu'ils étaient presque comme des fantômes médiévaux venus d'une autre terre. Ils battaient la campagne en solitaire, plus rarement accompagnés comme dans le cas de Manson, qui avait sa propre secte. Mais même dans ce cas, ils étaient les proscrits, les perdants... ceux qui avaient sombré dans les failles de l'histoire et revenaient avec un désir de vengeance.

Qu'est-ce qui vous a décidé à les incorporer à vos œuvres ? Je pose la question parce que vous êtes connu, outre votre technique incroyable, pour utiliser une immense documentation dans votre travail, ce qui implique dans ce cas des heures de recherche puis de travail passées « en compagnie » de ces odieux personnages.

Plus que des heures, des mois, voire des années dans certains cas. J'ai visité les lieux de certains meurtres pour mieux visualiser comment ça s'était passé. J'ai lu des transcriptions de procès. Quand j'ai commencé à faire ce genre de tableaux, il n'y avait pas d'Internet. Il fallait que je visite plusieurs commissariats, plusieurs bibliothèques, pour trouver l'information à travers différentes sources. J'avais aussi des entretiens avec des gens informés. Rien à voir avec le monde d'aujourd'hui. Vous voulez savoir quel est le premier tueur en série dont j'ai fait le portrait ? D'abord, j'ai inclus certains d'entre eux dans mes premières bandes dessinées, car je faisais de la BD underground dans les années 1970. J'ai aussi dessiné un album intitulé *The Mystery of Woolverine Woo-Bait*, dont l'histoire mettait en scène Peter Kürten, Albert Fish et Edward Paisnel. Mais je crois que mon premier portrait vraiment centré sur un tueur en série particulier est celui que j'ai fait d'Albert Fish. J'ai fait un rêve qui m'a soufflé le besoin impérieux, la nécessité de faire son portrait.

Joe Coleman dans son Odditorium.

Je crois que c'est là que j'ai commencé à faire ces portraits de « serial killers », impliquant un tel niveau de recherche.

Vous aviez quelque chose à exprimer au sujet d'Albert Fish en particulier ?
Dans un sens, Albert Fish est peut-être le plus répréhensible, le plus irrécupérable d'entre eux. C'est pour ça qu'il me fascinait. Il fallait que je déniche l'humanité cachée en lui, qui semble dénué de toute humanité.

C'est donc Albert Fish qui a inauguré la série. Vous souvenez-vous de la réaction du public, de la critique, de vos amis à ce premier portrait ?
Les gens ont trouvé ça plutôt dérangeant. [Rires.] Et c'est dans ce cadre que j'ai découvert la lettre d'Albert Fisher, qui est terrifiante. C'est un courrier qu'il a adressé à la mère de sa dernière victime. Il avait persuadé ses parents de lui confier leur petite fille, soi-disant pour l'emmener à une fête d'anniversaire. Au lieu de cela, il l'a coupée en morceaux pour la manger. Non seulement il était cannibale, mais il a pris plaisir à tourmenter les parents en leur envoyant une telle lettre. Dans celle-ci, il décrit comment il a mis la petite en quartiers, comment il l'a mangée, la saveur de sa chair. Et il termine la lettre en précisant : « Je ne l'ai pas baisée, mais j'aurais pu, si je l'avais souhaité. Elle est morte vierge. » Il l'a postée dans une enveloppe marquée du sigle de l'hôtel où il résidait. C'est comme ça qu'il s'est fait prendre. La police n'a pas eu à déployer des trésors de déduction. Il fut le condamné à mort le plus âgé de son époque. C'était en 1936.

Et vous détenez cette lettre ?
Oui, j'ai l'original. [Silence.] Dans le registre des artefacts criminels, je la considère comme une pièce maîtresse. C'est certainement un des documents les plus perturbants de l'histoire américaine (et indubitablement en ce qui concerne le cannibalisme). Vous devez avoir entendu parler du docteur Fredric Wertham, plus connu pour s'être attaqué aux comics dans les années 1950[1]. À l'époque, la défense l'avait engagé pour déterminer si Albert Fish était fou ou pas. Wertham s'est entretenu plusieurs fois avec Fish. Devant le jury, Wertham a affirmé que si Fish était condamné à la mort par électrocution, ce ne serait pas une punition pour lui. Il n'attendait que ça. C'était le dernier frisson qui lui restait à essayer. Car Albert Fish se torturait presque autant que ses victimes. En passant son corps aux rayons X, on a trouvé une quantité de grosses aiguilles plantées un peu partout, notamment à l'entrejambe. Il se battait avec des raquettes hérissées de clous. Wertham a déclaré qu'à sa connaissance, il n'existait pas de perversion sexuelle que Fish n'ait pas pratiquée. En substance, il a dit au jury que Fish ne pouvait pas être puni. Il était au-delà de ça. Il avait franchi cette ligne. Dans l'histoire du crime, il fait partie de ceux qui sont à la limite de ce qu'est l'humanité, et qui pourtant en font toujours partie, puisqu'ils sont des êtres humains.

Je suis en train de regarder votre portrait de lui. Il est incroyable.
Considérez les atrocités commises aux États-Unis contre les peuplades indigènes, les esclaves. Albert Fish en est presque le symbole : une icône de ce qu'il y a de plus dépravé chez les bigots américains. Lorsqu'il écrit « elle est morte vierge » dans sa lettre, il soulève une contradiction fondamentale. Tous les saints ont subi un sort atroce pour être canonisés. Ils ont été martyrisés, décapités, énucléés... Le Christ a été cloué à une croix. La violence est synonyme de sainteté. Mais le sexe est le pire des péchés. Albert Fish n'a cessé de le répéter pendant son procès : « Je ne l'ai pas profanée. » Comme si la couper en morceaux et la manger n'était pas une profanation. Mais dans son esprit, et sans doute dans celui de la majorité du jury, le fait qu'il lui ait « épargné » un rapport sexuel signifiait que l'enfant était morte pure, que son âme n'avait pas été souillée. Je sais, c'est de la folie. Mais ce genre d'idée était enseignée dans les écoles religieuses.

J'ai toujours pensé que certains de vos chefs-d'œuvre représentent un autre versant de la culture américaine. La face cachée de l'Amérique.
Peut-être son reflet. Le reflet sombre de ce qu'est vraiment l'Amérique.

Un autre tueur en série, Carl Panzram, a revêtu une importance particulière à vos yeux à la suite de la lecture d'un ouvrage qui lui est consacré...
C'est un livre que l'on doit à Henry Lesser, qui fut gardien dans la prison de Washington où Panzram était retenu au début des années 1900. Il s'est lié d'amitié avec Panzram, ce qui était inattendu puisque Panzram, criminel endurci et tueur en série, avait renoncé depuis

Swift Runner and the Colonialist Windigo Effect, 2017-2018.
Acrylique sur panneau en bois, 85,09 × 104,14 cm.

Dans l'antre de Joe Coleman.

longtemps à toute humanité. Mais ce garde-là lui a montré de la compassion après que d'autres gardes l'eurent battu comme plâtre. Dans sa vie, Panzram a connu certaines des pires tortures jamais pratiquées par le système pénitentiaire américain. Et comme Lesser s'est montré chic avec lui, ils sont devenus amis. Lesser a poussé Panzram à écrire, puis a passé l'essentiel de sa vie à essayer de faire publier le résultat. Panzram a été exécuté en 1930. Seuls des extraits de sa prose sont parus en 1970 dans un livre intitulé *Killer : A Journal of Murder*. Lesser a légué l'intégralité de ce que Panzram avait écrit à la San Diego State University, en 1980. Les textes sont conservés sous le titre « Carl Panzram Papers », à la bibliothèque Malcolm A. Love. Quand je lis ces pages... je suis époustouflé. Avez-vous lu ce texte ?

Non, mais vous me donnez envie !

C'est un des chefs-d'œuvre de la littérature carcérale. Il n'y a pas de doute, ce type est un monstre, mais on souffre pour lui. On voit les choses de son point de vue, et on comprend pourquoi il est devenu ce qu'il est. Il décrit les choses telles qu'elles sont, avec une honnêteté brutale, qu'il s'agisse du système carcéral ou de lui-même.

Revenons-en à Charles Manson. Ce n'est pas un tueur en série à proprement parler, mais vous en avez tiré un portrait iconique.

C'était à l'époque où je correspondais avec lui. Il devait me faire penser à certains dieux hindous, c'est pourquoi je l'ai représenté avec trois têtes. C'est lui qui m'a fait voir les nombreuses similitudes entre les religions du monde entier, qui m'avaient généralement échappé jusque-là. Les icônes chrétiennes ne sont pas si éloignées des représentations qu'on trouve dans les temples hindous. Le culte morbide autour de sa personnalité m'a inspiré une nouvelle interprétation de l'« ancienne religion », et permis de voir, au-delà du christianisme, quelque chose de connecté aux autres religions. Après Manson, je me suis attaqué à Néron, parce que je m'intéressais à la connexion entre Grecs et Romains. Vous savez, je trouve que Néron ressemble un peu à Charlie. Pendant que Rome brûlait, il jouait de la lyre...

Manson était encore en vie quand vous avez peint le tableau. Comment a-t-il réagi ?

Il a dit que j'étais « un homme des cavernes dans un vaisseau spatial ».

Portrait de Joe Coleman réalisé par John Wayne Gacy.

À part lui, vous avez correspondu avec d'autres prisonniers, y compris des tueurs en série. Vous souvenez-vous de ce qui vous a poussé à entamer ces contacts épistolaires ? Et quelle forme prenaient ces lettres ? Y parliez-vous de sujets sérieux ou de ce qui vous passait par la tête ?
Sérieux, je ne sais pas, mais quand je correspondais avec Gacy, c'était dans l'idée de faire son portrait. Il connaissait mon tableau consacré à Manson et il m'a très clairement exprimé son refus. En revanche, il a fait mon portrait, que j'ai toujours. Il n'a jamais reconnu sa culpabilité, jamais admis qu'il était l'auteur de ces crimes. Et il détestait qu'on l'appelle John Wayne Gacy, il voulait qu'on l'appelle John Gacy.

J'ai ouï dire qu'il vous a témoigné du soutien lors d'un moment difficile de votre vie.
Vous faites sans doute allusion au décès de ma mère. Il m'a envoyé une carte de condoléances très touchante. Certains de mes plus proches amis ne m'ont pas contacté à ce moment. Je ne leur en veux pas, du reste. Et je ne m'attendais pas à ce que Gacy le fasse. Mais ça m'a touché. Il a fait un pas vers autrui. Et ça m'a fait penser que, tout monstre qu'il était, il pouvait cloisonner ses différentes facettes. Un peu comme le font des soldats ou des médecins pour faire ce que leur travail exige.

Nous avons évoqué une statue de cire, une lettre de confession authentique, votre correspondance personnelle avec des tueurs en série... Dans les années 1980-1990, vous fûtes l'un des premiers collectionneurs de murderabilia[2]. Comme vous le disiez, vous avez été élevé dans la tradition catholique irlandaise. Considérez-vous ces objets comme des reliques ?
J'ai débuté ma collection plus tôt, en fait, dans les années 1970. Mais oui, j'y vois des sortes de reliques sacrées, qui contiennent la partie la plus sombre de la condition humaine. C'est comme le yin et le yang, l'un ne va pas sans l'autre. Les tueurs en série sont le reflet inversé de tous ces saints qui ont souffert le martyre. Il y a la victime de l'outrage, et celui qui perpétue l'outrage. Et celui qui commet les atrocités est aussi un être humain tourmenté. Chaque histoire a de la valeur et représente une partie de ce qu'est l'humanité, même si la plupart des gens ne veulent pas le savoir. C'est un peu comme être en présence d'un malade du cancer. Les gens essaient d'en parler franchement, mais personne ne se sent vraiment à l'aise face au cancéreux. Pourtant, il faut bien les raconter, ces histoires. Il s'agit peut-être du cancer de la vie, de l'humanité, mais il fait partie de l'humanité et il doit être visualisé, exorcisé.

Certes. Mais que dites-vous de cette tendance qui s'est dessinée chez certains tueurs en série emprisonnés qui ont compris qu'il y avait de l'argent à se faire dans ce domaine ? Je pense à Richard Ramirez ou même Gacy, qui se sont mis à peindre ou monnayer leurs effets personnels.

C'est vrai. Mais ce faisant, et sans s'en rendre compte, ils nous révélaient des choses à leur sujet. Par exemple, Gacy peignait des tableaux des Sept Nains. J'en possède un. Les nains y ressemblent plutôt à des jeunes hommes, tels que ceux qu'il tuait. Les Sept Nains descendent à la mine. Comme Gacy qui enterrait ses victimes. Sur le tableau que j'ai chez moi, il y a des troncs d'arbre de forme phallique un peu partout. Tout cela pointe du doigt les crimes qu'il niait avoir commis, à l'époque. Ce tableau est une confession, peut-être pas intentionnelle, mais surgie du subconscient.

Il y a aujourd'hui une glamourisation, une mode autour du tueur en série. Quelques années auparavant, le succès de* Brokeback Mountain *avait poussé les acteurs hollywoodiens à se bousculer au portillon pour jouer un rôle d'homosexuel. On dirait que les serial killers suscitent à présent le même engouement. Je pense notamment à cette série consacrée à Ted Bundy sur Netflix, avec ce Zack Efron dans le rôle-titre[3]. Que pensez-vous de cette vogue du tueur en série sexy ?

Oui, c'est drôle. Je n'ai pas vu la série Netflix, mais je me souviens d'un autre film consacré à Ted Bundy, sorti assez peu de temps après les meurtres. C'était Mark Harmon[4] qui l'interprétait. Mais Bundy était assez bel homme, donc ce n'est pas si étonnant qu'on choisisse des acteurs séduisants pour l'interpréter. Personnellement, ça ne me choque pas. Une chose qui m'a déplu au cinéma, c'est la façon dont Martin Scorsese a assaini les petites histoires brutales et sordides racontées par Herbert Asbury dans son livre *The Gangs of New York*. Faire de Gallus Mag cette espèce de super-héroïne interprétée par Cara Seymour, ça n'a aucun sens.

Restons au cinéma, justement, en abordant votre légendaire affiche pour le film* Henry : portrait d'un serial killer. *Comment avez-vous été amené à la créer ?

Par l'intermédiaire du réalisateur du film, John McNaughton. Au milieu des années 1980, j'organisais des projections de films peu connus dans le Lower East Side, et c'est là que John et moi nous sommes connus et liés d'amitié. À l'époque, *Henry* n'avait pas de distribution digne de ce nom, et je l'ai donc projeté dans mon petit festival permanent. John a fini par trouver un très bon producteur qui lui a permis de sortir le film, et il a proposé qu'on me confie l'affiche du film. Ce n'est pas un domaine qui me tente, d'ordinaire, mais étant donné que je voulais soutenir John et son film, j'ai accepté. Et quand l'affiche est sortie, ils ont reçu des plaintes pour obscénité, et il a fallu la remplacer par une photo extraite du film. Aujourd'hui, les tirages de la première affiche sont très rares... Moi-même, je n'en ai que quelques-uns.

Êtes-vous toujours en contact avec des tueurs emprisonnés ?

Ma foi non, mais je corresponds toujours avec le grand Charles Salvador (que l'on surnomme parfois Charlie Bronson[5]), qui n'est pas un tueur, mais que la presse locale appelle « le prisonnier le plus violent de Grande-Bretagne ». C'est un peintre et un écrivain au talent fantastique. Vraiment unique ! Nous correspondons depuis de nombreuses années.

En ce moment, travaillez-vous sur quelque chose en rapport avec notre sujet ?

On peut dire ça de ma dernière toile, oui. C'est un portrait de Swift Runner (Coureur Rapide), un trappeur et guide amérindien qui vivait au Canada dans les années 1800. Il s'est dit possédé par l'esprit démoniaque du Wendigo, lorsqu'il a tué et dévoré sa famille. Pour me documenter, j'ai visité le Fort Saskatchewan à Alberta, au Canada. C'est là qu'il fut jugé et exécuté. J'ai aussi visité le musée Glenbow à Calgary, pour observer les artefacts de cette période. J'ai même eu accès au plastron qu'avait porté Swift Runner. ■

Notes :

1. Pour en savoir plus sur Albert Fish et Fredric Wertham, voir Jean-Marc Lainé & Thierry Olivier, *Fredric, William et l'Amazone*, Comix Buro/éditions Glénat, 2020.
2. Voir l'article de Tom G. Wolf dans ce numéro.
3. Autre exemple récent : Ross Lynch, égérie des préadolescentes et membre du groupe de pop rock R5, qui joue le rôle-titre du film *Mon ami Dahmer*, d'après la BD de Derf Backderf (VF sortie en 2013 aux éditions Çà et Là) – NDLR.
4. Alias Gibbs dans *NCIS : Enquêtes spéciales*. Harmon fut nommé « homme le plus sexy du monde » par le magazine *People* en 1986 – NDLR.
5. Il a inspiré le film *Bronson* (2008) de Nicolas Winding Refn, où il est interprété par Tom Hardy. – NDLR.

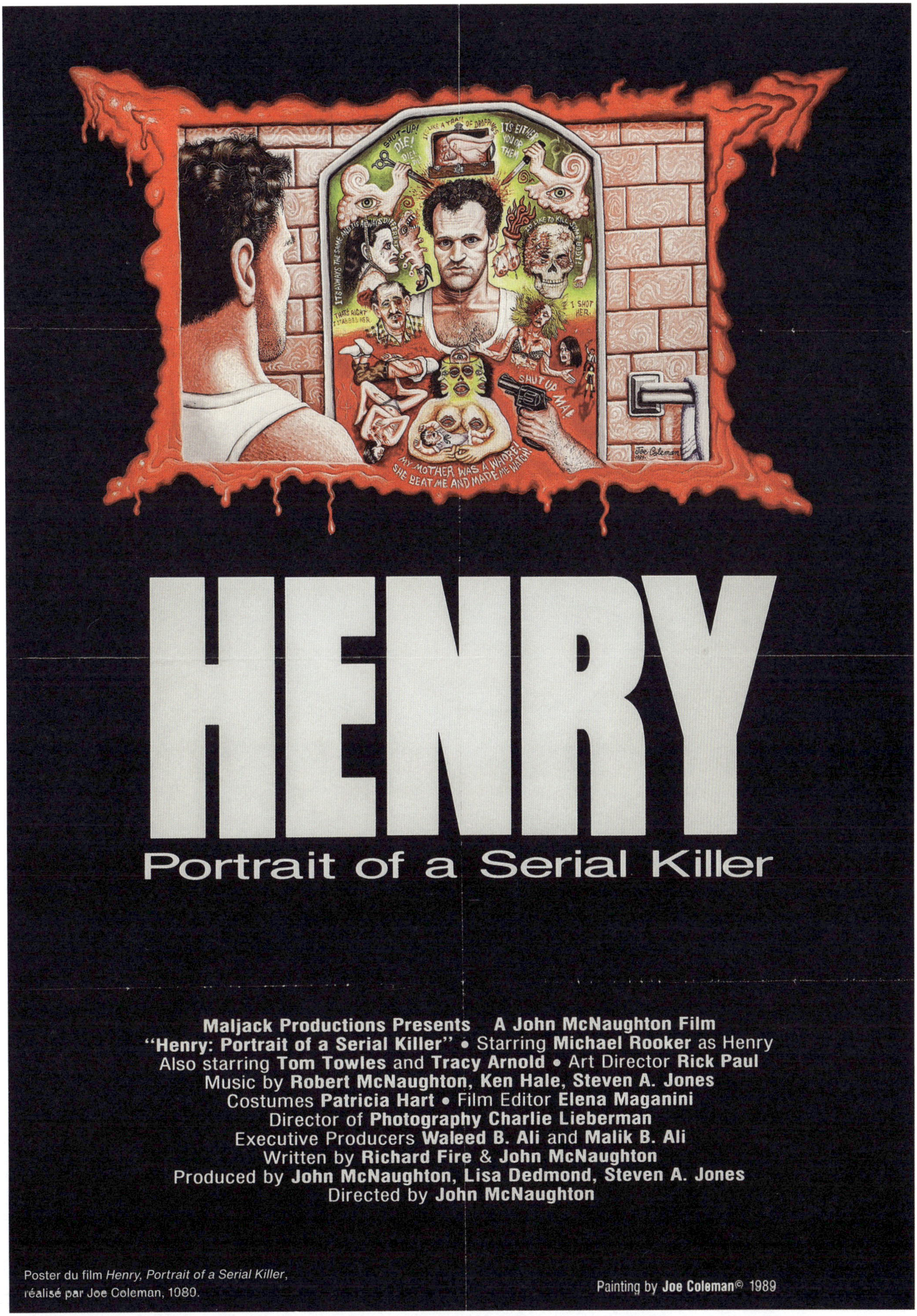

Poster du film *Henry, Portrait of a Serial Killer*, réalisé par Joe Coleman, 1080.

Autoportrait de John Wayne Gacy en clown.

John Wayne Gacy, le clown tueur

ou la naissance de la *murder mania*

Par Tom G. Wolf | Traduction : Jérôme Wicky

La figure du tueur en série exerce un étrange magnétisme sur une partie du grand public. Ses crimes inspirent répulsion et fascination ; ses motivations sont souvent incompréhensibles, y compris par lui-même dans certains cas. Et pourtant, il y a toujours des gens pour se sentir attirés par l'apparente complexité de ces personnages et par la nature horrible de leurs crimes. Le professeur Scott Bonn, dans les pages de la revue *Psychology Today*, analyse ainsi ce phénomène : « À bien des égards, les [histoires de] tueurs en série sont pour les adultes ce que les films de monstres sont pour les enfants, c'est-à-dire un moyen de s'amuser à se faire peur ! Cependant, le plaisir qu'un adulte tire de cette expérience peut être difficile à admettre, et même provoquer un sentiment de culpabilité. »

De quand date la naissance du « récit de crime authentique » comme genre littéraire, au juste ? Peut-être de la Rome antique, si l'on prend pour exemple Suétone, qui dans sa *Vie des douze Césars* ne lésine pas sur les détails sanglants pour décrire les exactions de Caligula ou Néron. Dès le XVe siècle circulent en Allemagne des brochures illustrées de gravures détaillant l'activité favorite de Vlad l'Empaleur. Plus près de nous, la presse victorienne du XIXe traite la vague de meurtres du mystérieux Jack l'Éventreur comme un feuilleton. Mort en 1952, le criminologue amateur William Roughead (qui influencera la romancière Joyce Carol Oates) a dressé un compte-rendu de tous les meurtres importants survenus en Écosse entre 1889 et 1949. Et comment oublier *De sang-froid* (1966), roman de Truman Capote basé sur un fait divers réel ? Mais il ne serait pas exagéré de dire que la pierre de voûte de cette littérature sous sa forme moderne est le livre *Helter Skelter*, publié en 1974. L'ouvrage, qui retrace l'histoire de Charles Manson et de sa « famille », se distingue de la compétition par le pedigree de l'un de ses auteurs. Car Vincent Bugliosi Junior n'est autre que le procureur chargé d'instruire le procès de Manson. *Helter Skelter* remporte un succès immédiat et inspire aussitôt des imitations. Dans les décennies qui suivront, on lui reprochera d'être sensationnaliste et approximatif, mais il demeure un classique du genre et se vend toujours bien de nos jours.

Quoi qu'on en dise, tout porte à croire que les histoires de meurtres fascinent le grand public. Mais comme le signale le professeur Bonn, cette attirance comporte une facette des plus sombres. On a souvent accusé les récits criminels de renforcer et d'attiser les plus sombres désirs des esprits faibles et influençables. Certes, les raisons qui poussent un individu à passer à l'acte sont complexes, et dépassent le cadre de cet article. Mais il faut bien constater que de nombreux tueurs en série ont puisé leur inspiration dans les exactions de leurs prédécesseurs. Des magazines spécialisés dans les histoires de crime authentique figuraient parmi la répugnante collection d'Ed Gein. Dennis Rader a lui-même expliqué combien l'avait inspiré le récit des meurtres d'Harvey Glatman, dit le « Glamour Girl Slayer », qu'il avait lu dans une des revues de son père. Peu avant son exécution, Ted Bundy mettait sur le dos des histoires de crime et de la pornographie sa longue carrière de violeur et d'assassin.

Bien sûr, il convient de noter que les amateurs de récits de crime, dans une écrasante majorité, ne deviennent pas systématiquement criminels. En ce qui concerne l'anecdote de Bundy, on peut se demander si sa condamnation subite de ses anciennes passions ne serait pas un ultime pied-de-nez à des croisés de la morale tels que le psychologue James Dobson, fondateur de l'association évangélique Focus on the Family. En tout cas, la prolifération des tueurs en série dans la culture pop, qu'ils soient réels ou fictifs, semble suggérer

La voiture d'Ed Gein, le boucher de Plainfield, placée dans une foire.

que le « sentiment de culpabilité » évoqué par Bonn ne nous étouffe pas. L'exploitation des crimes réels est devenu une industrie, avec ses livres, ses documentaires, ses podcasts, sa musique, ses jeux de plateau, ses cartes à collectionner, et ses sites de VPC permettant de consommer tous ces biens et beaucoup d'autres. Même ce que l'on porte peut être marqué par cette passion macabre : l'effigie de Charles Manson, Jeffrey Dahmer ou Ed Gein orne T-shirts, badges et patchs disponibles sur la toile.

Une collection mortelle

Pour la plupart des aficionados, une consommation régulière de livres ou de séries télévisées suffira à satisfaire leur passion du sujet. Mais il existe une sous-catégorie du merchandising qui s'est développée pour

> La *murderabilia* s'est développée pour répondre aux demandes des fans les plus extrêmes

répondre aux demandes des fans les plus extrêmes : les *murderabilia*. Le terme est l'invention d'Andy Kahan, directeur du bureau municipal des victimes d'actes criminels à Houston et fervent adversaire du phénomène. Il désigne tous les objets ayant appartenu ou été fabriqués par d'authentiques tueurs en série, meurtriers de masse ou autres auteurs de crimes violents. Vêtements, effets personnels, dessins, photos, disques, et même, oui, les armes des crimes deviennent alors articles de collection. Cependant, ces « souvenirs de meurtre[1] », au fil du temps, ont fini par ignorer leur origine étymologique pour inclure tout ce qui concerne l'univers de la délinquance et de l'incarcération. On trouve par exemple des gens pour collectionner la correspondance de Martha Stewart, célèbre présentatrice et éditrice condamnée à cinq mois de prison pour délit d'initié. Comme avec tous les hobbies, les raisons que l'on a de collectionner les *murderabilia* sont diverses. Certains le font par goût pour l'histoire, d'autres y voient l'extension naturelle de leur intérêt pour la criminologie, et certains même prétendent acheter des articles controversés pour éviter qu'ils deviennent objet de spéculations auprès du grand public. Enfin, il y a ceux que ça éclate de posséder une chose chargée d'une telle histoire macabre.

Gacy et son autoportait.

Cette industrie remonte bien avant l'époque où Andy Kahan lui donna son nom. On peut citer les traditions occultes impliquant la possession d'organes prélevés sur les corps des criminels exécutés, comme la fameuse « main de gloire » momifiée. Les cabinets de curiosités apparus en Europe pendant la Renaissance, selon les intérêts particuliers du collectionneur, peuvent aussi s'apparenter aux futurs *murderabilia*. Et les foires à monstres américaines du XXe siècle ne rechignent pas à exposer des objets en rapport avec des meurtres, voire des restes humains... pour le prix d'un ticket.

Un des exemples les plus fameux est l'automobile d'Ed Gein (qui inspirera par ailleurs le nom d'un groupe punk des années 1980, Ed Gein's Car), exposée au public pendant un certain temps par Bunny Gibbons, à la tête d'une troupe de forains originaire de l'Illinois. C'est en 1958, un an après l'arrestation de Gein, que Gibbons achète son véhicule aux enchères, saisissant rapidement son potentiel marchand. Pour la somme modique de 25 cents, les badauds peuvent alors s'offrir un souvenir d'une journée mémorable à la foire, pris en photo au volant de cette berline Ford 1949. L'attraction verra passer plusieurs milliers de curieux avant que les plaintes du grand public ne la fasse fermer, faisant ainsi sombrer Gibbons dans l'oubli.

Mais ces exemples n'expliquent guère le formidable essor des *murderabilia* de l'ère moderne. Pour mieux le comprendre, il faut nous pencher sur le cas d'un des plus célèbres tueurs en série du siècle dernier : John Wayne Gacy.

Pogo le Clown

Nous n'allons pas vous infliger le détail des crimes répugnants de John Wayne Gacy, maintes fois racontés dans d'autres ouvrages. Pour faire court, entre 1972 et 1978, Gacy s'adonne au viol et au meurtre de trente-trois adolescents et jeunes hommes. Pendant cette période, il passe pour un véritable pilier de sa communauté, homme d'affaires couronné de succès et membre local de la Jeune Chambre Internationale, une situation qui lui permet d'approcher ses victimes sans susciter la méfiance. Le massacre s'achève lorsque Gacy est suspecté dans l'enquête sur la disparition de Robert Piest,

Exposition des œuvres de Gacy à la galerie Lethal Amounts de Los Angeles en 2018.

15 ans. La fouille de sa maison de Cook County, dans l'Illinois, révèle rapidement l'étendue de ses crimes : la plupart des victimes sont enterrées dans le sous-sol. Amateur d'humour noir, Gacy déclare alors qu'il n'est coupable « que de gérer un cimetière sans autorisation ».

Deux détails rangent l'histoire de Gacy à part dans la catégorie des tueurs en série, au-delà de son mode opératoire particulièrement révoltant et du nombre de ses victimes. Le premier, c'est sa propension à porter le déguisement d'un clown qu'il baptise lui-même « Pogo ». Il existe ainsi un grand nombre de photographies de lui dans cet attirail, profondément intrigantes quel que soit leur contexte. Le plus inquiétant, c'est que Gacy sera plusieurs fois engagé pour jouer les clowns lors des anniversaires des enfants de son quartier. Le deuxième détail troublant, c'est qu'après son incarcération, Gacy se met à peindre, pour passer le temps. Ses tableaux, réalisés dans un style primitif évoquant l'art folklorique, sont identifiables au premier coup d'œil. Et ils vont contribuer fortuitement à la naissance des *murderabilia* modernes.

Les toiles de Gacy ne susciteraient la curiosité de personne si elles n'étaient l'œuvre d'un monstre notoire

Malgré son manque de technique, Gacy n'hésite pas à aborder une grande variété de sujets : personnages de Disney, base-ball, corps nus formant des crânes humains en trompe-l'œil, le chanteur punk G.G. Allin, et ses collègues criminels Charles Manson et Ed Gein. Par deux fois, il a même représenté un autre célèbre clown tueur, fictif celui-ci, le Pennywise du fameux roman de Stephen King, *Ça* (1986). Mais parmi ses œuvres encore existantes, les plus connues sont ses autoportraits. Généralement représenté en tenue de Pogo le Clown, Gacy présente une image profondément dérangeante, dont le sourire aux traits naïfs contraste avec l'horrible vérité intérieure.

À l'instar des aquarelles d'Hitler, les toiles de Gacy ne susciteraient la curiosité de personne si elles n'étaient l'œuvre d'un monstre notoire. Mais la combinaison de leur origine, de leur style particulier, et de leurs sujets souvent dérangeants suffit à attirer l'attention du monde extérieur, et Gacy ne tarde pas à recevoir des commandes. Depuis sa cellule, il dirige ainsi une petite entreprise florissante, jusqu'à ce que de nouvelles lois promulguées au milieu des années 1980 lui interdisent (ainsi qu'à ses imitateurs) de tirer un bénéfice de ce hobby. Étant donné la prolifération des toiles de Gacy sur le marché, on peut douter de l'efficacité de ces mesures.

Les premières ventes sont apparemment conclues par Stephen Koschal, qui se voit confier cette tâche après avoir écrit à Gacy, tout simplement. Vendeur de souvenirs en tout genre, Koschal, qui estime avoir vendu environ 150 toiles signées Gacy, suscite la controverse. Parmi ses exploits les plus douteux, il convainc plusieurs célébrités du monde du base-ball de signer une toile de Gacy représentant les sept nains face aux Chicago Cubs... sans jamais les informer de l'identité du peintre.

On ne s'étonnera pas que la nouvelle carrière de Gacy engendre la colère des groupes de défense de victimes et du grand public en général. Peu après son exécution, deux hommes d'affaires, Joseph Roth et Walter Knoebel, réunissent un éventail d'œuvres de Gacy et d'objets de collection le concernant pour une somme de 10 000 dollars. Mais leur objectif est tout sauf spéculatif : la collection chèrement payée sera publiquement jetée au bûcher, dans un acte cathartique destiné à soulager les victimes et la ville de Chicago tout entière. Le geste, toutefois, n'aura que peu d'effet au long terme : les toiles de Gacy circulent toujours en grand nombre, qu'il s'agisse d'enchères publiques ou de transactions entre collectionneurs. Volontairement ou pas, le clown tueur a contribué à démontrer combien les *murderabilia* peuvent être lucratifs, que ce soit pour les criminels ou les revendeurs.

Par-delà la tombe

Rétrospectivement, il n'est peut-être pas si étonnant que le hobby de Gacy ait attiré l'attention sur la production artistique ou littéraire d'autres personnages à l'aura macabre, comme les chansons de Charles Manson, les toiles d'Henry Lee Lucas (qui inspira le film *Henry, portrait d'un serial killer*) ou les textes culinaires du cannibale Issei Sagawa. Un exemple particulier est celui de Jack Kevorkian, non pas tueur en série à proprement

parler, mais médecin et chantre de l'euthanasie, plusieurs fois poursuivi pour avoir aidé ses patients incurables à abréger leurs souffrances.
Ses condamnations feront monter la cote de ses œuvres musicales et picturales, nettement plus sophistiquées que celles du peintre tueur de base (en dépit d'une imagerie fort peu subtile), sans doute parce qu'il les a créées en liberté, avec un matériel plus adéquat.

L'éventail de produits disponibles s'est considérablement élargi avec le temps. Au-delà des articles « conventionnels » (faute d'un meilleur terme) tels que les habits, les livres, la correspondance, les photographies, les œuvres picturales ou la musique, certains prisonniers imaginatifs réussissent à vendre des produits aussi incongrus que leurs propres rognures d'ongles.
On peut y voir un dérivé malsain de l'ancienne pratique de la vénération des reliques des saints, jadis source de gains considérable pour l'Église catholique.

Mais la création et la vente de *murderabilia* ne sont pas sans adversaires. Avant même le cas Gacy, la législation américaine se penche sérieusement sur la question d'une telle industrie. Dès 1977, l'État de New York fait passer une loi à la suite de la capture de David Berkowitz (dit « le fils de Sam »), dans le but d'empêcher les criminels de tirer profit de leur notoriété, notamment via un contrat littéraire. Mais cette tentative aura des résultats peu probants. En 1991, la Cour suprême des États-Unis la déclare anticonstitutionnelle, après un procès intenté par l'éditeur Simon & Schuster.
La Cour prend sa décision dans les termes suivants :

« La loi telle qu'elle est formulée ne se contente pas de remplir l'objectif de l'État de New York, qui est d'apporter aux victimes une compensation monétaire. Elle est ouverte à trop d'interprétations : parce qu'elle s'applique aux œuvres, quel qu'en soit le sujet, du moment qu'elles expriment les pensées ou souvenirs de l'auteur à propos de son crime, même de façon tangente ou incidente ; et parce que sa définition imprécise d'un "individu coupable de crime" permettrait à un comité de mettre sous séquestre les sommes dues à un auteur qui admettrait avoir commis un crime dans ses écrits, qu'il ait été ou non accusé ou condamné. »

On continue de surnommer « loi du fils de Sam » toute loi, règle ou clause qui tente d'empêcher que le crime paie. Comme on s'en doutera, les lois les plus récentes se focalisent davantage sur la fabrication et vente de *murderabilia* que sur le volet strictement littéraire.
Dès 2001, eBay interdit la vente de tels produits sur sa plateforme, et plusieurs États suivent la même voie, dont le Texas, la Californie, le New Jersey, le Michigan et l'Utah.

L'industrie des *murderabilia*, si elle continue d'attiser la controverse, demeure toutefois florissante à travers tout un éventail de sites spécialisés qui opèrent au grand jour. Et les grands médias relaient à intervalles réguliers la vente de tels objets liés aux affaires les plus notoires. Ainsi de la mort de l'adolescent afro-américain Trayvon Martin en 2012, à la suite d'une altercation avec un surveillant de voisinage, George Zimmerman.
Quatre ans plus tard, ce dernier vend l'arme qui lui servit à tirer sur Martin pour 250 000 dollars. La cour l'ayant jugé innocent, on peut discuter l'usage du terme *murderabilia* stricto sensu… même si le taux de mauvais goût reste ici dans des mesures similaires.

Et comment passer outre l'impact de cette culture du caniveau sur les autres sous-cultures ? John Waters, chantre du cinéma trash, exprime son admiration pour les tableaux de Gacy dans une interview de 2014 en compagnie de Johnny Depp, qui le rejoint sur ce point.

Exposition des œuvres de Gacy à la galerie Art Factory de Las Vegas en 2011.

Le chanteur du groupe Korn, Jonathan Davis, aura sa période de collectionnite, et songera même à ouvrir un musée du crime. Le guitariste Dave Navarro affirme posséder plusieurs toiles de Gacy, dont une offerte par Marilyn Manson. Le groupe de metal Acid Bath, qui ne recule jamais face à la controverse, utilise un des autoportraits de « Pogo », puis une toile du docteur Kevorkian pour les pochettes de deux de ses albums en 1994 et 1996.

Tout porte à croire que les *murderabilia* continueront d'exister sous une forme ou une autre. Les modes de distribution changeront certainement, mais pas les débats éthiques autour de la pratique. Car dans ces États-Unis qui ne cessent de placer le droit de porter une arme à feu au-dessus du droit de vivre heureux, comment pourrait-on clore la discussion en taxant d'anormal ou de dangereux l'individu qui se contente de collectionner les rognures d'ongles d'un désaxé ? Tout juste pourra-t-on signaler que parmi les passionnés d'affaires criminelles, les collectionneurs de *murderabilia* sont ceux qui ont le plus d'argent à dépenser.

Toute conviction personnelle mise à part, on ne peut que faire ce triste constat : en général, la mémoire humaine retient plus facilement le nom des meurtriers que celui des victimes. Même sans se passionner pour le sujet, le quidam moyen sera vaguement au courant de l'existence du clown tueur, sans pouvoir nommer un seul des garçons qu'il enterra sous sa maison.

Les défenseurs des droits des victimes estiment que le commerce des *murderabilia* glorifie les crimes les plus atroces et aggrave la peine des familles et des survivants. Mais comment trancher entre le respect de la mémoire des morts et la liberté d'expression ? La tradition américaine défend farouchement celle-ci, qui s'accompagne à un certain degré du droit à l'offense. Il est peu probable que ce commerce soit jamais soumis à une interdiction pure et simple : comment légiférer à ce sujet en étant sûr d'éviter des dommages collatéraux dans les domaines du cinéma d'horreur ou du documentaire ?

John Wayne Gacy est exécuté par injection létale en 1994, sans jamais s'être repenti. Dans ses dernières paroles, il invitera crânement le monde à lui lécher le cul. Lui qui aimait tant tourner en dérision l'atrocité de ses actes aurait sans nul doute tiré un vif plaisir de sa célébrité posthume, et des querelles juridiques qui en ont découlé.

Note :

1. *Murderabilia* est un mot-valise composé du mot latin *memorabilia* (« souvenirs ») et du mot anglais *murder* (« meurtre ») – NDT.

Les agents du FBI Holden Ford (Jonathan Groff) et Bill Tench (Holt McCallany).

MINDHUNTER

le mal droit dans les yeux

Texte de Philippe Guedj (propos recueillis par l'auteur)

En deux saisons sur Netflix, la série de David Fincher sur la naissance du profilage au FBI a pulvérisé les codes du genre en décryptant la psyché des tueurs en série. Une approche ultraréaliste, efficace mais à haut risque.

« Dans *Mindhunter*, il ne s'agit pas d'explorer seulement le travail des agents du FBI, mais les tueurs en série eux-mêmes. Le plus dur a été de chercher à comprendre les motivations psychologiques de ces types qui commettent des crimes horribles, sadiques, brutaux, inimaginables. Et on ne comprend pas. » On ne comprend pas… Costar de la série, dans la peau de l'agent fédéral Bill Tench, Holt McCallany, 57 ans, n'a pourtant pas ménagé sa peine pour préparer son rôle et scruter, pour de vrai, les prédateurs. Consciencieux jusqu'à l'obsession, McCallany a dévoré une vingtaine de livres sur le thème, rencontré plusieurs agents du FBI et même, au pénitencier de Vacaville, Californie, discuté longuement avec Robert « Bobby » Beausoleil, l'un des adeptes de la secte de Charles Manson. « On se parle encore régulièrement au téléphone. J'ai aussi essayé de rencontrer Edmund Kemper ["l'Ogre de Santa Cruz", coupable d'une dizaine de meurtres entre 1972 et 1973, incarné dans *Mindhunter* par l'incroyable Cameron Britton - NDLR]. Mais, à 72 ans, c'est un homme très abattu et fatigué, il se déplace en fauteuil roulant et ne veut plus voir personne », nous confie McCallany depuis Toronto. Pour l'acteur, les serial killers resteront à jamais ces fauves intouchables, insondables, démons avec lesquels il est finalement préférable de rester à bonne distance.

Créée par David Fincher et Joe Penhall pour Netflix en 2017, sur la base d'une idée de l'actrice-productrice Charlize Theron remontant à 2009, *Mindhunter* s'inspire d'une histoire vraie : l'invention, à la fin des années 1970, des techniques modernes de profilage des tueurs en série, au sein de l'Unité des sciences du comportement du FBI, à Quantico (Virginie). À l'époque, l'Amérique est toujours hantée par l'affaire (non résolue à ce jour) du tueur du Zodiaque, qui terrifia la région de San Francisco entre 1968 et 1978, tandis que les polices locales restent désemparées par cette forme de criminalité ultraviolente, sans autre mobile apparent que la démence des assassins, et qui semble en progression constante depuis l'après-guerre. Dans le premier épisode de *Mindhunter*, qui débute en 1977, un instructeur du FBI résume bien le topo face aux recrues : « Il y a quarante ans, le Bureau s'est retrouvé à traquer John Dillinger, Baby Face Nelson, Machine Gun Kelly… Ces criminels faisaient des pieds de nez à la société mais leur but restait de se remplir les poches. Aujourd'hui, nous avons de la violence extrême entre inconnus. Que faire quand le motif est insaisissable ? »

À l'origine de *Mindhunter* : l'agent fédéral John Douglas

C'est toute la question qui traverse de part en part le récit de *Mindhunter*, passionnante plongée dans les arcanes mentaux des pires assassins en série de l'époque. L'intrigue s'articule autour de l'agent spécial expert en négociation d'otages Holden Ford

(Jonathan Groff), son binôme Bill Tench (Holt McCallany) et la psychologue universitaire de Boston Wendy Carr (Anna Torv). Trois pionniers qui, entre leur travail de terrain, leurs entretiens en prison avec les plus célèbres serial killers de l'époque et l'aide de la psychanalyse, vont créer pour le FBI une véritable méthodologie pour tenter de comprendre le fonctionnement des meurtriers – et permettre de mieux pister ceux qui sont toujours en liberté. Dans la vraie vie, les personnages de Ford, Tench et Carr ont été sculptés à partir d'agents fédéraux bien réels : John Douglas, Robert Ressler (décédé en 2013, il inventa l'expression « tueur en série ») et la psychologue Ann Wolbert Burgess. C'est un best-seller de John Douglas qui a fourni à la série sa colonne vertébrale : *Mindhunter: Inside the FBI's Elite Serial Crime Unit,* autobiographie initialement publiée en 1995, au moment du départ en retraite de l'intéressé. Jusqu'au milieu des années 1980, en compagnie de Ressler, Douglas sillonna des centaines de villes à travers l'Amérique pour évangéliser les flics locaux sur la psychologie de ces criminels pathologiques, tout en interviewant en prison les plus célèbres d'entre eux : Ed Kemper, Ted Bundy, Richard Speck, David « le Fils de Sam » Berkowitz, Jerry Brudos, John Wayne Gacy... ou encore la mégastar Charles Manson, qui n'est pas un meurtrier en soi mais fut reconnu coupable, en 1971, d'avoir commandité le massacre de l'actrice Sharon Tate et de quatre de ses amis à Los Angeles, deux ans plus tôt. Les travaux de Douglas, Ressler et Burgess permirent d'appréhender certains assassins tels que le tueur raciste et antisémite Joseph Paul Franklin en 1980 ou encore Wayne Williams, condamné en 1981 pour le meurtre de deux adultes mais très fortement soupçonné d'être aussi l'auteur d'au moins 23 des 30 meurtres d'enfants commis à Atlanta, entre 1979 et 1981.

Extrêmement médiatisée, cette terrible affaire, relatée dans la saison 2 de *Mindhunter*, attira les projecteurs sur Douglas et Ressler. L'écrivain Thomas Harris, pour ses romans *Dragon rouge* et *Le Silence des agneaux*, s'est largement inspiré de John Douglas pour imaginer l'agent Jack Crawford – incarné au cinéma par Scott Glenn dans le film triomphal de Jonathan Demme en 1991. Dans *Esprits criminels*, les agents Gideon et Rossi (joués respectivement par Mandy Patinkin et Joe Mantegna) ont eux aussi été écrits à partir de Douglas, tout comme le Will Graham de la série *Hannibal*. Autant de versions fantasmées de ces super-flics et des tueurs en série, vivement critiquées à ce titre par John Douglas – même *Seven* de David Fincher, un film qu'il dit pourtant adorer, n'a selon lui « rien à voir avec la réalité ». Adaptation officielle de l'autobiographie de Douglas, qui a signé aussi un contrat de consultant sur la série, *Mindhunter* privilégie pour sa part un traitement le plus réaliste possible, proche de l'ascèse. Pas de coups de feu, pas de portes enfoncées, pas de scènes de poursuite ni de méchant opératique... Réalisé au millimètre près (Fincher en a signé 7 sur les 19 que compte la série), baignant dans une atmosphère anxiogène palpable, chaque épisode repose essentiellement sur de longues et intenses scènes de dialogues, qui décryptent minutieusement la psychologie des tueurs en série mais aussi du trio Ford/Tench/Carr, forcément impacté par ses missions. Visuellement et thématiquement proche de *Zodiac* (2007), le chef-d'œuvre de Fincher inspiré de la célèbre affaire, *Mindhunter* intercale des enquêtes glauques avec de puissantes séquences d'interrogatoire en prison avec les VIP du meurtre en série : Ed Kemper, Montie Rissell, Jerry Brudos et Richard Speck en saison 1 ; David « Son of Sam » Berkowitz, William Junior Pierce, William Henry Hance, Charles Manson ou encore Paul Bateson en saison 2.

« Mon interview avec Richard Speck fut bien plus spectaculaire que dans la série ! » John Douglas

Toutes ces interviews, orchestrées comme autant de parties d'échecs mentales, offrent évidemment à la série ses plus grands moments. Dans le 2e épisode de la 1re saison, on n'est pas près d'oublier les trois entretiens entre Holden Ford et le terrifiant Ed Kemper, campé par le formidable Cameron Britton. Organisée en solo par Ford sans en toucher mot à sa hiérarchie (John Douglas a procédé de même dans le réel) et en l'absence de Bill Tench qui juge le procédé douteux et dangereux (il changera d'avis après), la première rencontre avec l'Ogre de Santa Cruz impressionne

Les agents font face à David Berkowitz (Oliver Cooper).

autant qu'elle éblouit par sa mise en scène.
Tendez l'oreille pour apprécier une bande-son soulignant habilement la puissance physique menaçante du tueur (bruits des chaînes, des pas, craquement de la chaise sur laquelle s'assoit Kemper...), alors que ce dernier se montre étonnamment courtois et spirituel. Jouant le jeu de son interlocuteur, Ford marche sur un fil ténu au-dessus du précipice en établissant avec lui une connexion personnelle... Contacté pour les besoins de cet article, John Douglas confirme la fidélité de la scène à la réalité : la connivence, la flatterie, l'illusion de la complicité étaient alors les seuls moyens d'amadouer les monstres, quel qu'en soit le prix à payer : « Quand j'ai rencontré David "Son of Sam" Berkowitz, je lui ai dit : "David, dans cent ans, plus personne ne saura qui je suis, mais tout le monde se rappellera encore du Fils de Sam." Je lui ai alors expliqué qu'un tueur en série sévissant à Wichita envoyait à la presse des lettres en s'autobaptisant "BTK" ["Bind, Torture, Kill", pour "Ligoter, Torturer, Tuer" – NDLR], et dans lesquelles Berkowitz était cité comme modèle. "Il veut être comme vous, David !" lui ai-je dit. Ses yeux bleus se sont soudainement illuminés et le Fils de Sam s'est mis à nous parler de ses meurtres, de ses motivations... On a brisé la glace comme ça. »
Dennis Rader, le BTK Killer qui ne sera arrêté qu'en 2005 (!), apparaît tout au long de *Mindhunter* lors de glaçantes séquences prégénériques montrant la genèse progressive de son passage à l'acte, mais sans jamais le désigner nommément.

John Douglas usa aussi d'empathie pour apprivoiser Richard Speck (tueur de huit infirmières en 1966, il apparaît dans le 9e épisode de la saison 1) : « Mon interview avec lui a été bien plus spectaculaire que dans la série ! Speck était un balèze d'1,90 m, hideux, le visage recouvert de cicatrices et d'acné. Quand il m'a vu arriver, il a déchaîné ses insultes sur moi. J'étais avec son avocat et lui dans cette cage, après avoir traversé quatre niveaux de sécurité.
Je lui ai tourné le dos, je l'ai totalement ignoré et j'ai dit à son avocat : "Je ne sais pas ce que Richard mange au petit déj', mais comment a-t-il fait pour baiser toutes ces infirmières ?" Speck s'est marré et m'a répondu : "Toi tu es vraiment taré, ta place est ici avec moi !" J'avais brisé le mur entre nous, il s'est mis à me parler comme si nous étions des amis et j'ai beaucoup appris

Entretien avec Edmund Kemper (Cameron Britton).

avec lui. Face aux tueurs, il ne faut montrer aucune peur, ni intimidation mais il faut en même temps les laisser croire qu'ils ont le contrôle. Même chose face à Manson, je voulais qu'il me voie comme un ami digne de confiance. J'ai fait en sorte que notre rencontre ne soit pas un interrogatoire, mais une conversation. D'ailleurs, contrairement à ce qu'on voit dans la série, à part mon premier entretien avec Kemper, je me suis vite passé d'enregistreur. Je ne prenais même pas de notes, pour pouvoir toujours les regarder droit dans les yeux. »

« J'ai senti la rage me gagner pendant la scène d'entretien avec Charles Manson. » Holt McCallany

Dans la série, cette danse avec le diable imprudemment menée par l'agent spécial Ford finira par le consumer lorsque, dans l'épilogue de la saison 1, le super-flic s'effondre sous l'effet d'une crise de panique tétanisante, après un ultime entretien sans filet (ni son collègue Tench) avec Ed Kemper, dans une chambre d'hôpital sécurisée. Dans le réel, John Douglas a bel et bien frôlé la mort à la suite d'un burn out dévastateur en 1983, dans sa chambre d'hôtel à Seattle, produisant une attaque similaire à celle de son alter ego dans *Mindhunter* et qui l'a plongé une semaine dans le coma – mais rien à voir avec Kemper. Dans la saison 2, alors que Ford recouvre lentement ses moyens, les scénaristes zooment davantage sur la vie privée de Bill Tench qui va, à son tour, payer un lourd tribut à cette immersion dans la tête des tueurs. Accaparé par l'insoluble et

déchirante affaire des meurtres d'enfants d'Atlanta, Tench ne se rend pas assez disponible pour sauver son mariage, ni pour s'occuper de son fils adoptif Brian qui, de surcroît, développe d'inquiétantes pathologies mentales après avoir été impliqué dans le meurtre d'un enfant de 20 mois. Encore une invention des scénaristes (dans la vraie vie, l'agent spécial Robert Ressler, père de trois enfants sans problème, est resté marié jusqu'à sa mort), mais qui offre à Holt McCallany de puissantes scènes d'introspection : « J'ai beaucoup pensé à la propre façon dont ma mère avait quitté mon père, quand j'avais 6 ans, pour le final de *Mindhunter* où Tench retrouve sa maison vide. Les auteurs ont pris des libertés avec les personnages incarnés par Jonathan Groff, Anna Torv et moi-même mais jamais avec les tueurs. Là, tout est authentique, Kemper était exactement comme ça. Manson aussi. »

À force de réalisme et d'immersion dans son personnage, McCallany s'est lui aussi parfois laissé rattraper par le côté obscur : « Lors de la scène de l'interrogatoire de Manson, j'ai ressenti moi-même la rage viscérale de Bill Tench envers cet homme dépravé qui est à l'opposé extrême de ses valeurs conservatrices. Damon Herriman (l'interprète de Charles Manson dans *Mindhunter*, mais aussi dans *Once upon a Time in... Hollywood* de Tarantino !), après six heures de maquillage prosthétique, ressemblait trait pour trait à Manson et ses répliques m'ont fait sortir de mes gonds. Pendant la scène, j'étais tellement en colère que je sentais des spasmes musculaires involontaires sur mon visage, mon cou... Même Jonathan Groff commençait à me regarder bizarrement mais quand j'ai senti ces émotions, je n'ai pas essayé de les contrôler. » Mise en scène par Andrew Dominik, la séquence aura nécessité deux jours de tournage pour dix minutes à l'écran, étourdissantes de tension, où le mal incarné par Manson renvoie à ses propres responsabilités la société traditionaliste incarnée par Tench.

Mindhunter est basée sur la réalité et n'oublie jamais les victimes

La dualité fréquente entre Ford et Tench (miroir d'une rivalité bien réelle qui s'immisça entre Douglas et Ressler à mesure que leur notoriété grandissait) repose sur un débat qui les divise régulièrement : tenter de comprendre le mal au-delà d'un certain point, n'est-ce pas prendre le risque de l'excuser, voire le rendre séduisant ? Pour Holt McCallany, *Mindhunter* est à ce titre irréprochable : « La différence par rapport à d'autres fictions, c'est que *Mindhunter* est basée sur la réalité et n'oublie jamais les victimes. Quand nous consacrons la saison 2 à cette horrible affaire des meurtres d'enfants d'Atlanta, ces enfants noirs assassinés, leurs cadavres laissés dans les bois, des victimes aujourd'hui oubliées, on est à l'opposé du divertissement que propose Tarantino quand il parle de l'affaire Manson/Tate dans *Once upon a Time in Hollywood*. » La fascination du public pour les tueurs en série semble en tout cas toujours insatiable à en croire l'abondante programmation de Netflix sur cette thématique. La psychologue criminologue Michèle Agrapart-Delmas, auteure des ouvrages *L'Expertise criminelle* (éd. Favre) et *Femmes fatales* (Max Milo), rappelle que ce mécanisme d'attirance-répulsion a suscité une littérature abondante depuis le Moyen Âge : « Jeanne d'Arc et Gilles de Rais, la pureté alliée au diable pendant la guerre de Cent Ans, étaient comme les précurseurs de Clarice Starling et Hannibal Lecter. Il y a toujours une ambivalence de nos sentiments vis-à-vis des tueurs en série – pendant sa captivité, Landru a reçu 800 lettres d'admirateurs, dont 500 écrites par des femmes. Cette fascination morbide pour les monstres est pathologique, Freud l'a décryptée au sujet de la figure de Quasimodo. » On dénombre encore aujourd'hui de nombreux sites Internet de collectionneurs d'articles liés aux meurtriers en série, les fameux *murderabilia*, plus ou moins légaux. Holt McCallany reconnaît lui-même que, durant le tournage de *Mindhunter*, Jonathan Groff et lui ont offert à David Fincher, en guise de cadeau d'anniversaire, un tableau authentique signé John Wayne Gacy (le clown tueur de Chicago), peint à l'huile en prison et acheté sur l'un de ces sites. Un certain humour très, très noir dont Fincher serait paraît-il client.

Cette fascination morbide pour les monstres est pathologique, Freud l'a décryptée au sujet de la figure de Quasimodo

Y aura-t-il une saison 3 de *Mindhunter* ? John Douglas, qui regrette de n'avoir jamais été invité sur le tournage par David Fincher, en a visiblement très envie : « Fincher dit que pour l'instant, *Mindhunter* est fini parce que la série coûtait trop cher par rapport à ses audiences sur Netflix. Je ne comprends pas, ce n'est quand même pas *Game of Thrones* ! J'espère qu'ils finiront par revenir vers moi, il y a encore tant de serial killers passionnants de cette époque à aborder : Ted Bundy, John Wayne Gacy, Joseph Paul Franklin, Robert Hansen... »

2 saisons disponibles sur Netflix.

Dans la première bible écrite par Joe Penhall, les saisons suivantes décrivaient aussi la célébrité progressive de Douglas et Ressler ainsi que leur entrée dans la culture populaire via les romans de Harris et Hollywood. Intéressant ! Peu de chance en revanche qu'une éventuelle saison 3, ni les suivantes ne se déroulent dans une période ultérieure aux années 2000 : « L'âge d'or pour les meurtres en série à caractère sexuel, aux États-Unis en tout cas, c'est vraiment entre les années 1950 et 1990 », rappelle Holt McCallany. De fait, selon des données compilées par l'université de Radford (Virginie), alors que 770 serial killers ont opéré aux États-Unis dans les années 1980, et un peu moins de 670 dans les années 1990, ce chiffre s'est effondré à 400 la décennie suivante et à seulement une centaine depuis dix ans. Dans la même étude, on peut lire que 189 victimes de tueurs en série étaient répertoriées en 1987, contre 30 en 2015. « On a vu émerger dernièrement des crimes religieux, racistes, des fusillades de masse, mais moins souvent des homicides en série motivés par le sexe, reconnaît Holt McCallany. Je ne sais pas pourquoi. Il y a forcément un lien avec l'évolution de la société, des relations entre les hommes et femmes, les progrès du féminisme... » John Douglas rappelle pour sa part la quasi-disparition de la pratique de l'auto-stop, la multiplication des caméras de surveillance, les progrès de la criminalistique autour de l'ADN, les smartphones permettant de joindre des services d'urgence... Moins de proies faciles, moins de tueurs en série ? L'explosion de la pornographie en libre accès sur Internet a-t-elle aussi contribué à mieux canaliser les pulsions des prédateurs potentiels ? Impossible de livrer ici une réponse complète, d'autant que selon Douglas, les chiffres peuvent être trompeurs et que plusieurs milliers de meurtres restent toujours non expliqués, chaque année, aux États-Unis. David Fincher, lui, ne ferme en tout cas pas totalement la porte pour *Mindhunter* : « J'adorerais revisiter la série un jour. L'idée serait de remonter jusqu'au début des années 2000, jusqu'à ce que l'on frappe à la porte de Dennis Rader », déclarait-il, en novembre 2020, dans *Variety*.
Dans l'air du temps ou pas, le diable n'a pas fini de séduire les créateurs en mal d'abîme. ■

PAGE DE DROITE, DE HAUT EN BAS : Ed Kemper, Montie Rissell (Sam Strike) et Jerry Brudos (Happy Anderson).

Michael C. Hall as Dexter Morgan.

Le paradoxe Dexter

ENTRETIEN AVEC

Jeff Lindsay

PROPOS RECUEILLIS PAR SABRINA LAMOTTE

2004 : un serial killer fait son apparition dans la littérature. Son nom ? Dexter. Sous la plume de Jeff Lindsay cet expert médico-légal nous tiendra en haleine durant 8 volumes. Fort de son succès, *Dexter* est adapté en série télé en 2006. Après 8 saisons, c'est le final cut. À l'heure où nous écrivons ces lignes, une 9e saison est en préparation, après huit ans d'absence... (8 serait le chiffre fétiche de Dexter ?) Qu'est-ce qui a fait de ce personnage une icône de la culture populaire ? Un traitement bien particulier, à savoir un serial killer qui a une morale... Son créateur, Jeff Lindsay, a accepté de nous en dire plus...

Comment avez-vous eu l'idée de* Dexter *?

J'ai beaucoup raconté cette histoire, alors pardonnez-moi si vous l'avez déjà lue. On m'avait demandé de faire une brève conférence lors d'un déjeuner réunissant des figures publiques locales. J'étais assis à la table d'honneur, regardant une salle remplie d'avocats véreux, d'agents, etc. – c'était la Floride, bien sûr –, et ils distribuaient tous des cartes de visite, se serraient la main avec ces horribles sourires faux, parlant la bouche pleine en répétant à tout le monde à quel point ils étaient merveilleux. L'idée m'est venue à l'esprit que le meurtre en série n'est pas toujours une mauvaise chose... Je savais bien que ce n'était pas une pensée vraiment saine, mais je ne pouvais pas l'empêcher. J'ai commencé à prendre des notes sur des serviettes en papier sur ce que je voulais dire par là, et quand je suis rentré à la maison, cela s'est transformé en *Dexter*.

Vous avez dynamité le genre en faisant de Dexter une sorte de Robin des Bois serial killer. N'avez-vous pas l'impression d'être à la frontière de l'immoralité ?

Mon intention était de montrer aux gens que ce genre de chose – le meurtre en série – est vraiment mauvais. Immoral, si vous voulez utiliser ce mot. J'ai senti que notre société dans son ensemble, y compris la plupart des soi-disant mondes civilisés, avait dérivé vers la moralité situationnelle, où rien n'est noir ou blanc – mais où tout est en nuances de gris. Et j'ai vu comment les gens romantisent et glorifient certains personnages qui sont, en fait, de très mauvaises personnes.
Alors j'en ai créé un pour les aider à voir cela. Mon propos était d'amener les gens à aimer ce gars, puis à repenser à cette affection à mesure que le nombre de corps augmente. Cela s'est peut-être retourné contre lui. Mais même ainsi, Dexter est un homme profondément malfaisant. Il aime tuer les gens. Le fait qu'il n'assassine que des personnes que nous avons jugées « mauvaises » n'a pas d'importance. Mettre fin à une vie intentionnellement est répréhensible, les gens qui le font – et aiment le faire – ne sont pas de bonnes personnes.

Avez-vous fait beaucoup de recherches sur les serial killers avant d'entamer l'écriture du livre ? Comment vous êtes-vous documenté ? Revient-on indemne

de telles plongées dans la noirceur humaine ?

Oui, j'ai fait autant de recherches que possible. J'ai lu beaucoup de livres, parlé à beaucoup de psychologues, tout ce genre de choses. J'ai tendance à avoir trop d'empathie – je fais partie de ces idiots qui pleurent trop facilement sur les malheurs des gens, en particulier ceux des enfants. C'était donc beaucoup de travail pour comprendre la sociopathie – comment est-il possible de ne pas ressentir la douleur de quelqu'un d'autre ? pour le tuer facilement, et même aimer ça ? Ce n'est pas une idée naturelle pour moi. Mais mon expérience dans le théâtre m'a beaucoup aidé, et j'ai essayé d'aborder cette situation en tant qu'acteur, et j'ai finalement réussi. Cela s'est avéré avoir d'autres avantages : quand les choses devenaient trop sombres, je pouvais enlever le costume, l'accrocher dans mon bureau et redevenir moi.

> **Je pense que le diable est une chose petite et méchante qui vit en chacun de nous**

Dans* Dexter in the Dark*, vous faites apparaître le personnage de Moloch, une sorte d'incarnation du diable. Pourquoi faire appel à cette créature mythique ? Selon vous, y a-t-il un lien entre le diable et les serial killers ? Les humains ont-ils vraiment besoin du diable pour être diaboliques ?

Je voulais essayer quelque chose de différent et voir ce qui pouvait se passer, et Moloch est fascinant du point de vue historique. Les gens sacrifiaient littéralement leurs enfants à Moloch – les jetaient au feu. Je me couperais en petits morceaux avec un couteau émoussé pour protéger mes enfants de ce terrible sort. Mais je ne crois pas au Moloch surnaturel. Je pense que le diable est une chose petite et méchante qui vit en chacun de nous, qui ne gagne en force que lorsqu'elle se réunit en un nombre suffisamment grand. Et les tueurs en série sont le résultat d'une terrible combinaison faite de traumatismes et d'une incapacité à ressentir de l'empathie. Je ne pense pas que le serial killer soit un « diable », mais si les gens veulent le croire, c'est leur problème. Nous sommes tous capables de faire le mal ; c'est simplement que la plupart d'entre nous ont besoin d'une très bonne excuse pour le justifier. Comme une conviction religieuse ou politique écrasante qui vous dit de faire quelque chose qui, à première vue, est mal.

Il y a beaucoup d'humour dans vos romans, ce qui est surprenant dans ce genre littéraire. Est-ce un moyen de dédramatiser le propos ? voire de le normaliser ?

Je pense que quiconque possède un sens de l'humour est maudit lorsqu'il découvre qu'il ne peut vraiment pas être désactivé. C'est l'histoire de ma vie.
Tout au long de mon existence, je me suis mis dans des situations incroyablement gênantes pour moi-même en disant ou en faisant quelque chose de « drôle » et en prenant conscience trop tard que c'était inapproprié. Lorsque je travaillais à Hollywood, je suis passé par la comédie pendant un certain temps, ce qui a aiguisé mes aptitudes comiques. Plus tard, j'ai eu la chance d'apprendre un concept clé d'un grand réalisateur roumain, Radu Penciulescu. Il mettait des petits moments bizarres ou particuliers dans des scènes très sérieuses. Quand je lui ai demandé pourquoi, il a répondu : « Nous faisons rire le public – et lui faisons sentir instantanément que son rire était inopportun. » Donc, cette idée de « rire inopportun[1] » est devenue un outil important et une justification pour quelque chose que de toute façon je ne pouvais pas m'empêcher de faire. Tout ça pour dire que ce n'était pas une décision consciente, pour telle ou telle raison, de mettre de l'humour dans mes romans.
Je n'y peux rien, c'est plus fort que moi.

Dexter a vécu un événement traumatisant très jeune, comme beaucoup de serial killers, mais il a ensuite bénéficié d'une famille aimante et malgré cela, il « tourne » mal. Pourquoi ?

Nous sommes tous façonnés par notre passé – espérons-le de manière moins extrême que Dexter. Mais mes recherches m'ont amené à penser que quelque chose d'aussi traumatisant, à un très jeune âge, ne pourrait pas être mis de côté, du moins pas sans beaucoup de travail conscient. Et si ce traumatisme était combiné avec la sociopathie, on ne voudrait même pas essayer, n'est-ce pas ? Et la sociopathie est une condition innée, quelque chose avec quoi vous êtes né. La cartographie cérébrale a révélé un petit morceau du cerveau

Michael C. Hall as Dexter Morgan.

Michael C. Hall as Dexter Morgan.
© 2006 Showtime.

que les psychologues appellent « bosse d'empathie[2] ». Si vous êtes né sans cela, vous n'êtes pas capable d'empathie. Pour autant que je sache, vous ne pouvez pas en faire pousser une plus tard.

Qu'avez-vous pensé de la série télévisée dérivée ? Cela a-t-il influencé l'écriture de vos autres romans* Dexter *?
Je l'ai beaucoup aimée. J'ai travaillé à Hollywood, et en mettant un pied dans la série, je savais que « l'adaptation » est un processus brutal pour l'écrivain original. Ils prennent votre enfant et le transforment en « pute » – et le plus souvent, une prostituée très moche et qui ne réussit pas. Je ne m'attendais donc pas à grand-chose, à part que je ne reconnaîtrais pas *Dexter* comme une série m'appartenant. Et heureusement, j'avais tort. Ils ont fait un travail formidable, et ils l'ont fait pendant huit saisons, ce qui est presque aussi rare. Mais non, cela ne m'a jamais influencé. J'ai regardé les épisodes comme s'il s'agissait simplement d'une série à la télévision – j'étais capable de séparer complètement mon travail et moi-même.

Tout comme Hannibal ou Patrick Bateman, Dexter fait partie du « panthéon » des tueurs de fiction qui sont devenus des « héros » malgré le fait qu'ils commettent des crimes atroces. Comment l'expliquez-vous ?
Il n'y a vraiment qu'une seule explication, n'est-ce pas ? Les gens sont des créatures terribles. La petite partie sombre de nous qui veut faire ces choses mais qui a peur des conséquences apprécie de voir quelqu'un d'autre les faire. Et quand c'est dans un décor fictif, cela nous donne une « permission » supplémentaire pour encourager le meurtre – ce n'est qu'une histoire, qu'importe ? Quant aux conséquences, elles vont bien au-delà du juridique. Mon père était un marine blessé au combat pendant la Seconde Guerre mondiale. Il a été forcé de commettre beaucoup d'actes inimaginables, tuant des ennemis avec un pistolet, un couteau, voire un lance-flammes. Et, durant le reste de sa vie, chaque nuit, il a fait des cauchemars. Tuer les autres engendre ainsi des fantômes qui vous hantent, généralement pour toujours.

Avec le choix de Michael C. Hall comme interprète de Dexter, la production a pris le parti de rendre votre héros assez sexy. Était-ce comme cela que vous le voyiez ? Que pensez-vous de cette glamourisation des serial killers, qui fait que tous les plus beaux acteurs d'Hollywood veulent les interpréter ?
Je suis sûr que Michael adorerait entendre que vous pensez qu'il est sexy. Je ne peux pas en juger, bien sûr, mais le peu que je sais de lui me fait croire qu'il est quelque peu mal à l'aise avec bon nombre des pièges de la célébrité. Il veut juste faire son travail d'acteur. Quant au personnage de Dexter... je suppose que je l'ai vu comme beau, mais pas sexy. Je ne pense pas que vous puissiez être sexy si vous êtes indifférent au sexe comme Dexter peut l'être. Et oui, bien sûr, glamouriser les tueurs en série est un parti pris dérangeant. Je n'ai jamais pensé que je faisais ça ; je pensais créer un personnage qui ferait voir aux gens que cette chose précisément est une mauvaise idée, car les tueurs en série aiment tuer des gens. Ne pouvons-nous pas tous en convenir ?

Je ne suis PAS fasciné par le mal

Notre numéro essaye de répondre au pourquoi de notre fascination pour le mal, du diable d'hier aux serial killers contemporains. J'imagine que c'est une problématique que vous avez souvent été amené à rencontrer lors de vos recherches et de l'écriture...

Non, pas vraiment. C'était une sorte de concept étranger pour moi, à l'exception de beaucoup d'écrivains que j'ai lus quand j'étais jeune - Lovecraft et Poe, et ainsi de suite. Et je ne suis vraiment PAS fasciné par le mal. Je souhaite simplement qu'il disparaisse. Je pense également que c'est un problème humain plus qu'un problème surnaturel ou religieux. Mais bien sûr, ce n'est pas aussi amusant, non ?

Vous avez arrêté d'écrire Dexter après huit romans. Pour quelles raisons ? En avez-vous fini pour de bon avec ce personnage ?

D'abord, je me suis toujours promis d'arrêter avant que cela ne me fatigue. Il existe un concept américain appelé *Phoning it in*. Cela signifie simplement faire quelque chose de manière superficielle avec peu d'intérêt, sans mettre de cœur ni d'âme à l'ouvrage. J'ai juré que je ne ferais jamais ça. Je pensais que le huitième livre, *Dexter Is Dead*, était à bien des égards le meilleur. Alors pourquoi ne pas terminer sur une réussite ? arrêter avant que je puisse sentir que les choses se tarissent et deviennent routinières ? Alors je l'ai fait. Ai-je totalement fini ? « Ne jamais dire jamais. » Je n'ai aucun plan du tout, mais si la bonne opportunité se présente, qui sait ?

Allez-vous être ou êtes-vous déjà impliqué dans la suite à venir de la série ?

Non, pas du tout. Je leur souhaite bonne chance, et j'ai totalement confiance dans l'équipe qu'ils ont constituée, mais ils n'ont pas besoin de moi pour faire plus que rester à l'écart et applaudir. Bien sûr, s'ils m'offraient un petit rôle d'acteur... ? Mais j'ai un grand nombre de projets en cours en ce moment, y compris ma nouvelle série avec Riley Wolfe, le plus grand voleur de tous les temps. Les deux premiers livres avec Riley arriveront très bientôt en France, et je crois qu'ils seront suivis d'un film, d'une série télévisée, ou des deux. Restez à l'écoute !

Notes :

1. *The illegal laugh* en VO.
2. *Empathy bump* en VO.

Jeff Lindsay.

Pour les lecteurs qui ne connaissent que la série télévisée Dexter, et qui aimeraient découvrir vos romans, pourriez-vous nous expliquer quelles sont, selon vous, les différences majeures entre les romans et leur adaptation ?

L'une des plus grandes différences entre la série télévisée et mes livres réside dans l'humour. Mes romans ont tendance à être drôles, même dans des moments très improbables. Et bien sûr, les intrigues ont divergé et les *showrunners* ont suivi leur propre chemin. Est-ce important ? Pas pour moi - le livre et la télévision sont très différents. J'ai écrit pour les deux et je suis bien conscient que les exigences de chaque média sont opposées.

POUR PLUS DE PROPRETÉ

Ce cher Dexter

Jeff Lindsay

320 pages - 7,30 € - Points

La série de romans *Dexter* est disponible en grand format aux éditions Michel Lafon et en format poche aux éditions Points. DEXTER saisons 1 à 8 disponibles en intégralité sur POLAR+ et myCANAL

Tom Neely

Dessine-moi un serial killer

Propos recueillis par Hector Nissac

Aux États-Unis, *The Last Podcast on the Left* est l'une des émissions les plus populaires. D'abord spécialisée dans l'horreur, elle s'intéresse maintenant à tout ce qui a trait à l'étrange et au paranormal, mêlant allègrement fiction et réalité. Il était donc presque évident que leur premier livre soit consacré aux tueurs en série. Avec un ton bien à eux, les animateurs ont voulu en faire une sorte de « *Mad Magazine* malfaisant », une véritable encyclopédie illustrée des serial killers, « le genre de livre qu'un gamin de 14 ans adorerait apporter à son collège pour montrer à ses potes ». Et pour lui donner un aspect unique, ils ont demandé au talentueux Tom Neely de réaliser près de 80 illustrations originales. Illustrateur et auteur de BD, celui-ci est surtout connu pour un petit chef-d'œuvre de comics indé : *Henry & Glenn Forever*. Pour *Fantask*, il présente son travail et ses planches préférées.

Comment avez-vous travaillé sur ces différents portraits ?
Henry Zebrowski, l'auteur de *The Last Book on the Left*, m'a envoyé un brief pour chacun d'eux, tout en me permettant d'y ajouter mes idées. En plus des textes du livre, j'ai fait mes propres recherches et j'ai essayé d'inclure autant de détails que possible dans chaque illustration pour donner un portrait complet de chaque tueur. Je travaille avec toutes sortes de techniques de dessin, mais principalement de l'encre traditionnelle sur papier, à l'aide de pinceaux et de plumes. La plupart des couleurs du livre ont été réalisées numériquement, mais je dessine tout à la main.

Qui a été le plus difficile à dessiner ?
Je pense que c'était Jeffrey Dahmer, parce qu'il a l'air si normal.

Qui était votre « préféré » ?
J'hésite entre BTK et Richard Chase, parce que le traitement que j'en ai fait vient de mes propres idées. Quelque chose à propos de BTK m'a fait penser à ces portraits photo ringards des années 1970 où l'on voit des familles projetées dans la tête du père, et cela semblait vraiment effrayant. Et l'idée d'un portrait de Richard Chase réalisé à la manière d'un tableau de Keane m'a frappé comme le moyen idéal de le représenter.

Justement, nous avons particulièrement apprécié cet hommage à Margaret Keane. Pouvez-vous nous dire pourquoi vous avez choisi ce style si spécifique pour cet assassin ?
Quand j'ai lu le chapitre consacré à Richard Chase, et après avoir fait mes propres recherches, il m'est apparu comme le cas le plus tragique, quelqu'un qui aurait pu être aidé grâce à la médecine psychiatrique. Il ressemble vraiment plus à une âme perdue qu'à un tueur sadique. Il a un visage de chiot tellement triste sur toutes les photos que j'ai immédiatement pensé aux visages aux grands yeux des peintures d'enfants tenant des chats et des chiens de Margaret Keane. L'idée d'un Chase enfant à la manière de Keane, mangeant un chat, a surgi dans mon propre cerveau sadique et je devais le peindre.

PAGE DE DROITE : Ed Gein.

POUR BASCULER DANS LA FOLIE

The Last Book on the Left
Stories of Murder and Mayhem from History's Most Notorious Serial Killers

Ben Kissel, Marcus Parks, Henry Zebrowski, Tom Neely

304 pages – 12,99$ – Houghton Mifflin Harcourt

MOTHER
AUGUSTA W.
1878
tomN.

CI-DESSUS : BTK.

PAGE DE DROITE : Andreï Chikatilo.

CI-DESSUS : Richard Chase.

PAGE DE DROITE : Jeffrey Dahmer.

PORNO TAPES
RECIPES
TO SERVE MAN
HUMAN ANATOMY
BONES
Chef BOYARDICKS
UNCUT MINI RAVIOLIS
tomN. '19

Maxime Chattam, photographie de Richard Dumas.

Plongée dans les profondeurs du mal

ENTRETIEN AVEC

Maxime Chattam

Propos recueillis par Sabrina Lamotte

En quelques années, Maxime Chattam s'est imposé comme l'un de nos plus grands raconteurs d'histoires, à l'aise aussi bien dans les thrillers réalistes et hyperdocumentés que dans les sagas de fantasy. Ce virtuose du suspense, qui aime à se délecter des grandes peurs collectives, explore pour *Fantask* le phénomène des serial killers, thème central de sa *Trilogie du mal*.

Maxime Chattam, vous êtes bien connu pour être un amoureux des littératures de genre, dans vos écrits comme dans vos lectures. Vous avez écrit 27 livres et, parmi eux, au moins une petite moitié, et de ceux qui ont fait votre succès, concernent des tueurs en série. Qu'est-ce qui peut expliquer un tel intérêt ?

Lorsque j'ai commencé à écrire des thrillers, je voulais parler de ce qu'il y a de pire chez l'être humain, de ce qu'il y a de plus tabou dans la société, de plus effrayant. Même si je suis un dingue de fantastique, je n'avais pas envie de m'aventurer dans ce domaine, je souhaitais rester dans le cartésien et pour y demeurer, tout en évoquant l'essence du mal, il me fallait une incarnation concrète, plausible, de ce qui s'en rapproche le plus. C'était le tueur en série. Dans mes trois premiers romans, que j'ai nommés *La Trilogie du mal*, j'ai essayé de dépeindre le portrait total d'un tueur en série moderne. Lorsque je me suis mis à travailler sur ce sujet, je me suis aperçu qu'il y avait trois axes principaux. D'abord un rapport à la filiation, à l'endoctrinement dans l'apprentissage et au traumatisme filial, etc. C'est ce dont traite mon premier roman, *L'Âme du mal*. Est-ce que le mal se transmet ? Est-ce qu'il est héréditaire ? En fait, c'est la question même de l'origine. On dit des serial killers qu'ils ont eu une enfance abominable, mais on sait très bien que 99 % des enfants qui ont eu ce type d'enfance deviennent des gens superbes. Dans le deuxième roman, *In Tenebris*, je m'intéressais davantage à la société. Est-ce qu'elle peut façonner un tueur ? Est-ce qu'elle est responsable de la naissance du mal ? Si ce n'est pas chez l'individu, est-ce que c'est dans le collectif ? Et puis dans le troisième livre, c'est monsieur et madame Tout le monde : j'ai eu une enfance normale, la société ne m'a pas perverti, mais est-ce que je peux basculer dans l'abomination, dans le mal ? C'est cette question que je pose dans *Maléfices*, qui propose un autre type de serial killer. Avec ces différentes facettes, j'avais le sentiment d'avoir fait le tour de ce qui, pour moi, était la question du tueur en série dans ses fondamentaux, dans sa construction et dans ce rapport au mal.

Le tueur en série incarne parfaitement cette espèce d'équilibre étrange qui existe entre la réalité tangible et ce qui est tellement abject et incompréhensible qu'on est quasiment dans le fantastique. C'est-à-dire que le tueur en série est vrai, on ne peut pas le nier, il tue des gens, donc il existe, et en même temps, c'est un type dont on n'arrive pas à cerner la psyché. Aujourd'hui, lorsque vous demandez ce qui fait qu'un criminel devient un tueur en série, il y a autant de réponses que d'experts. C'est pour ça que j'ai décidé d'écrire des livres à ce sujet. Pour essayer de comprendre ce qu'était le mal, il fallait d'abord comprendre les tueurs en série. Jusqu'à la fin du XIXe siècle, la religion posait le cadre du bien et mal, de ce qu'il fallait faire et ne pas faire. Puis a émergé la science et, en son sein, la psychanalyse. Dans un premier temps, vous avez la science qui va remettre en question la religion en disant qu'on descend des singes, et avant ça qu'il y a eu les dinosaures, etc. Si la religion vacille, ses fondamentaux, comme l'enfer et la crainte de celui-ci, et ses préceptes, ce qu'il faut faire et ne pas faire, vacillent à leur tour. Puis on transforme cette problématique avec la psychanalyse, avec les monstres qui existent, qui se cachent sous le lit, dans le placard, à l'intérieur de nous, sauf que la psychanalyse vient nous montrer que cela ne marche pas vraiment comme ça, que ce sont des choses qu'on se crée, ce sont des analogies, des métaphores. Et au bout d'un moment, la société n'a plus de jalon permanent, de route à suivre, la lisière entre lumière et obscurité est brouillée. Je suis convaincu que si cette fascination des gens pour les serial killers est si forte depuis trente ans maintenant, c'est parce qu'ils sont nos monstres d'aujourd'hui, les croquemitaines des Temps modernes. On a eu Satan, les nazis, qui étaient l'incarnation du mal sur terre au niveau collectif, puis les tueurs en série. C'est pour cela que pour parler du mal, il fallait parler du tueur en série.

Est-ce qu'on peut dire que le serial killer est un phénomène lié à la modernité ? Car d'un côté, ce qu'il fabrique et ce qui lui permet de perpétrer ses actes, c'est l'individualisme, la frustration, la société de consommation, la solitude et tout ce qui va avec, et d'un autre côté, ce qui va donner un écho à ses meurtres jusqu'à leur « glamourisation » d'aujourd'hui, c'est la société du spectacle. Ils sont très modernes en fait.

Dans l'un de mes livres, *La Conjuration primitive*, j'en suis venu à penser que le mal, c'est ce hiatus qui existe entre ce que l'homme croit qu'il doit être, cette espèce de parangon de vertu que la société lui impose, et ce qu'il est fondamentalement, réellement, animalement, encore aujourd'hui, biologiquement. Et dans ce hiatus, il y a une exigence de plasticité qu'on n'apprend pas, qu'on ne cherche pas à travailler. Par exemple, les États-Unis sont le pays où il y a le plus de tueurs en série par habitant, pourquoi ? Parce qu'ils incarnent parfaitement cette définition-là. Parce que c'est à la fois une société hyperpuritaine et l'endroit qui produit et consomme le plus grand nombre de films pornographiques. On doit y être beau, faire du sport, être bien habillé, mais c'est aussi là qu'on consomme le plus de malbouffe. C'est un pays d'oppositions qui tiraillent en permanence les êtres humains entre ce qu'ils doivent être et ce qu'ils sont fondamentalement. Dans cette opposition permanente, si vous n'avez pas la plasticité mentale, spirituelle et humaine pour l'encaisser, pour vous construire, eh bien, vous explosez. Et c'est comme ça que naissent pas mal de tueurs en série, ou de *mass murderers* (deux phénomènes qui se ressemblent). Si demain il y avait une loi notifiant que tout criminel, type *mass murderer*, ne doit pas voir son identité et sa photo dévoilées dans les médias, et donc que son crime restera anonyme jusqu'à la fin des temps, eh bien, je pense que de temps en temps, certains se tireraient une balle dans la tête dans un coin, tout seuls. La glorification, y compris du criminel, peut parfois amener certains esprits déviants à passer à l'acte d'une manière particulière.

> **Avec *La Trilogie du mal*, j'ai essayé de dépeindre le portrait total d'un tueur en série moderne**

Vous nous avez dit que dans* La Trilogie du mal*, vous vouliez montrer les différentes facettes du serial killer en trois tomes, mais vous êtes quand même revenu au serial killer dans plusieurs de vos romans suivants. Qu'avez-vous voulu apporter d'autre ?

Après *La Trilogie du mal*, j'avais le sentiment que j'avais encore pas mal de choses à creuser, donc j'ai écrit d'autres livres sur le sujet. Je suis revenu sur le principe du tueur en série en essayant d'explorer d'autres éléments, non plus pour de grandes explications générales, mais pour m'intéresser à des détails, sur qu'est-ce qui fait qu'une personne, un jour, va basculer et devenir un tueur en série ou alors rester un grand pervers qui ne tuera pas, mais qui sera un grand pervers dans son quotidien. Chaque livre m'amenait à une réflexion et m'en ouvrait une autre. Par exemple, si on pousse le principe jusqu'à son extrême, est-ce qu'on peut considérer qu'un terroriste est une forme de tueur en série ou de *mass killer* ? Je m'étais décidé à me pencher sur le terrorisme et je pensais que la fiction donnerait à cela un éclairage précieux.

Puis *Charlie Hebdo* et le Bataclan sont arrivés, et cela m'a coupé les jambes, j'ai failli tout arrêter. Il a fallu du temps, je m'y suis repris à trois fois et j'ai fini par sortir ce livre, *L'Appel du néant*, qui s'efforçait de décortiquer les différents types de terrorisme pour voir s'il y avait une filiation possible et si on pouvait rattacher ce phénomène à une définition du mal. Chacun de mes livres me permet d'essayer de comprendre ce qu'est le mal sous ses différentes facettes, le tueur en série très souvent, et chaque bouquin est un moyen d'illustrer de nouveaux éléments chez le tueur en série, dans son passage à l'acte, dans sa construction, etc. Et petit à petit, je me suis posé la question de la collectivité, est-ce que le mal peut être collectif, mais pas seulement comme on l'évoquait avec les nazis, où là c'est un homme qui s'est « bien » entouré et qui va parvenir à enclencher quelque chose d'abominable. Mais s'il n'y a pas ce chef, est-ce que collectivement, si tout le monde est à peu près au même niveau, il peut y avoir une dynamique de groupe qui se met en place ? Sans qu'il y ait l'influence d'un « gourou ». J'ai essayé de creuser cette hypothèse-là avec deux de mes romans, *La Conjuration primitive* et *L'Illusion*. Je tente avec chaque livre de mieux comprendre cela et je pense que dans dix ou quinze bouquins, je continuerai à écrire sur le sujet. Alors bien sûr, dans quelques ouvrages, je m'autorise un peu plus de légèreté, par exemple avec *Le Signal*, je suis dans

quelque chose de beaucoup plus fantastique, et donc dans une définition du mal moins pesante, moins théorisée dans l'absolu. Même si, et c'est plus fort que moi, le réel revient toujours à un moment.

Que pensez-vous de* Hannibal *de Thomas Harris ? Lorsqu'on demandait à Alan Moore son avis sur les serial killers après qu'il eut passé plus de dix ans à écrire* From Hell*, il répondait que c'était des pauvres types, qu'il fallait arrêter de les considérer comme des génies raffinés. C'est vrai qu'avec Hannibal s'est popularisée l'idée d'un tueur en série génie du mal, dandy décadent, esthète. Vous oscillez entre les deux : certains de vos tueurs sont très limités quand d'autres sont des lecteurs de* La Divine Comédie *(sans vouloir dévoiler une quelconque intrigue).

Ce qui était amusant avec le livre de Thomas Harris, c'est qu'il a voulu nous dire que les tueurs en série ne sont pas que des « péquenots analphabètes » et que donc, finalement, le seul danger serait d'être au mauvais endroit au mauvais moment. Ça peut aussi être un génie, un homme brillant, « plus brillant que moi, lecteur », qui peut donc me dépasser et m'avoir à son petit jeu, cela le rendant encore plus effrayant. Moi j'essaye d'être un peu plus proche de la réalité. Si, statistiquement, la plupart des tueurs en série sont des pauvres types, quelques-uns sont intellectuellement brillants comme Ed Kemper, qui a un QI de 143 (bon après, vous m'objecterez que c'est le seul tueur en série à s'être rendu, OK...). Mais il y en a d'autres comme Gerard Schaefer, qui a été considéré comme un tueur en série brillant, très intelligent. Je n'ai pas de statistiques précises mais certainement huit tueurs sur dix sont des pauvres types pas très malins, mais les deux autres ont une intelligence très largement supérieure à la moyenne. C'est ce que je cherche à illustrer dans mes romans, passant de l'un à l'autre. Mais je suis d'accord avec ce que dit Alan Moore, la plupart sont des abrutis.

Hannibal a participé à la popularité des tueurs en série. Certains sont presque devenus des « héros » ou plutôt des « contre-héros ». Vous avez des personnages récurrents, mais ce sont des justiciers – Joshua, Ludivine –, jamais des méchants.

Non, en effet, je n'ai pas ce type de personnage mais pour une raison simple. Par exemple, je déteste *Dexter*, je n'y arrive pas, l'idée de prendre un tueur en série et d'en faire un type cool parce qu'en fait, il ne va tuer que des méchants... je comprends la motivation des scénaristes, je comprends le principe marketing mais je n'y arrive pas. Je n'aime pas cette glorification du criminel, et donc faire d'un tueur en série un personnage récurrent, cela ne m'intéresse pas. En revanche, ce que j'essaye de faire de livre en livre, c'est de poser des jalons que les lecteurs ne voient pas vraiment – sauf les plus fidèles, et encore – et de me dire qu'à un moment, je vais sortir de ma manche la carte du roman « synthèse ». Par exemple, dans mon dernier bouquin, *L'Illusion*, l'intrigue se passe dans une petite station de ski appelée Val Quarios et, sans trop dévoiler la fin, disons qu'il y a une dynamique qui ressemble à un autre de mes romans, *La Conjuration primitive*, lequel se terminait dans un bled qui s'appelait Val-Segond. Ce n'est pas un hasard si les deux dynamiques des livres se ressemblent et si les deux lieux commencent par « Val », parce qu'un jour, dans un de mes livres, je vais vous raconter une histoire dans un autre endroit dans le monde qui s'appellera aussi Val quelque chose, et vous verrez que tout cela est lié et qu'en fait, je raconte la même histoire depuis le début, une histoire liant tous mes romans du premier jusqu'au dernier. Simplement, je distille les informations à mon rythme. S'il n'y a pas de méchant récurrent, il y a une dynamique criminelle récurrente et à travers tous mes romans, pour qu'on se rende compte à la fin que ce n'est qu'une seule et unique histoire. Mais pour cela, il faut encore me laisser quelques années d'écriture.

Si certains tueurs, comme Hannibal, Dexter ou Patrick Bateman, sont de véritables « stars », on s'aperçoit que la pop culture n'a pas fabriqué tant que ça de serial killers emblématiques. En revanche, on a l'impression que les vrais serial killers prennent de plus en plus de place en ce moment et qu'ils sont en quelque sorte glamourisés. On voit des acteurs « sexy » comme Zac Efron jouer Ted Bundy, le personnage de Jamie Dornan dans* The Fall *inspiré de BTK, Damon Herriman qui interprète Manson dans le dernier Tarantino, etc. Que pensez-vous de cela ?

Je pense qu'il y a une fascination du public pour les tueurs en série, pour les grands noms, parce que les médias les mettent en avant. Pour les médias, forcément, il y a une histoire à raconter qui sort tellement du commun que c'est du pain bénit. Ils vont donc l'exploiter jusqu'à épuisement du sujet. Parmi tous les faits divers sordides du quotidien, celui du tueur en série est forcément en haut du panier car il est hypereffrayant, parce qu'on sait tous qu'il suffit de croiser la route d'un de ces types-là, de ne pas être au bon endroit au bon moment, pour devenir une victime. Ou bien être l'un de ses proches. Souvent, on entend : « Je ne comprends pas, c'était un voisin gentil, il sortait sa poubelle toutes les semaines, il était adorable. » Et en fait, il découpait des gens dans son sous-sol. Il y a un truc hyperflippant à se dire qu'une personne peut avoir deux visages, ça fascine les médias, ça fascine le public.

On peut parler d'attraction. Au procès de Ted Bundy, il y avait des groupies présentes, Charles Manson a reçu toute sa vie des courriers d'admiratrices...

Pour ces cas-là, on peut parler de « phénomènes ». Avec eux, nous sommes dans « l'élite » de ce type de tueurs, c'est-à-dire qu'on a affaire à des gens qui sont intellectuellement assez brillants - pour Ted Bundy en tout cas, Manson je ne suis pas sûr qu'il ait une intelligence profonde, en revanche, il avait un sens profond de la manipulation. Ce sont des hommes qui fascinent parce qu'ils sont charismatiques : Bundy était beau gosse et parlait bien, personne ne l'a vu venir, surtout à une époque où l'image du tueur en série dans l'imaginaire collectif était celle d'un type crade au fond d'une allée sordide la nuit, presque un clochard. Ce fut donc un choc que de découvrir qu'il pouvait avoir la tête, et la vie, d'un gendre idéal. C'est ce que montre Ann Rule dans son livre *Un tueur si proche*, qui raconte son histoire, celle d'une journaliste qui s'intéresse au tueur Ted Bundy. Pendant des années, elle a suivi l'enquête. Un jour, l'un de ses amis l'appelle pour savoir où en est la police.

On a le sentiment que cela peut arriver à tout le monde, qu'on peut tous être la victime, ou même le proche, d'un tueur en série

Elle lui répond que comme tout le monde elle aimerait connaître l'identité de ce type qui sévit, et son ami lui dit qu'il comprend... sauf que le copain en question, c'était Ted Bundy ! Si même elle s'est fait avoir, on a le sentiment que cela peut arriver à tout le monde, qu'on peut tous être la victime, ou même le proche, d'un tueur en série. Ces types-là, brillants et manipulateurs, sont rares, ce sont des super-vilains en quelque sorte. Quand vous prenez l'univers des comics et des films Marvel, vous savez pourquoi on retient Thanos plus qu'un autre ? Parce qu'il fait partie des super-méchants qui fonctionnent : il a des motivations, qu'on comprend ou qui nous fascinent, il a un charisme, il a un discours, même si on n'est pas d'accord, il a une gueule... Les médias ont vu cela au sujet des serial killers, ils les mettent en avant et il y a une demande du public, il ne faut pas s'étonner que derrière, l'industrie du divertissement réponde, et ne cesse de fournir du contenu à ce sujet.

Nous avons l'impression qu'il y a moins de serial killers aujourd'hui (alors qu'il y a davantage de mass murderers). On dirait que l'« âge d'or » des serial killers va des années 1960 à 1990 et c'est ce qui explique peut-être qu'on ne cesse de nous proposer des films, des séries et documentaires sur Guy Georges, Ted Bundy, Gacy. Est-ce que finalement la pop culture est l'avenir des serial killers parce qu'ils sont morts dans la réalité ?

Non, je ne crois pas, je pense qu'ils continuent de fasciner parce qu'ils sont l'incarnation de la figure maléfique à laquelle on ne peut que croire parce qu'elle est tangible, alors qu'on ne croit plus en Satan, ou au monstre sous le lit. Le tueur en série reste cette incarnation du mal concret sur terre. Cela dit, et on doit s'en réjouir, le monde, et les policiers en particulier, a appris à identifier ce qu'était le phénomène du tueur en série et a mis en place des outils pour mieux comprendre sa dynamique et donc la prévenir.
Ce qui fait qu'aujourd'hui, je ne crois pas qu'il y en ait moins, franchement, je ne pense pas. En revanche, il y a moins de figures statutaires impressionnantes, monstrueuses, avec un *body count*, comme disent les Américains, conséquent, pour une raison simple, c'est qu'on identifie et qu'on arrête beaucoup plus vite un tueur en série qu'autrefois. Dans le passé, un tueur américain pouvait se balader dans quinze États, tuer trois personnes par État, avant qu'on fasse le lien et qu'on se rende compte que c'était la même personne qu'on pourchassait et qui était responsable des quarante-cinq victimes. Aujourd'hui, avec tous les moyens technologiques dont on dispose, on arrive globalement à arrêter les types au premier ou au deuxième crime, et donc c'est très rare d'arriver à trois ou quatre meurtres. Mais si on n'avait pas ces moyens-là, ces formations dans la police, cette coopération entre les différents États ou pays ou régions et les fichiers informatisés internationaux qui existent, on aurait probablement au moins autant de tueurs en série importants et des *body count* très élevés.

Le fait qu'ils tuent deux personnes, cela suffit-il à les cataloguer comme tueurs en série ?

Pendant des années, pour classifier un criminel en tueur en série, on se référait aux critères du FBI, dont l'un précisait qu'il fallait au minimum trois victimes. Aujourd'hui, ce genre de meurtrier est arrêté rapidement avant même qu'on puisse lui rattacher plusieurs crimes, donc on n'utilise plus cette ancienne définition ; mais en revanche, on est plus à même, quand on arrête un de ces types-là, de se dire que c'est sa première victime mais qu'on est certain qu'il y en aurait eu d'autres, donc qu'on a potentiellement arrêté un tueur en série en devenir. C'est la grande différence : pendant très longtemps, on arrêtait des tueurs en série qui étaient déjà actifs depuis un moment, aujourd'hui, on arrête des criminels qui allaient devenir des tueurs en série. Il n'y a plus la place pour un tueur médiocre. Le prochain « gros » tueur en série qui sera appréhendé aura un nombre de victimes impressionnant parce que, s'il ne s'est pas fait prendre dès le début, c'est qu'il est très-très malin, qu'il a su comment passer à travers les mailles du filet, ce qui, aujourd'hui, exige une intelligence et une connaissance des procédures policières très pointues. Ils seront très rares ceux-là, mais ce seront les plus redoutables.

Est-ce qu'il n'y a pas une surenchère ? Dans votre préface à L'Âme du mal, vous écrivez : « J'ai vu, lu et entendu des choses que même le plus habile des écrivains n'oserait pas mettre dans ses romans, quand bien même la force lénifiante de son style pourrait adoucir les faits. Des actes que j'aurais trouvés grotesques d'horreur si je les avais lus dans un bon livre tant ils auraient semblé impossibles, et pourtant... » Mais de ce que nous savons, les tueurs en série tuent, violent, mutilent, torturent mais c'est « tout », alors que dans la littérature de thriller, dans la pop culture, on nous propose des meurtres de serial killers en allant toujours plus loin dans le dérangeant, le gore, le satanico-mystique, le cannibalisme...

Oui, en effet. D'abord, il y a une surenchère graphique, il faut montrer des images et des scènes toujours plus spectaculaires – ça c'est le côté télévisuel, et dans les romans par conséquent, il y a un peu ce principe-là. Mais c'est aussi parce que, arrivé à un moment, tout le monde tourne en rond sur la question ; ça fascine les gens, mais si on se contente de coller à la réalité, on va rester dans quelque chose de basique, parce que les motivations, les raisons pour lesquelles les tueurs en série tuent restent globalement toujours les mêmes, très terre à terre : c'est une perversion de leur sexualité, de leur compréhension du monde, de leur plaisir, de leur ego, c'est de la manipulation de l'autre.
Donc il faut essayer de trouver un sens à leur crime,

et cela passe souvent par quelque chose de lyrique, de poétique, de métaphorique qui n'a pas toujours lieu d'être dans la réalité – on ne va pas se mentir –, c'est juste un moyen que les scénaristes, les romanciers, trouvent pour raconter toujours la même histoire. Personnellement, je vais théoriser sur le mal, par différents biais selon mes romans, mais à un moment, pour théoriser, il faut que je trouve un prétexte, et ce prétexte c'est envisager une dynamique criminelle qui soit différente de la précédente.

À la relecture de* La Trilogie du mal*, nous avons tiqué sur le mot* profiler*, parce que ce terme nous a semblé un peu suranné, nous rappelant ces séries policières où ces enquêteurs étaient devenus des stars, des sortes de héros des années années 2000. C'est moins le cas aujourd'hui. On a l'impression qu'aussi bien en littérature, que dans les séries télé, on a essayé avec les* profilers *de retrouver un schéma classique, « le bien contre le mal ». Finalement, on se rend compte que ce sont les serial killers qui ont gagné puisque les* profilers *ont un peu disparu.

Je pense que c'est surtout lié au fait qu'il y a eu tellement de *profilers* dans la littérature et dans la fiction en général vers la fin des années 1990 et le début 2000 qu'il y a peut-être eu une lassitude à tous les niveaux, y compris chez les créatifs. Le *profiling* c'est bien joli, mais il y avait deux façons de le traiter. La première, en étant terre à terre et en restant proche de la réalité, et dans ce cas-là, on en a rapidement fait le tour parce que les *profilers* ne se mettent pas face à une boule de cristal pour trouver des choses incroyables ; par conséquent, c'est limité et on ne peut pas tirer ce fil-là indéfiniment. Après, il y a ceux qui l'ont traité à la lisière du fantastique : leurs *profilers* avaient des flashs, des visions la nuit pendant leur sommeil. Je pense que les créatifs ont dû se dire qu'ils avaient épuisé le sujet et que les spectateurs et les lecteurs ont eu ce sentiment que tout avait été dit. Et on est passé à autre chose en retrouvant le bon vieux flic ; mais attention, le flic moderne, qui est hybride, il mène son enquête mais possède des notions de *profiling*, comme ça on peut en glisser quand ça nous arrange, et il a aussi des notions de médecine légale, parce que c'est bien pratique quand il va sur une scène de crime et qu'il n'a pas à attendre que le médecin légiste débarque pour qu'il lui dise : « Attends mais là, ça ne fonctionne pas, le corps est trop froid par rapport à ce qu'on nous a raconté. » Donc en fait aujourd'hui, on a des flics hybrides, super-héros, qui savent tout faire, pas réalistes du tout d'ailleurs. Ou alors on a parfois un travail d'équipe où chacun a son rôle, le légiste est là, le *profiler* ou un équivalent est là, et le flic sur le terrain. Et je voulais ajouter : aux États-Unis, le *profiling* fonctionne mieux qu'en France, je parle dans la réalité, pas dans la fiction. Quand un *profiler* américain dit : toutes les victimes sont blanches, il n'y a aucun signe sur les scènes de crime qui laisse penser que ce sont des crimes raciaux, donc on peut supposer que le tueur chasse dans son groupe ethnique, donc il est blanc – ça, c'est quelque chose qui marche dans 95 % des cas. Mais ce n'est pas du tout valable en France. Il y a vraiment une culture, y compris pour le crime. Les États-Unis, même leurs criminels, sont cloisonnés dans l'ethnicité, dans ce qu'on attend d'eux, dans la façon de tuer, etc. En France, ce n'est pas possible, ici, si vous avez cinq victimes d'un tueur qui sont blanches, ça ne veut pas dire forcément que le tueur est blanc. Dans notre pays, certains se sont risqués dans le *profiling* et se sont rendu compte que c'était casse-gueule et que ça allait être compliqué d'être crédibles. Moi je l'ai un peu fait, en faisant attention, et d'ailleurs c'est marrant que vous évoquiez ça, car dans le livre que je suis en train d'écrire, mon héroïne, Ludivine Vancker, quitte la section de recherche. Comme tout gendarme qui se respecte, elle a fait son temps dans un endroit et elle est mutée ailleurs, elle va au département des sciences du comportement qui est à Pontoise, en France, avec lequel j'ai des relations régulières, parce que je trouve qu'il y a un travail hyperintéressant qui est fait par leur service et qui n'est pas énormément exploité en France. Donc on revient un peu vers le *profiling* à la française, qui est plus proche d'une aide psychologique à l'enquête.

Vous vous intéressez toujours beaucoup à l'actualité, depuis le début vous êtes connu pour le réalisme de vos romans, qui sont extrêmement documentés. Donc vous continuez à vous informer sur ces serial killers et ces affaires : dites-nous comment ça se passe...

D'abord je suis l'actualité, y compris l'actualité criminelle, lorsqu'un type est arrêté, les procès en cours, etc. Il y a aussi le fait que j'ai de plus en plus de contacts avec les forces de l'ordre, je peux donc passer deux-trois heures à discuter d'un sujet sur un point précis de mes livres et puis au détour d'une conversation, autour d'un café, ils vont me dire des choses en off... Je vais chercher les anecdotes, les choses du quotidien, un élément auquel je n'aurais pas nécessairement pensé dans mes romans mais que je vais pouvoir mettre dans mes livres en le maquillant un peu ; ou alors je ne vais pas l'utiliser mais je vais m'en inspirer pour raconter quelque chose du même acabit. Ça se fait en permanence, c'est un travail de fond, mais je le fais aussi pour être proche de la réalité dans mes romans, parce que mes histoires je les invente, je crée le tueur en série, etc. Sauf que pour créer, il faut savoir de quoi on parle, et pour inventer un tueur en série, un mode opératoire, une signature criminelle, il faut savoir comment cela se construit, à quoi ça correspond. Et pour ce faire, il faut se nourrir d'une dizaine, d'une centaine d'affaires criminelles, continuer sans cesse à se tenir au courant

des nouvelles méthodes d'investigation, des procédures en cours. Parfois même, en étant dans le sérail, j'ai la chance d'avoir accès à quelques informations privilégiées et de pouvoir apprendre un peu en amont des nouvelles méthodes, mais on me dit : « Ça, tu ne peux pas le raconter mais on t'envoie le feu vert dès que tu peux l'utiliser dans un de tes livres. » Cela me permet ainsi de savoir comment ça se déroule côté enquêteurs, mais je continue de m'intéresser aussi aux criminels : est-ce qu'on peut estimer qu'il y a, petit à petit, un changement des profils des criminels ou pas, est-ce qu'ils s'adaptent dans leur méthode aux nouvelles façons d'enquêter ; par exemple avec le tout ADN, est-ce qu'il y a aujourd'hui des tueurs en série qui font attention à ça ? Et si oui, comment ils opèrent. C'est ce genre de choses qui m'intriguent.

Ce numéro de* Fantask *paraîtra entre deux de vos actualités, un nouveau livre,* L'Illusion*, et la sortie en poche d'*Un(e)secte*. Pouvez-vous nous dire en quoi ils sont liés à votre étude sur le mal ?

Ce que je peux vous dire, c'est qu'*Un(e)secte* est une enquête criminelle menée par un flic à Los Angeles et par une détective privée à New York, le tout dans une culture et un contexte très américains. J'ai situé l'intrigue de ce livre là-bas et non en Europe parce que ce qui s'y passe a une dimension internationale ; j'avais le sentiment que si l'histoire s'était déroulée en France, cela n'aurait pas eu la portée mondiale que je souhaitais (et de plus, j'évoque les GAFA). Alors qu'on parle souvent d'influence sur le monde, notamment économique et culturelle, je demandais : est-ce qu'il y a une influence criminelle quelque part ? Pour *L'Illusion*, le roman se déroule dans une petite station de ski française paumée dans les Alpes. Là, je m'intéresse beaucoup plus à l'être humain, à l'individu, au héros, à quelques personnes seulement, car c'est un huis clos.

Est-ce que les grands pervers criminels peuvent, à un moment, se regrouper ?

Le problème est de savoir qui a fait quoi, c'est une sorte de pièce de théâtre criminelle. Mais en réalité, la fin du roman pose la question d'une collectivité criminelle : est-ce qu'elle existe ? Est-ce qu'on peut envisager, à terme, un rapprochement des criminels ? On sait qu'il y en a quelque part, à travers les forums. Les pédophiles en sont un exemple, ils se planquent, ils créent des forums et s'échangent des données entre eux, les braqueurs font ça aussi, différemment. Et donc est-ce que les grands pervers criminels, je parle des tueurs en série potentiels, peuvent à un moment se regrouper ? C'est un sujet qui m'attire depuis le début, que j'avais traité avec la secte Caliban dans *In Tenebris*, je l'ai repris et développé dans *La Conjuration primitive* et je le retrouve dans *L'Illusion*. C'est un thème récurrent dans mes livres et chaque fois, j'apporte un élément de plus. Dans *In Tenebris*, j'évoquais une possibilité, dans *La Conjuration primitive*, je le mettais ce motif en scène avec une vraie structuration collective importante, une dynamique, presque un monde parallèle qui existait. Dans *L'Illusion*, je le reprends mais comme j'ai déjà structuré tout ça, ici je m'occupe davantage de la légitimité morale des malfaiteurs de leur point de vue à eux, de leur existence, et pas seulement : « On est les criminels, il faut qu'on se protège, sinon on va se faire arrêter. »
Au-delà de ça, ils revendiquent le droit d'être différents et même la nécessité d'être dans la contestation, parce c'est fondamental, toute société se doit d'avoir une opposition. Il y en a en politique, alors pourquoi il n'y en aurait pas une au niveau éthique ?
Et donc chacun de mes livres creuse un sillon différent, mais il y a un portrait général dans l'ensemble de mes ouvrages et j'ai dans l'intention de continuer jusqu'à la fin.

POUR NE PLUS DORMIR

La trilogie du mal
Maxime Chattam
1056 pages – 29,90 € - Michel Lafon

La trilogie du mal
Michel Montheillet et Maxime Chattam
160 pages – 25 € - Jungle !

L'Illusion
Maxime Chattam
464 pages – 22,90 € - Albin Michel

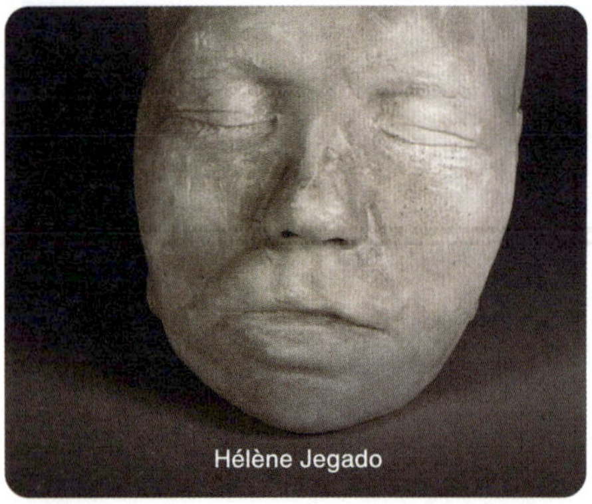
Hélène Jegado

Mary-Ann Cotton

Jane Toppan

Belle Gunness

Jeanne Weber

Mary Bell

Velma Barfield

Les groupies de Ted Bundy lors de son procès.

Dorothea Puente

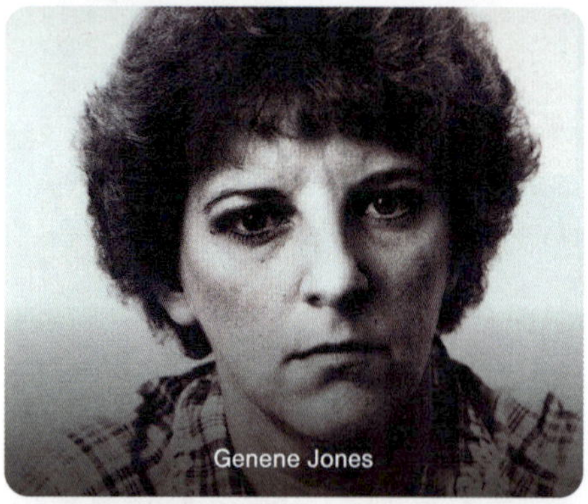
Genene Jones

Catherine Wood

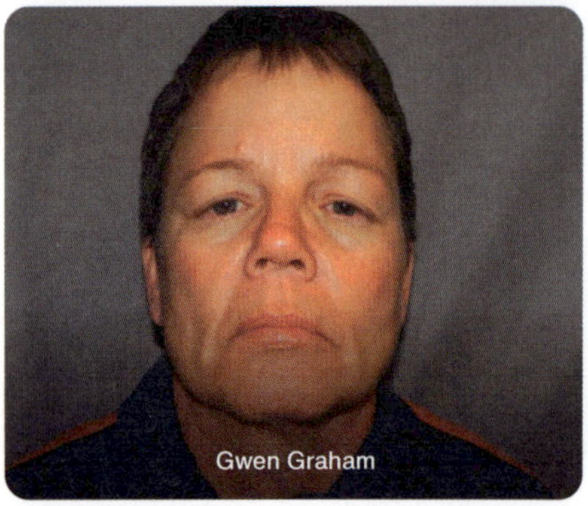
Gwen Graham

Aileen Wuornos

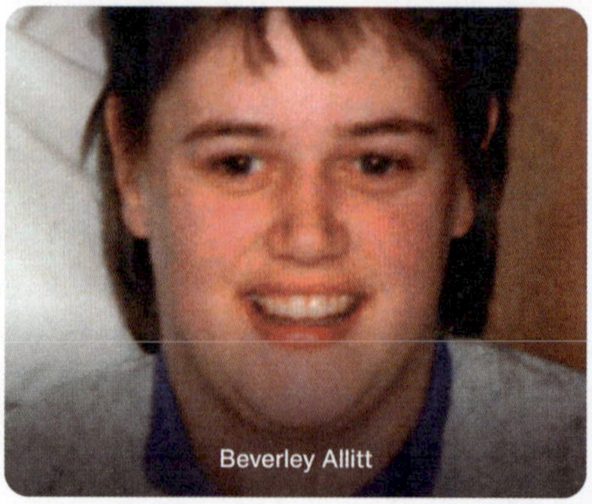
Beverley Allitt

Femmes et serial killer : la séduction finale

PAR EMILY TIBBATTS

Elles sont victimes, mais aussi tueuses, amantes ou groupies. Médiatisées lorsqu'elles tombent sous les coups des assassins, souvent oubliées dans le « panthéon » des serial killers, passées sous silence lorsqu'elles adulent un meurtrier. Emily Tibbatts, créatrice du site *tueurenserie.org*, remet les femmes à leur place dans les bas-fonds du mal.

C'est un fait. Les femmes sont avant tout victimes de la violence. En France, tous les trois jours, une femme meurt à la suite de brutalités. En 2019, 146 femmes ont été tuées dans l'Hexagone par leur compagnon ou ex-compagnon[1]. Dans le monde, une femme sur trois est violée ou abusée au moins une fois dans sa vie[2]. La violence des hommes s'exerce plus facilement, plus fréquemment, plus intensément, envers les femmes.

Le grand public, cependant, oublie souvent que les femmes peuvent elles aussi tuer. Et si la police va suspecter une femme d'avoir tué son époux, son amant ou sa tante par vengeance, pour l'héritage ou l'assurance-vie, les enquêteurs soupçonnent rarement une femme d'être une tueuse de sang-froid, et encore moins une tueuse en série.

D'ailleurs, les tueuses en série commettent leurs crimes sur une durée bien plus longue que leurs homologues masculins : elles sont non seulement plus discrètes et moins violentes (elles utilisent le poison), mais aussi moins facilement incriminées.

Mary Bell, une fillette de 11 ans, a tué 2 jeunes garçons de son quartier.

Aileen Wuornos a abattu 7 hommes entre 1989 et 1990.

Belle Gunness a assassiné ses maris, ses enfants et ses amants. Mary Ann Cotton a fait de même, mais avec de l'arsenic, tout comme Velma Barfield.

La domestique Hélène Jegado a empoisonné 97 personnes, dont 60 ont succombé.

Jeanne Weber a étranglé 10 enfants, dont les siens.

Jane Toppan a avoué 31 meurtres en 1901.

Christine Malèvre a fait 6 victimes. Genene Jones, Beverly Allitt, Gwen Graham et Catherine Wood : infirmières ou aides-soignantes, elles s'en sont toutes prises à leurs patients.

Dorothea Puente a assassiné au moins 9 personnes âgées qui logeaient dans sa pension.

Des couples tueurs ont sévi depuis toujours, que la femme soit une complice (Michelle Martin avec Marc Dutroux), un appât (Monique Olivier avec Michel Fourniret, Charlene Williams avec Gerald Gallego) ou qu'elle soit une participante volontaire – et enthousiaste – aux meurtres : Karla Homolka (et Paul Bernardo), Rose West (et Fred West), Myra Hindley (et Ian Brady), Carol Bundy (et Doug Clark), Martha Beck (et Ray Fernandez)... La liste est longue.

Et lorsque les femmes ne sont (heureusement) ni victimes ni tueuses, nombre d'entre elles s'intéressent au fait criminel. Mon site *www.tueursenserie.org* est parcouru par une majorité de femmes, qu'elles aient un intérêt pour l'enquête, la psychologie ou la criminalistique, ou qu'elles y soient amenées par leur profession. Elles me disent souvent qu'elles cherchent, comme moi, à comprendre « pourquoi ils tuent ».

Il n'est qu'à regarder le nombre de documentaires et de livres sur les crimes réels pour comprendre qu'il existe une réelle fascination pour ce sujet. Peut-être les femmes veulent-elles apprendre comment échapper à un assassin en sachant comment ils agissent.
Ces *true crimes* ont la même valeur que les contes de fées : une histoire simple qui révèle des vérités puissantes et complexes. Le père et la belle-mère de Hansel et Gretel les abandonnent et la sorcière essaie de les assassiner. Pourquoi les enfants aiment-ils cette histoire effrayante ? Parce que la peur offre un délicieux frisson, des sensations fortes par procuration, mais aussi parce qu'à la fin, le mal est vaincu et que les enfants perdus rentrent chez eux.
Lire des *true crimes* n'a rien de dérangeant. Il existe un phénomène bien plus déconcertant, celui des « groupies ». Les « groupies » des tueurs en série (très souvent des femmes, sachant que la majorité des serial killers sont des hommes) suivent ces tueurs, sont présentes lors de leur procès et leur écrivent des lettres enflammées.
Le Canadien Paul Bernardo, condamné à la perpétuité pour les meurtres de 3 adolescentes et plusieurs dizaines de viols au début des années 1990, reçoit en moyenne 200 lettres d'amour chaque mois (certes, bien moins que les 500 par semaine qu'on lui envoyait peu après son arrestation en 1993).
Ne croyez pas que ce phénomène n'existe qu'en Amérique du Nord. Guy Georges[3] et Patrice Alègre[4] reçoivent de nombreuses lettres d'amour et des demandes en mariage chaque mois...
Et cela n'a rien de nouveau.
Henri Désiré Landru était une véritable star en son temps. Entre 1915 et 1919, celui qui fut surnommé le Barbe Bleue de Gambais assassina et fit disparaître les corps de 11 femmes qu'il avait séduites. Il était petit, chauve, plutôt laid, mais avait un sens de l'humour piquant, des manières délicieuses et un sacré bagout.
Les femmes se bousculèrent pour assister à son procès et éclataient de rire quand il lançait une boutade.
De son incarcération en 1919 jusqu'à son exécution en 1922, il aurait reçu plus de 4 000 lettres d'admiratrices dont 800 demandes en mariage.
William H.T. Durrant, beau jeune homme poli et bien élevé, était étudiant en médecine et enseignant en catéchisme à San Francisco. En 1895, il viola, tortura et mutila 2 jeunes femmes qu'il avait promis d'épouser. Cela n'empêcha pas de nombreuses fans de se presser à son procès, pour voir le tueur, l'approcher, obtenir de lui un regard, susciter son intérêt.
Au lieu d'inspirer l'horreur et la répulsion, Landru et Durrant provoquaient chez ces femmes de la curiosité, de la dévotion, de l'excitation, voire de l'amour.
De nos jours, le phénomène perdure et des femmes se massent dans les tribunaux pour attirer l'attention de meurtriers brutaux. Elles montrent une volonté surprenante d'être en relation avec le tueur qu'elles ont choisi, certaines allant jusqu'à se fiancer, voire se marier avec lui.
Comment peut-on tomber en adoration pour un tueur qui a commis des actes atroces ?
Rappelons-nous d'abord que la plupart des tueurs en série sont des manipulateurs hors pair qui portent un « masque de normalité ». Ils ont l'air aimables, et non effrayants. Dès leur enfance, ils ont appris à mentir et à paraître pour ne pas éveiller les soupçons. Lorsqu'on les rencontre, quand on leur écrit, on pourrait ne jamais croire qu'ils ont accompli de tels crimes.
Ensuite, les films, séries et romans donnent souvent une idée biaisée, voire totalement fausse, de ce qu'est

Charles Manson, 79 ans et sa jeune fiancée Afton Burton. À 16 ans, elle entretenait une relation épistolaire et à 19 ans elle quittait son foyer et se faisait appeler Star Manson. Ils étaient sur le point de se marier lorsque Manson passa l'arme à gauche.

un véritable tueur en série. Après la diffusion sur Netflix du film *Extremely Wicked, Shockingly Evil and Vile* sur Ted Bundy (avec Zac Efron dans le rôle-titre), les réseaux sociaux ont été submergés de commentaires de jeunes femmes, que l'on peut résumer par : « C'est un salaud, mais qu'est-ce qu'il est beau. J'aimerais qu'il vienne chez moi ce soir. »
Ted Bundy était un nécrophile qui a violé les cadavres de plusieurs de ses victimes jusqu'à ce que les asticots le rebutent. Rien de ça dans le film.
Mais Ted Bundy avait des centaines de groupies. Bundy était un étudiant en droit qui semblait très sympathique et gentil, beau garçon, mais surtout beau parleur. C'était un menteur pathologique et un manipulateur. Il a assassiné au moins une trentaine de jeunes femmes et d'adolescentes. Il a convaincu la majorité des personnes qui le connaissaient qu'il était effectivement un homme charmant et que « tout cela » n'était qu'une terrible erreur judiciaire. Il ne correspondait pas à l'image que l'on se faisait (et qu'on se fait encore souvent) d'un tueur en série. Il n'avait pas l'air d'un monstre. Aussi, des centaines de femmes ont été bernées, amenées à croire que Bundy était réellement accusé à tort.

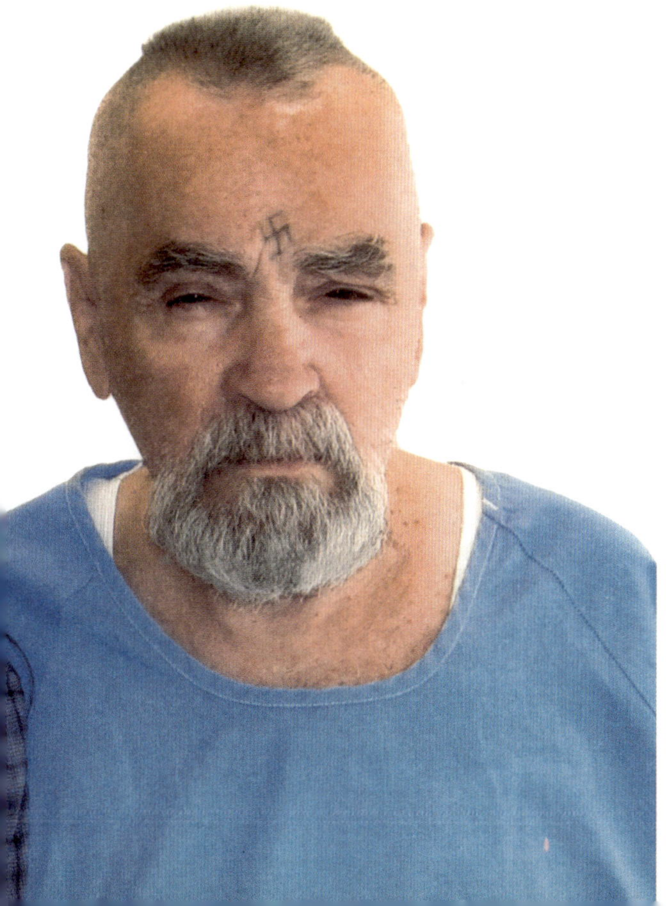

Carole Boone avait été la collègue de Ted Bundy, mais elle est devenue sa petite amie seulement après qu'il a été arrêté en Floride. Elle a profité de chaque occasion, face aux médias, pour affirmer qu'il était injustement accusé. Même après que Bundy a été condamné pour 3 meurtres, elle a maintenu sa position et a témoigné pour sa défense. Puis elle l'a épousé en plein tribunal alors que l'on débattait de sa peine pour le meurtre brutal d'une fillette de 12 ans.
Carole Boone a eu un enfant avec Bundy, mais a finalement eu des doutes sur son innocence, après la publication de plusieurs ouvrages dans lesquels il décrivait ses crimes à mots couverts. Elle a finalement demandé le divorce.

Des psychiatres ont comparé la passion de certaines de ces femmes pour les tueurs à une forme extrême de fanatisme

Des psychiatres ont comparé la passion de certaines de ces femmes pour les tueurs à une forme extrême de fanatisme. Selon eux, ces femmes, anxieuses, manquant de confiance en elles, ne parvenant pas à trouver l'amour de manière normale, recherchent volontairement des relations amoureuses qui ne peuvent être consommées. D'autres experts ont émis l'hypothèse d'une impulsion biologique indépendante de la logique. Certaines femmes considèrent les tueurs en série comme des « mâles alpha », des hommes plus puissants, plus intéressants qu'un compagnon « ordinaire ». Elles savent que se lier à lui est un mauvais choix, mais à travers lui, elles gagnent inconsciemment un statut et une protection.
Le tueur n'a même pas besoin d'être un beau jeune homme pour attirer l'attention d'une épouse potentielle. Le borgne et édenté Henry Lee Lucas avait des admiratrices. Une femme – déjà mariée – a comploté pour le libérer en tentant de se faire passer pour son ancienne petite amie (que Lucas avait avoué avoir étranglée) afin de l'innocenter.
On imagine souvent des femmes perdues, idiotes,

Kaya Scodelario incarne Carole Anne Boone la dernière fiancé de Ted Bundy, dans *Extremely Wicked, Shockingly Evil, and Vile*, disponible sur Netflix.

perverses, laides ou aliénées. Nombre de femmes amoureuses d'un tueur en série ne correspondent pas à ce profil. Elles sont jolies, instruites, énergiques, chaleureuses, souvent mariées, voire mères de famille. Quelques-unes sont avocates, psychologues ou juges. Sheila Isenberg, auteure du livre *Women Who Love Men Who Kill*, a expliqué que la majorité des femmes qu'elle avait interviewées pour son ouvrage avaient été abusées physiquement, sexuellement et/ou émotionnellement par un partenaire ou un parent.
Le fil conducteur de leur comportement, de leur intérêt pour un tueur était l'abus. Ces femmes avaient trouvé un moyen de répondre à leurs besoins psychologiques en entrant dans ce genre de relation. « Ce qu'elle voit en lui, c'est une relation où elle est en sécurité et où elle contrôle, et peut-être, pour la première fois, où elle a un certain pouvoir : elle est à l'extérieur et lui est enfermé. »
Les femmes qui ont épousé des tueurs en série ont offert des raisons différentes de leur choix. Certaines pensent qu'elles peuvent changer un homme aussi cruel, le rendre meilleur en lui donnant de l'amour, en essayant de le comprendre.
D'autres voient « le petit garçon » que le tueur était autrefois, elles le plaignent et veulent le « couver » comme une mère. Elles ont l'impression de lui être indispensables. Lorsque Bundy s'est retrouvé dans le couloir de la mort, Carole Boone a correspondu durant plusieurs années avec ses avocats pour leur demander des nouvelles de son époux, les questionner sur telle ou telle phrase d'un appel ou leur réclamer des documents.
Dans l'une de ces lettres, elle parle de Ted Bundy en l'appelant « Bunny », c'est-à-dire « mon petit lapin ». Ni « Ted », ni « mon mari », mais un surnom infantilisant – et presque humiliant – quand on écrit à des juristes. Être la figure maternelle d'un tueur en série procure aussi un certain pouvoir : on élimine la nature cruelle et malfaisante du tueur, comme on coupe les griffes d'un animal.
Certaines femmes ont une existence ennuyeuse et ressentent le besoin d'ajouter un peu de sel, de drame, dans leur vie. Elles peuvent se rendre à un procès par simple curiosité, puis tomber amoureuses du tueur, et commencer à lui écrire pour « faire quelque chose d'excitant ». D'autres en viennent même à se persuader que le tueur

est victime d'une erreur judiciaire et que, tel un chevalier blanc, elles vont le sauver. Quelques-unes espèrent uniquement partager l'attention des médias ou obtenir une jolie somme pour un livre ou un film. Certaines expliquent avec délectation aux différents médias qu'elles sont follement amoureuses, ou que le tueur est innocent et qu'elles vont le prouver. Ou qu'il a changé, qu'il est devenu un homme bon. Grâce à elles.
Afton Elaine Burton, 29 ans, aurait épousé Charles Manson s'il n'était décédé à 83 ans. Elle a toujours affirmé qu'il était innocent des crimes dont on l'accusait, mais a surtout apprécié les caméras pointées sur elle.
Certaines parlent aussi de « petit ami parfait ». Elles savent où il est à tout moment (en prison !) et se persuadent qu'il pense à elles constamment.

Être la figure maternelle d'un tueur en série procure aussi un certain pouvoir

Elles peuvent croire ou prétendre qu'un homme les aime, sans avoir à supporter les problèmes et le « train-train quotidien » de la plupart des relations. Elles n'ont pas besoin de laver son linge sale ou de lui faire la cuisine. Elles peuvent l'aimer sans être jalouses et lui faire confiance. Elles se trompent souvent. Le tueur britannique Peter Sutcliffe, assassin de 13 femmes dans les années 1970, manipulait les femmes qui lui écrivaient. Il adorait le pouvoir qu'il pouvait exercer sur elles bien qu'étant derrière les barreaux. Il amenait chacune d'entre elles à croire qu'elles étaient « la seule et unique », il leur promettait le mariage... et finissait invariablement par les blesser en leur annonçant brutalement qu'elles n'étaient qu'une parmi tant d'autres. Certaines continuaient pourtant de lui écrire, le besoin de nourrir le fantasme étant trop fort.
Enfin, une minorité de femmes sont hybristophiles, une perversion qui pousse certaines personnes à ressentir une excitation sexuelle en présence d'un individu qui commet des actes violents.
Dans la culture populaire, ce phénomène est connu sous le nom de « syndrome Bonnie et Clyde ».
Certaines femmes vont s'approcher du tueur pour éprouver un frisson, frôler la flamme sans se brûler, sans plus. Mais certaines vont aller beaucoup plus loin, jusqu'à la complicité et le meurtre.
Les meurtriers qui ont commis les crimes les plus brutaux reçoivent souvent des courriers de nature sexuelle. Non seulement Ted Bundy a reçu des centaines de demandes en mariage, mais des dizaines de femmes lui ont envoyé des photos d'elles complètement nues.
Karla Homolka, l'ex-épouse de Paul Bernardo, était une hybristophile agressive. Elle a aidé son mari à violer et assassiner 3 adolescentes, dont sa propre sœur.
Elle a filmé et enregistré les tortures infligées aux victimes, elle a encouragé son époux, elle a participé aux viols.
En contact avec le psychopathe et pervers sexuel qu'était Bernardo, elle a commis des actes innommables.
Mais libérée après 12 années de prison, elle s'est mariée, a fondé une famille et n'a plus jamais fait parler d'elle.
Au sein des couples de tueurs, la plupart des femmes n'auraient probablement pas perpétré les crimes qu'elles ont commis si elles n'avaient pas eu une relation avec ces hommes. Mais d'un autre côté, la plupart de ces hommes n'auraient pas été des criminels aussi efficaces s'ils n'avaient pas été assistés par des femmes dévouées.

Notes :

1. Je vous recommande de visionner le terrible mais édifiant documentaire *Féminicides* diffusé par France 2 le 2 juin 2020.
2. UNIFEM, « Facts and Figures on Violence against Women », 25 novembre 2003.
3. Le Tueur de l'Est parisien, assassin de 7 jeunes femmes ; il a tenté d'en tuer 14 autres.
4. Condamné à perpétuité pour 5 meurtres, une tentative et 6 viols commis à Toulouse et Verdun.

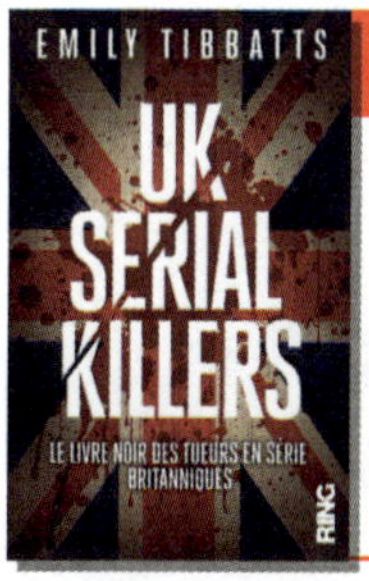

POUR EN DÉCOUVRIR PLUS

UK Serial Killers
Le livre noir des tueurs en série britanniques

Emily Tibbatts

382 pages - 18 € - RING

Le Joker vu par Jack C. Gregory.
Instagram : @jack_c_gregory

Le Joker

ou le *psycho killer* de 7 à 77 ans

Par Jérôme Wicky

En décembre 2019, peu avant les fêtes de Noël, TF1 consacre un reportage[1] aux magasins de jouets, secteur déjà en crise avant l'actuelle catastrophe sanitaire. À l'affût de nouvelles façons d'appâter la clientèle, composée d'adeptes prépubères de Lego Batman et de leurs parents, un vendeur à court d'idées propose de se travestir en Joker... la version jadis incarnée par Heath Ledger à l'écran, avec les joues fendues au rasoir. Au creuset de mille concepts, entre le *happy meal* et *Massacre à la tronçonneuse*, le Joker, d'abord méchant classique, puis psychopathe à la mode, se voit remodelé en antihéros, particulièrement depuis sa récente oscarisation derrière l'objectif de Todd Phillips. Une préoccupante confusion des archétypes qui mérite qu'on s'y attarde.

Psycho killer, qu'est-ce que c'est ?

Mise au point : malgré leur présence dans ce dossier, le Joker et son sens du spectacle ne correspondent guère à la définition du tueur en série, dont la discrétion proverbiale lui permet d'échapper à la justice en semant les cadavres derrière lui. Le serial killer, le psychopathe, ou autre fou dangereux ne sont que des composantes d'un Joker qui, en quatre-vingts ans d'existence, a enfilé bien des rôles. Décomposons ici les ingrédients de ce maquillage éprouvé.

Une carte de jeu et une photo de l'acteur Conrad Veidt interprétant *L'Homme qui rit* de Victor Hugo, voilà, selon la légende, les deux premières sources d'inspiration des créateurs du Joker, Bill Finger et Jerry Robinson. Très vite cependant, le tueur livide prendra le surnom de « Clown prince du crime », troquant l'image du bouffon médiéval contre celle de l'artiste de cirque. Or, au fil des ans, le clown est passé du statut d'amuseur inoffensif pour la marmaille à celui de personnification de la terreur. Coupable d'avoir ainsi souillé la réputation de Bozo et consorts ? Sans doute l'authentique tueur en série John Wayne Gacy, qui entre deux viols et meurtres de jeunes gens aimait revêtir la tenue du clown Pogo pour égayer les après-midi des enfants hospitalisés. Relayant ce hobby à travers ses autoportraits[2], Gacy inspirera nombre d'auteurs du domaine horrifique, en premier lieu Stephen King, qui donne à l'entité innommable du roman *Ça* l'allure du clown Grippe-Sou. Dès lors, tout clown devient suspect aux yeux de la pop culture, surtout ceux qui, comme le Joker, ont des prédispositions (on pense également à Ronald McDonald, spécialisé dans l'agression diabétique). Todd Phillips enfonce le clou dans le film qu'il consacre au Joker en 2019, dont le « héros » éponyme se produit dans un cabaret appelé le Pogo. Avec le clown sanglant comme plateforme, le Joker a fini par se connecter à toutes les formes populaires du fou criminel, pour les absorber de façon plus ou moins heureuse. Diagnostiqué malade mental par les scénaristes Dennis O'Neil et Steve Englehart dans

les années 1970, il termine la décennie suivante sous les traits de Jack Nicholson, archétype hollywoodien du forcené depuis sa prestation dans *Shining*.
Les années 1990, qui nous ont offert la troublante relation entre Clarice Starling et Hannibal le cannibale, verront le Joker pervertir la psychiatre Harleen Quinzel [devient Harley Quinn après sa rencontre avec le Joker] pour en faire sa dulcinée. Un couple dont l'apparition dans le désastreux *Suicide Squad* au cinéma évoque le confus *Natural Born Killers*. En 2011, Tony S. Daniel et Scott Snyder font du Joker un adepte de l'automutilation qui porte son propre visage arraché en guise de masque. Deux ados en pleine fièvre grand-guignolesque après un visionnage successif d'*Hellraiser* et de *Massacre à la tronçonneuse* n'auraient pas fait pire. Notons enfin le sort particulièrement gore réservé au vénérable Bat-majordome Alfred (mutilé, puis zombifié) lorsqu'il croise la route de ce Joker des Temps modernes.
À force d'occuper tant de cases à la fois, le Joker finit par en déborder. Devenu protagoniste de son propre film hollywoodien, le psychopathe poudré tourne au modèle pour *pasionarios* masqués antiploutocrates. De ce fait, il semble chasser sur les terres de *V pour Vendetta,* inspiration du mouvement Anonymous. Les deux concepts n'ont rien à voir, hormis leur présence dans deux bandes dessinées écrites il y a une quarantaine d'années par le même scénariste, Alan Moore. Jetons donc un coup d'œil dans le rétroviseur pour repérer l'amorce du dérapage.

La griffe de l'antihéros

Assassinats politiques, émeutes raciales, guerre du Viêt Nam interminable, scandale présidentiel et crise pétrolière : entre les années 1960 et 1970, l'Amérique perd ce qui lui restait d'innocence, et la culture populaire relaye ces chocs successifs. C'est la période d'un « Nouvel Hollywood » aux contours flous, autour duquel gravitent de nouveaux archétypes violents, comme un flic flingueur incarné par Clint Eastwood, ou les ploucs cannibales de *Massacre à la tronçonneuse*. C'est aussi la décennie où le Joker devient le protagoniste de sa propre série de BD, jugée trop avant-gardiste puisqu'elle s'achève après 9 numéros. L'Amérique, qui a goûté à la naïve soif d'idéal de l'après-guerre et aux violents désenchantements qui l'ont suivie, réalise dans les années 1980 une synthèse, assumant pleinement sa schizophrénie. Sous l'étendard de l'ultralibéralisme, un ex-acteur investit la Maison-Blanche, citant à l'envi les nouveaux surhommes d'Hollywood, héros d'épopées aussi inspirantes que l'image idéalisée de l'Amérique, pays de cocagne où les opportunités fleurissent à chaque coin de rue. À ce rêve américain se heurte la réalité d'une hausse sans précédent de la criminalité urbaine, du nombre de sans-abri, et du trafic de drogue. Comme dans la décennie précédente, il n'est pas facile de distinguer les gentils des méchants, mais la culture pop s'empresse de nous rassurer par un message anesthésiant : ça n'est pas grave. « Le bien, le mal, c'est un peu flou », pour citer le héros décontracté de *S.O.S. fantômes*, tandis que Michael Jackson s'auto-chatbite en chantant combien c'est bon d'être *bad*. Les héros un peu méchants, sur le fil du rasoir, sont « tendance ».

> **Il n'est pas facile de distinguer les gentils des méchants, mais la culture pop nous rassure : ce n'est pas grave**

Dirty Harry a fait des petits dans les pages des comics, du Punisher au mutant bestial Wolverine, qui va jusqu'à citer sa célèbre tirade, « Je sais à quoi tu penses... ». C'est dans ce terreau fertile que fleurit le prototype du Joker aujourd'hui incarné par Joaquin Phoenix. À la demande du dessinateur Brian Bolland, Alan Moore écrit le scénario de *The Killing Joke*, un album de 1988 consacré aux origines du Joker, jusque-là restées secrètes. Ici naissent certains concepts repris par Todd Phillips, notamment le passé de comique raté du futur criminel, mais aussi l'idée de prendre le Joker pour protagoniste plutôt que Batman. Moore ne tarde pas à se désolidariser de cette œuvre[3], dont il jugera creux et sans substance le message central, ainsi résumable : le Joker et Batman ne sont pas si différents, et une simple mauvaise journée peut rendre fou n'importe qui.

GABZ (Grzegorz Domaradzki) – *Ledger Joker*
www.iamgabz.com

GABZ (Grzegorz Domaradzki) – *Nicholson Joker*
www.iamgabz.com

Super-bad

Héros et salaud, kif-kif bourricot : les comics vont faire de cette maxime leur loi à partir des années 1990. Le patient zéro est sans doute Venom, ennemi-reflet de Spider-Man qui popularise plus que jamais la vieille recette du sosie maléfique. S'ensuivront chez Marvel les Thunderbolts, les Dark Avengers, Superior Spider-Man, Infamous Iron Man… Chaque fois, avec des variantes, c'est un ennemi historique du héros qui usurpe son identité pour une certaine période, allant jusqu'à reprendre ses activités altruistes pour parfaire son déguisement. Dès lors se crée dans l'esprit du lecteur un doute : nos chères vieilles crapules sanguinaires ne s'humaniseraient-elles pas ? Pourquoi pas, répond l'éditeur, s'il y a assez d'acheteurs pour suivre les aventures du vilain repenti. Ainsi naît un *Venom* sur grand écran, premier dérivé du *Spider-Man* cinématographique… Comment cette tendance se traduit-elle chez le concurrent DC Comics, *alma mater* de notre Joker ? On y préfère, culture d'entreprise oblige, les histoires d'univers parallèles où les rôles du super-héros et du super-vilain s'inversent. Ainsi, le très populaire jeu vidéo *Injustice : les dieux sont parmi nous* propose un Superman devenu dictateur sanguinaire à la suite d'une épouvantable machination du Joker. Ce dernier et Batman sont fusionnés en un nouvel « homme qui rit », nettement plus SM que celui de Victor Hugo, dans *Batman : Metal*. Dans *Batman : White Knight*, succès fulgurant dans les librairies françaises, les rôles sont inversés, et un Joker guéri de sa folie s'oppose à un Batman sur le point d'être interné.
C'est peut-être là que réside la future évolution du personnage. Le 100e numéro de l'actuelle série *Batman* montre le Joker, avec un train de retard sur les méchants Marvel, affronter la chauve-souris dans

un dérivé lumineux de sa panoplie vampirique. Certes, il continue d'asséner les platitudes nihilistes qui font son ordinaire depuis son incarnation à l'écran par Heath Ledger, mais son cousin justicier Rorschach (autre création moorienne) ne philosophe-t-il pas dans le même registre ? Et Harley Quinn, son pendant féminin, n'est-elle pas passée du statut de victime complice à celui d'icône féministe de la culture cosplay ? On le sait depuis que Che Guevara s'incarne sur les T-shirts, la dissidence est soluble dans la société de consommation. Si le public réclame des protagonistes fêlés et monstrueux pour choquer le bourgeois dans ses moments de rébellion, il veut en même temps, conformément à notre époque déboussolée, la consolation qui va avec les aventures d'un héros pur sucre. Encore quelques années, et Batman et le Joker pourraient bien combattre le crime main dans la main. En fait, estomper la frontière entre gentil et méchant n'a rien de très nouveau. C'est même l'un des éléments de base du super-héros depuis sa naissance dans les années 1940, puisqu'il fait passer du côté des gentils les variantes de trois archétypes inhumains jusque-là largement considérés comme inquiétants : l'extraterrestre (Superman), la statue de glaise animée (Wonder Woman), et le vampire (Batman). La seconde grande vague des années 1960, empreinte de la culture *teenage* née du baby-boom, propose des héros tels que Spider-Man, Hulk ou la Chose, qui, avec leurs toiles d'araignée, « écailles » et front proéminent, semblent parés pour Halloween. Accepter le monstrueux comme composante de l'héroïque, c'est la part de modernité qui sépare les super-héros de leurs aïeux archaïques des comic strips. Mais dans le cas du Joker, réceptacle des caractéristiques d'une foultitude de tueurs fous, y a-t-il quoi que ce soit à héroïser ? À force de le confondre avec l'antihéros, d'en faire un étendard standardisé de toutes les révoltes ou différences, le méchant ne perd-il pas sa formidable qualité d'outil narratif ? Quid du pouvoir évocateur de la bonne vieille crapule qui s'est engagée sur la mauvaise pente, vit de ce fait un drame et peut servir de contre-exemple ? de ce méchant-là qui n'a ni piercing ni tatouage à nous vendre, seulement un simple message, « ne fais pas comme moi » ?
En guise de conclusion, laissons Alan Moore, contributeur récalcitrant à la légende du Joker moderne, nous confier ce que lui inspire l'exploitation sérielle d'un autre monstre de papier :
« Le risible Hannibal Lecter n'a rien d'un vrai tueur en série. Ces gens-là ne vont pas disserter sur la qualité des truffes et de la musique classique, ils n'ont pas l'équipement émotionnel pour. [...]
Ils ne sont pas capables d'identifier le gel douche de quelqu'un en frétillant des narines. » Le scénariste souligne ainsi certains points communs entre le serial killer du cinéma et les surhommes de la BD (on pense ici aux sens aiguisés de Wolverine), dont l'origine traumatique est un autre exemple. « Au bout du troisième roman, on nous explique les raisons du cannibalisme [de Lecter] : c'est parce que sa petite sœur a été mangée par des cannibales pendant un hiver difficile. Le pauvre homme ! Voilà qui explique tout. Il a beaucoup souffert, comme nous tous. Il a ses raisons d'être cannibale.
En d'autres termes, on lui trouve des excuses », déplore Moore avant de conclure : « D'après tout ce que j'ai lu au sujet des tueurs en série, ils ne nous sont supérieurs en rien. Il leur manque quelque chose que nous avons tous. Ils n'ont pas de pouvoirs surhumains. [...]
Ils ne méritent même pas d'être appelés humains.
Ils ne fonctionnent pas[4]. »

Notes :

1. Cf. https://www.coulisses-tv.fr/index.php/infos/item/13104-"grands-reportages"-«-des-jouets-par-milliers-»,-dimanche-8-décembre-sur-tf1. Reportage visionnable en ligne sur https://vimeo.com/308212966.
2. Voir à ce sujet l'article de Tom G. Wolf dans ce numéro.
3. Les condamnations publiques de *The Killing Joke* par Moore étant trop nombreuses pour être toutes signalées ici, on se contentera de la dernière en date, à l'occasion de la promotion de son nouveau film *The Show* : https://deadline.com/2020/10/alan-moore-rare-interview-watchmen-creator-the-show-superhero-movies-blighted-culture-1234594526/
4. Propos tirés de l'entretien accordé par Alan Moore à Jon B. Cooke et George Khoury, *in Comic Book Artist*, vol. 1, no 25, Twomorrows, Raleigh, juin 2003, p. 35.

POUR DEVENIR FOU

Joker

Collectif

112 pages – 19,90 € – Monsa Publications
www.monsashop.com

Isabella Di Leo – *Joker from Suicide Squad*
Instagram @nuttyisa

JOKER
JOKER

Les origines du Joker

ou la naissance des super-vilains

PAR N.C. CHRISTOPHER COUCH

Si la postérité a retenu le nom de Bob Kane, le créateur n'est pas celui qui a inventé tout l'univers de ce personnage, tant l'industrie de la bande dessinée américaine est une entreprise. C'est ainsi à Jerry Robinson que l'on doit l'idée et les traits du fameux Joker, comme l'explique l'historien des comics N.C. Christopher Couch dans un livre dédié à cet auteur récemment disparu.

Avec le succès des histoires de Batman dans *Detective Comics*, l'éditeur décide qu'il est temps de donner à l'Homme chauve-souris sa propre bande dessinée. Quand Superman obtient un titre à son nom à l'été 1939, une partie du matériel est repris d'*Action Comics*. Mais lorsque Bob Kane[1] revient au studio et apprend à Robinson et Finger[2] qu'il va y avoir un titre *Batman*, il apparaît qu'ils vont devoir créer quatre *nouvelles* histoires très rapidement, en plus de leur travail en cours pour *Detective Comics*. « Bien que nous travaillions dur, c'était, rétrospectivement, un rythme assez tranquille, produisant une histoire de *Batman* par mois, se souvient Robinson. Soudain, nous étions confrontés à quatre histoires pour *Batman* nº 1 et à une histoire pour *Detective*. Bob et moi, nous faisions toujours des histoires pour *Clip Carson* et *Rusty and His Pals*, en dépit du fait que que ces titres se termineraient bientôt, ainsi que la bande dessinée *World Fair*, qui était un trimestriel. Aucun d'entre nous n'était équipé pour affronter une telle charge de travail en si peu de temps. » Il s'avère que l'équipe Kane/Finger/Robinson n'est pas en mesure de produire quatre nouvelles histoires. C'est ainsi que le deuxième récit utilisé dans *Batman* nº 1, « Dr. Hugo Strange and the Monsters », est prévu pour le *Detective Comics*, qui n'est pas encore paru.

PAGE DE GAUCHE : Le dessin original du Joker par Jerry Robinson (1940).

Pour alléger un peu la pression, en particulier celle qui pèse sur Bill Finger, qui est un écrivain talentueux mais pas toujours rapide, Robinson se permet une suggestion. « Je me suis porté volontaire pour écrire une histoire, ce qui a vraiment plu à Bob et Bill. » Robinson, lui aussi, est ravi ; il veut écrire, mais le dessin lui prend trop de temps, d'autant plus qu'il est encore étudiant à Columbia. Il y suit un cours d'écriture, et sait qu'il pourra rendre une histoire de *Batman* comme l'un de ses devoirs. La solution semble idéale, à la fois pour respecter les *deadlines* exigées par l'éditeur et pour résoudre ses problèmes de devoirs à la fac. En plus, il sera payé pour ça.
Jerry retourne dans sa chambre, dans l'appartement de sa tante, et commence à penser à une accroche pour l'histoire. L'un des sujets de ses cours d'écriture créative à Columbia est le conflit dans la fiction, et Robinson songe qu'un méchant véritablement exceptionnel est ce qui manque à Batman depuis ses premières histoires. Jerry est également déterminé à faire quelque chose d'original, quelque chose que l'on ne trouve pas dans d'autres comics. Il se souvient « qu'il n'y avait pas de super-méchants dans les bandes dessinées à l'époque. Dans les années 1930, les méchants étaient les gangsters – Pretty Boy Floyd, Dillinger, Machine Gun Kelly, et ainsi de suite. Ils servaient de modèles à tous les trafiquants, pirates de l'air, gangsters et autres voyous que l'on apercevait dans les comics ». Robinson sait à quel point ce répertoire d'antagonistes est limité : « Je n'allais pas

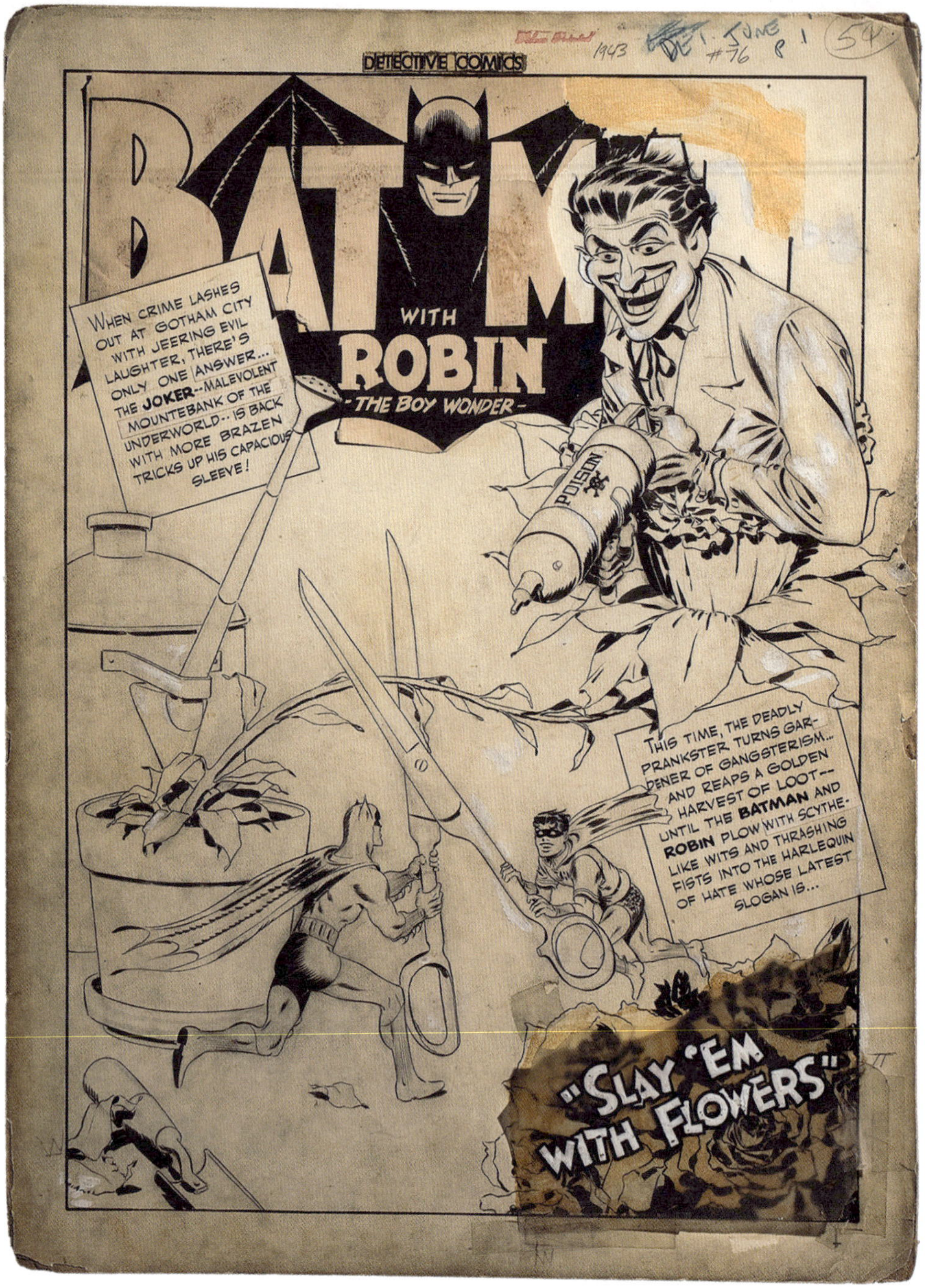

Jerry Robinson dessina le Joker à de nombreuses reprises dans les années qui suivirent sa création, comme dans cette histoire de *Detective Comics* 76 parue en juin 1943 (planche originale provenant de la collection privée de J. Robinson).

opter pour un autre méchant stéréotypé, un gangster. » Batman mérite un adversaire digne de lui, comme Moriarty face à Holmes, comme Goliath face à David. Le cours d'écriture créative de Jerry porte également sur la construction d'un personnage et la profondeur que la contradiction interne peut lui apporter. Robinson décide de donner à son nouveau maître criminel un sens de l'humour, pour contraster avec sa personnalité sombre.

Robinson est d'avis qu'un « méchant ayant de l'humour serait le genre de particularité qui rendrait ce personnage mémorable ».
Pendant que Jerry réfléchit aux attributs de son nouveau personnage, il commence à penser à des noms. Comme dans tous les genres littéraires, les noms sont extrêmement importants pour installer un personnage dans une bande dessinée. Robinson a besoin de trouver le nom juste, celui qui reflétera vraiment la dualité de son méchant comique/comédien.
Tout à coup, un nom lui vient à l'esprit : « Joker ». Les jeux de cartes sont une activité habituelle dans la famille Robinson. Il pense qu'il pourra y trouver une représentation visuelle de son personnage et il fouille dans sa chambre, retournant la pièce pour trouver un paquet de cartes. Lorsqu'il met enfin la main dessus, il feuillette rapidement les cartes et sort un joker. Il devient la base de son personnage célèbre. Robinson étudie la figure sur la carte et travaille le croquis. Il souligne les traits déformés du bouffon et donne à son nouveau personnage le rictus plein de dents d'un clown sinistre.
Robinson vient de créer l'un des personnages les plus mémorables de la bande dessinée – et de la littérature. Avec le Joker, Robinson réunit le mystère et la tristesse du travail de Poe, les forces psychologiques sombres de l'expressionnisme et les caprices du destin, exprimant dans le tirage des cartes une métaphore de nos vies.

Il n'est pas étonnant que cette figure complexe et résonnante ait été un personnage si durable et mercuriel dans l'histoire de la bande dessinée, et que le Joker ait été incarné par certains des acteurs les plus talentueux. Cependant, Jerry ne peut écrire l'histoire où apparaît le Joker pour la première fois. « Quand je suis arrivé avec mon idée du Joker, Bob et Bill ont adoré ; ils m'ont persuadé de laisser Bill écrire l'histoire parce que le temps pressait et que cela aurait été mon premier scénario, se souvient Robinson. Ils m'ont tous les deux supplié de renoncer à l'idée et de laisser Bill écrire le script final, en utilisant mon brouillon. J'ai accepté à contrecœur, mais je dois admettre que j'avais les larmes aux yeux. J'avais 18 ans à l'époque. Si j'avais été plus âgé, j'y aurais réfléchi à deux fois. »

Ce premier super-vilain en lança mille autres dans son sillage

Robinson décrit le caractère du Joker, son personnage et l'ensemble de son idée d'histoire à Finger. Son amitié et le respect qu'il a pour celui-ci rendent le fait de perdre la chance d'écrire sa propre histoire un peu plus facile : « Bill était un gars si gentil, et je savais qu'il ferait de l'excellent travail », explique Robinson.

La page d'introduction de la première histoire du Joker, publiée dans *Batman* n° 1 (printemps 1940), représente le Joker tenant trois cartes, chacune portant une image différente : Batman, Robin, et le Joker lui-même.

Chaque fois que le Joker commet des vols ou des meurtres dans l'histoire, il laisse une carte à jouer avec son propre portrait sur la scène de crime. Robinson est l'auteur de l'image sur les cartes de signature du Joker dans cette histoire ; il la dessina à partir de son premier croquis, produit alors qu'il était pris dans la fièvre créatrice de son personnage, pendant une nuit d'hiver à la fin de l'année 1939. Le script original proposait de tuer le Joker à la fin de l'histoire, après un combat théâtral avec Batman. Mais il fut sauvé à la dernière minute, et ce par l'éditeur du livre, Whitney Ellsworth. Celui-ci avait travaillé dans les comics, avait fait ses armes dans les journaux et les pulps et savait reconnaître une bonne idée lorsqu'il en voyait une. Une modification rapide juste avant impression montre un policier découvrant que

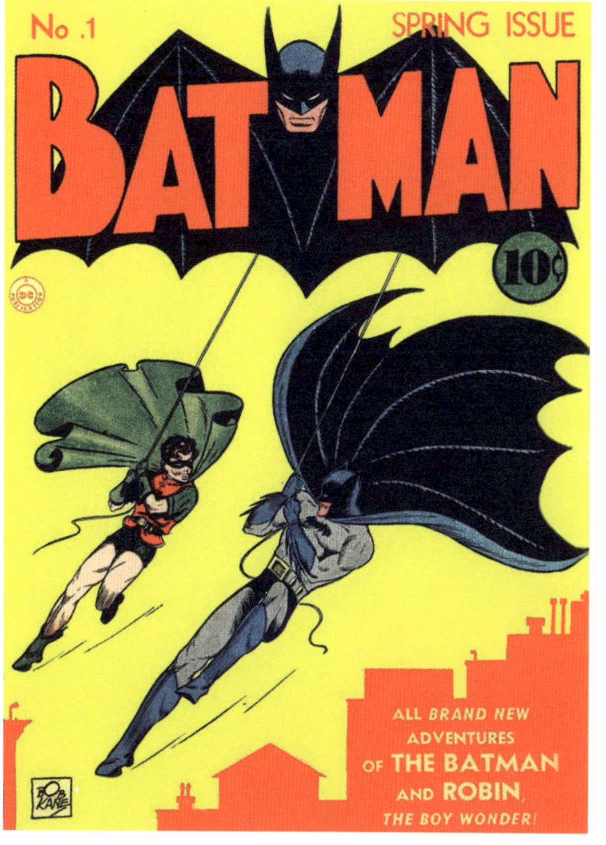

Couverture première apparition Joker *Batman* n° 1.

la blessure au couteau infligée au Joker n'a, en fait, pas été mortelle. Le méchant souriant vivra pour commettre plus de crimes et menacer Batman, Robin et la paix à Gotham encore longtemps.

Le Joker devint un moteur important de la nouvelle énergie *Batman* – et ce premier super-vilain en lança mille autres dans son sillage. D'autres rédacteurs de bandes dessinées et écrivains remarquèrent le personnage, comme s'en souvient Robinson : « Le Joker s'en est bien tiré. Après sa parution, tous les autres livres ont essayé de créer leurs propres super-vilains : le Clown, le Bouffon. Le concept du super-vilain a pris son envol, tout comme celui du super-héros avant cela. »

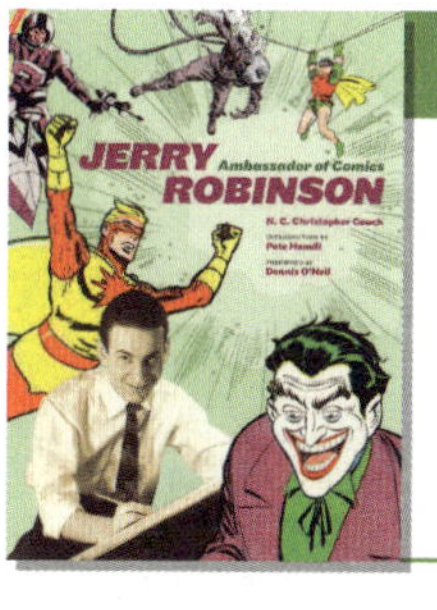

POUR RIRE VERT

Jerry Robinson, Ambassador of Comics

N. C. Chritopher Couch

224 pages – 35$ - Abrams ComicArts

Le mal dans tous ses états

Bryan Cranston est Michael Desiato.

La série *YOUR HONOR* est disponible sur CANAL+ et myCANAL.

De quoi nos méchants sont-ils le nom ?

ENTRETIEN AVEC

François Jost

PROPOS RECUEILLIS PAR RODOLPHE LACHAT

Sémiologue, professeur en science de l'information et de la communication, François Jost a consacré une partie de son œuvre à l'étude de la production cinématographique, télévisuelle (il est le rédacteur de la revue *Télévision*) et médiatique. Auteur de trois ouvrages de référence sur la haine contemporaine, il nous offre ici une analyse de ces méchants devenus héros de séries.

Fantask : ***En 2015, vous avez publié un livre étonnant, uniquement consacré aux nouveaux méchants des séries télé ? Pourquoi un tel angle ?***

François Jost : On m'avait demandé un livre sur les relations entre les séries et l'Amérique contemporaine. Je venais de voir *Dexter* et *Breaking Bad* - deux séries qui m'avaient particulièrement intéressé, qui m'avaient vraiment saisi, et qui mettaient en scène des méchants. J'ai eu envie d'approfondir cette thématique.

Vous y expliquez notamment que si ces nouveaux méchants ne sont pas des héros, dans le sens classique du terme, ils ne sont pas non plus des antihéros, un terme que l'on voit de plus en plus utilisé à tort et à travers.

Il faut dire que j'ai une définition du terme « antihéros » plus ancienne que celle qu'on accepte aujourd'hui. C'est celle qui s'appliquait à une certaine littérature : c'est Kafka avec *Le Château* qui propose un personnage appelé K. qui n'a pas vraiment de description physique, pas d'identité développée. Ou *Le Procès*, du même auteur, avec Joseph K. C'est aussi le cas pour le Nouveau Roman où les personnages peuvent changer de caractère, n'ont pas des traits définitoires extrêmement forts, etc. C'est dans ce sens-là pour moi qu'on parle d'antihéros.

Alors qu'aujourd'hui, le terme sert seulement à désigner des personnages qui ne se comportent pas en héros, qui ne portent pas de valeurs positives, qui s'opposent au bien, que représenterait le héros. Des méchants comme Dexter, Al Swearengen de *Deadwood* ou Walter White de *Breaking Bad* accomplissent certes des actions à l'opposé de l'« héroïsme », mais du point de vue de la syntaxe du récit, ils sont dans la position du héros, au sens du protagoniste qui accomplit une quête - dans le schéma actantiel bien connu, qui rencontre des adjuvants et des opposants.

Et de quelle manière ces « nouveaux méchants » s'opposent-ils aux anciens vilains ?

Les personnages de méchants sont en général, que ce soit dans le western ou des séries plus classiques comme *Dallas*, monolithiques : quand ils sont méchants, ils sont méchants de part en part. L'un des exemples les fameux, c'est bien sûr J.R., qui a tant secoué la France dans les années 1980. On sait que toutes les actions qu'il accomplit sont guidées par ce trait de caractère qui est d'être méchant. Dans le business, bien sûr, mais aussi dans sa vie privée. Si à un moment, il semble plus proche de sa femme, c'est pour obtenir quelque chose, s'il est sympathique avec un ami, c'est aussi pour obtenir autre chose, etc. Il se place ainsi dans une longue tradition que Molière a très bien développée

Larry Hagman est l'inoubliable J.R. Ewing dans *Dallas*.

(et bien avant lui, bien sûr, les Grecs) : le misanthrope, toute sa vie, ce qui lui arrive, c'est parce qu'il est misanthrope ; ou le tartuffe, ce qui lui arrive, c'est parce qu'il est tartuffe ; ou l'avare, encore plus. Donc ce sont des héros monolithiques. À l'inverse, dans mon livre, j'analyse des « nouveaux méchants » qui sont des personnages que je dis « feuilletés », c'est-à-dire constitués de trois couches : une couche qui représente leur vie professionnelle ; une couche constituée par leur la vie privée - ils ont une vie sentimentale, ils ont une femme et des enfants et ils y tiennent énormément ; et puis une troisième couche, qui est ce qu'on appellerait l'*éthos*, c'est-à-dire les valeurs qu'ils défendent et représentent. Et tout peut s'opposer très fortement. Par exemple, Dexter est un policier qui tue des gens mais il les tue parce que la société laisse courir libres des criminels. Il est en cela l'héritier de certains hors-la-loi du western, qui tuent mais pour le bien ; Walter White se lance dans la fabrication de la drogue à la fois pour payer ses soins et subvenir aux besoins de sa famille. Ils agissent en fonction d'une morale conséquentialiste, où, en fait, ce qui compte, c'est le bien de la société dans son ensemble et pas seulement le bien personnel. Cette triple couche explique l'adhésion très forte qu'on a envers ces personnages. Bien qu'il tue, Dexter devient un très bon père, alors même que son père lui avait d'ailleurs dit : « Si tu veux être tueur en série, ne t'attache pas à un enfant, c'est contradictoire. » Mais lui devient un très bon père, jouant sur des sentiments qui résonnent dans l'esprit du spectateur et qui s'opposent à son comportement, que l'on pourrait considérer comme immoral d'un point de vue d'une morale déontologique, pour laquelle « tu ne tueras point » est un impératif catégorique qui s'impose a priori.

Vous expliquez qu'il y a aussi une sorte d'axiologie du mal, une hiérarchisation des mauvaises actions. Un héros peut être un méchant, mais jusqu'à certaines limites - il n'y a pas de héros qui serait un pédophile, par exemple.

Oui, on retrouve cela dans toutes les séries. Par exemple, un enfant qui tue un chien deviendra forcément un serial killer. Tuer un chien, c'est un des maux très graves. Et on voit que la seule chose qui n'est jamais, enfin rarement, remise en cause par les séries américaines, c'est la famille. Tout ce qui serait une atteinte à la famille serait beaucoup plus mal que n'importe quoi d'autre. C'est évident dans *Dexter* ou *Breaking Bad* ou encore *Your Honor*, avec Bryan Cranston qui jouait dans *Breaking*

Je crois que la méchanceté est devenue beaucoup plus visible et beaucoup plus quotidienne : elle s'est diversifiée, accélérée et l'outil favorise la constitution de meutes

Bad et qui interprète un autre « nouveau méchant ». Pour sauver son fils, qui a tué par accident le fils d'un chef de la mafia, ce juge va faire des tas de saloperies alors qu'il était parfaitement honorable et respectable jusqu'alors. C'est un autre trait qui caractérise ces personnages : ils ne naissent pas méchants mais le deviennent par la force des choses. *Your Honor*, c'est vraiment une sorte de scénario-type du bon méchant tel qu'il est pensé par les studios américains.

Dans ce numéro, nous nous interrogeons sur la fascination que semble exercer le mal, notamment dans la fiction. Pour vous, elle fonctionne sur deux ressorts successifs, d'abord l'empathie, puis la sympathie.

Je me suis en effet interrogé sur cette question : sommes-nous tous méchants ? pourquoi s'attache-t-on à ces personnages ? Dans *Dexter*, à un moment, le beau-frère du héros invente un jeu qui consiste à se mettre dans la tête d'un tueur, et Dexter lui dit : « Personne n'a envie de faire ça, ça ne marchera pas. » Je crois que Dexter se trompe : lorsqu'on constate le succès de toutes les séries de profilage, on voit que c'est au contraire une envie constante du spectateur. La fiction réalise ce fantasme que tous les êtres humains ont depuis toujours, savoir ce que les autres pensent, ce qu'ils ressentent, etc. Dans la vraie vie, ce n'est qu'un calcul d'hypothèses, alors que la fiction permet précisément d'être dans la tête des personnages. Et cela fonctionne dans l'ensemble de la fiction audiovisuelle, depuis la place de la caméra, qui va nous faire partager plus ou moins le point de vue oculaire d'un personnage, jusqu'à ce qui se passe dans sa tête grâce notamment à différents procédés, et notamment la voix *over*, qui nous dit exactement ce qu'il pense. Dans le cinéma noir, cette voix *over* permettait souvent de combler des lacunes, de dire : « Après avoir été à Berlin, j'ai pris l'avion pour aller à tel endroit. » Aujourd'hui, elle est utilisée dans les séries, et notamment américaines, pour expliciter les émotions des personnages. L'empathie est donc une condition pour comprendre une fiction cinématographique. À ce titre-là, il est intéressant de comparer le roman *Dexter* et la série dérivée : dans le roman, Dexter est bien une sorte, justement, d'antihéros dans la mesure où il ne comprend même pas ce qu'il fait. Il n'est pas sûr d'avoir commis un crime, par exemple. Il est totalement extérieur à lui-même, comme ça pouvait arriver dans les romans de Robbe-Grillet. Ce n'est pas du tout le cas dans la série *Dexter* et dans toutes les séries dont nous parlons, où les personnages disent ce qu'ils éprouvent. Cela nous permet de comprendre leurs réactions, de les juger justes ou non. C'est cela l'empathie, ne pas « être » l'autre, mais le comprendre. « Je ne souffre pas de ces actes, je reste à distance, mais je suis dans sa tête. » Alors que la sympathie va provoquer des élans vers le personnage, souvent incontrôlés et qui font que je souffre de la même façon que le personnage. C'est-à-dire, par exemple : je vois dans le personnage une situation que j'ai connue et je mélange – un peu à la façon du héros proustien – ce qui lui arrive et ma propre expérience vécue. Et l'on passe souvent de l'empathie à la sympathie : on peut comprendre comment un personnage qui est un prof de lycée tranquille devient un fabricant de drogue, parce qu'il pense que c'est la meilleure façon de payer le traitement de son cancer et d'aider sa famille. Ça, on peut le comprendre en se disant : « Tiens, c'est curieux, je ne ferais peut-être pas la même chose », mais vous êtes dans sa tête, vous comprenez. Et puis vous pouvez, par exemple à la fin de *Breaking Bad*, quand le personnage de Walter White est rejeté par sa famille, ressentir une émotion parce qu'en tant qu'être humain, vous sentez tout de suite ce qui se passerait ou ce qui s'est passé dans le cas d'une dispute avec tel ou tel membre de votre famille.

On ne serait donc pas fasciné par le mal mais plutôt par son ambiguïté.

Oui. Dans un autre livre, *La Méchanceté en actes à l'ère numérique*, je parle d'*actes* de méchanceté. Tout le monde n'est pas méchant mais tout le monde, à un moment ou un autre de sa vie ou de la journée, peut accomplir un acte méchant. N'importe qui a eu envie un jour de tuer son patron ou sa femme. La fiction est alors là pour réaliser ce que normalement on ne fait pas dans la vie.

C'est vrai que vous avez écrit trois livres récents sur la question du mal, les deux que vous venez de citer et un troisième sur la haine des médias. Au-delà même des séries télé, pensez-vous que la production de la pop culture reflète une société plus violente et plus méchante ?

D'abord, évidemment, si je l'ai fait c'est qu'il y a sûrement une raison personnelle aussi. C'est-à-dire que de la méchanceté, j'en ai rencontré pas mal dans ma vie – en tout cas professionnelle, plus qu'ailleurs. On n'écrit pas à partir de rien. Comprendre ce que l'on a vécu est sans doute une des raisons pour lesquelles on écrit. Quant à dire que les réseaux sociaux ont apporté plus de méchanceté ou de haine dans notre quotidien, comme le disent des penseurs comme Finkielkraut, je m'en garderais. Moi, je crois que la méchanceté est devenue beaucoup plus visible et beaucoup plus quotidienne : elle s'est diversifiée, accélérée et l'outil favorise la constitution de meutes. Parfois, on me dit que les termes « méchanceté » ou « méchants » que j'emploie dans mes titres de livre sont un peu enfantins, un petit peu dérisoires. Mais, justement, ce que j'essaie de montrer, c'est l'engrenage qui mène de cette méchanceté « ordinaire » à la haine. Il y a un « bon » usage de la méchanceté : l'humour noir.
Dans les années 1960, les premiers numéros de *Hara-Kiri* (devenu par la suite *Charlie Hebdo*) faisaient un grand usage de cet humour. Et cela dérangeait la société en place à tel point que le journal a été très vite censuré. Aujourd'hui, l'humour noir est toujours senti comme une « offense » par telle ou telle partie de la société. Et la violence dont vous parlez a pris le pas sur l'ensemble des phénomènes médiatiques. La censure ne vient plus de haut, mais parfois de quelques internautes qui veulent réduire l'autre au silence de n'importe quel internaute par des menaces. Avant les réseaux sociaux, des groupes renforçaient le lien qui les unissait en s'en prenant à un bouc émissaire proche d'eux (école, lieu de travail, etc.), aujourd'hui ils agissent à distance, s'attaquant à des gens qu'ils ne connaissent même pas dans la « vraie » vie, et cette haine se répand comme une tache d'huile : c'est cela qui a changé.

Al Swearengen alias le terrible Ian McShane dans *Deadwood*.

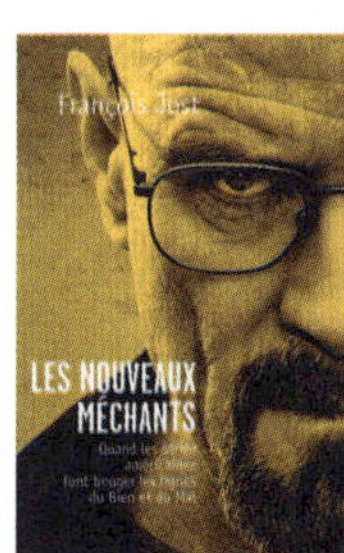

POUR UNE ANALYSE POUSSÉE

Les nouveaux méchants
Quand les séries américaines font bouger les lignes du Bien et du Mal

François Jost

288 pages – 18,90 € – Bayard

Le mal au quotidien

Alexandre Kauffmann Lieutenant M.

Succès constant des thrillers et des polars, mais aussi des films et séries télé mettant en scène d'incroyables enquêtes policières ou, a contrario, le quotidien de commissariats, sans oublier cet engouement toujours plus fort pour le *true crime*, et le récit des grandes histoires qui ont rythmé les colonnes des faits divers. Pour évoquer cette passion mondiale, mais aussi pour regarder le mal du côté banal, nous avons organisé une conversation entre un lieutenant de police, préférant garder l'anonymat, et Alexandre Kauffmann, dont les derniers ouvrages proposaient des immersions dans la brigade des stups et le milieu des indics.

Lieutenant M. : Après avoir obtenu mon bac, je me suis inscrit en histoire à l'université Panthéon-Sorbonne. À mesure que j'avançais, je voyais mon avenir se rétrécir. Allais-je devenir prof ? ou trouver un boulot dans la communication ? J'associais ces métiers à une forme de « tiédeur bourgeoise ». Je voulais échapper à mon milieu social, à un avenir tout tracé et ennuyeux. Les gradients extrêmes de l'humanité m'ont toujours attiré. La violence, les cadavres, les voyous... Je rêvais d'un « destin à part », hors des sentiers soporifiques. J'ai un moment hésité à m'engager dans l'armée. Mais je ne voulais pas vivre en dehors du monde, dans des casernements ou en opérations extérieures. Le métier de policier, de ce point de vue, est un privilège : il permet de sortir du « monde ordinaire » tout en restant en son cœur. Dans les coulisses, de l'autre côté du miroir...

Alexandre K. : Je suis devenu journaliste et romancier dans la savane. Quand j'étais adolescent, l'Occident me paraissait dévoyé. J'avais le sentiment qu'il s'était éloigné d'une forme de « vérité originelle ». Cette idée – je m'en suis aperçu plus tard – était une fiction romantique, un fantasme rousseauiste. J'ai écrit mon premier livre à Madagascar, pays dont j'ai aussi appris la langue. Je me suis ensuite spécialisé dans le « journalisme d'aventure » en faisant de longs reportages en brousse ou dans le Grand Nord. J'ai vécu pendant quelques années à Arusha, en Tanzanie, où j'ai appris le swahili. De retour en France, en 2014, le lieutenant M. m'a un jour proposé de l'accompagner pour faire une patrouille en Seine-Saint-Denis. Au cours de cette tournée – c'était un dimanche ensoleillé –, j'ai découvert un « gisement romanesque » inépuisable. En commençant à m'intéresser aux procès-verbaux, aux gardes à vue et à la criminalité parisienne, j'ai pris l'exact contre-pied de l'exotisme des steppes !

Qu'avez-vous ressenti face au quotidien de la criminalité ?
Lieutenant M. : Même si ce n'est pas vraiment

HOTEL DE POLICE

POLICE

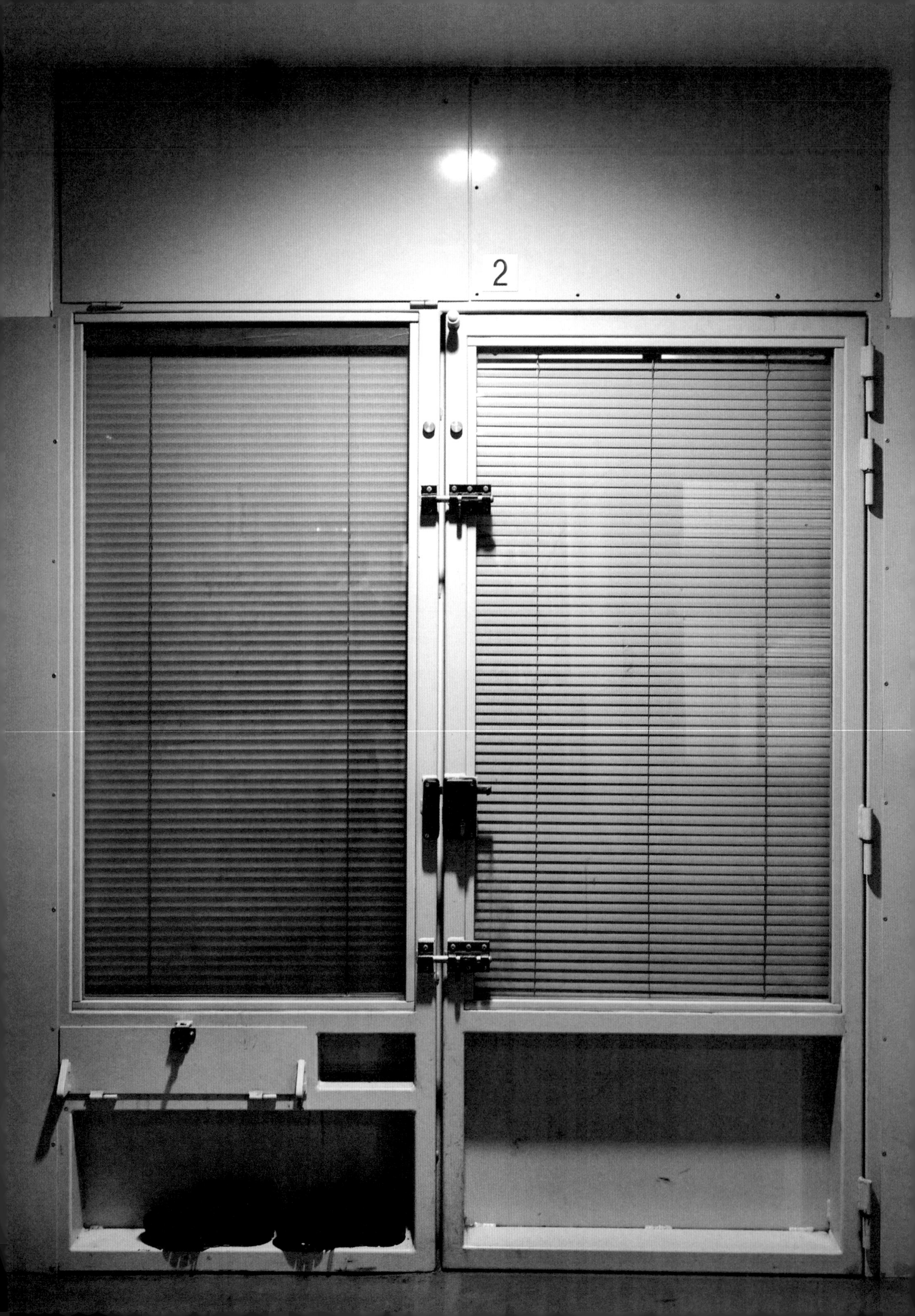
2

un fantasme qui m'a conduit vers le métier de policier, je me suis vite senti pris en étau entre les cases figées de l'administration et un monde violent, hétérogène, échevelé. Il me semblait que ces deux univers n'avaient rien en commun. Comment traduire en procès-verbaux la violence domestique, les fêlures psychiatriques, la misère des crackers ? La collision entre le code pénal et cette réalité déglinguée produit bien souvent des grumeaux, des situations absurdes... Je me souviens en particulier d'une expérience dans le commissariat de Seine-Saint-Denis où j'ai commencé en tant que jeune lieutenant de police. Un type avait cherché des noises sur un « four », point de vente de stupéfiants. Des guetteurs l'avaient attaqué avec des bouteilles cassées. L'homme, en essayant de parer les coups, s'était fait lacérer les avant-bras. Une fois ses blessures recousues à l'hôpital, il avait picolé. En état d'ébriété, il avait volé une voiture. Il se trouve qu'il n'avait pas le permis. Il avait rapidement encastré le véhicule dans un Abribus. C'est à ce moment-là que nous avons fait connaissance... En lui notifiant ses droits, je tentais recenser toutes les infractions qu'il avait commises : vol, conduite sans permis, conduite en état d'ivresse, destruction de matériel public, mise en danger de la vie d'autrui... Il avait tout ! Les cases de l'administration paraissaient bien étroites pour accueillir un tel phénomène. Le type me regardait avec un sourire en coin : menotté dans le dos, il grattait ses points de suture pour échapper à une garde à vue et se faire hospitaliser. Une flaque de sang s'étendait lentement à ses pieds. On l'a envoyé à l'hôpital. Lorsqu'il est revenu au commissariat, il a recommencé à gratter ses plaies. Il se tapait aussi le crâne contre les murs. Il y avait du sang partout dans la cellule. J'ai été obligé de lui mettre un casque de moto sur la tête et de protéger ses bras avec des rangers qui traînaient dans la réserve. Je les ai soigneusement fixées avec du chatterton au niveau des coudes. Un de mes collègues est alors passé dans le couloir des geôles. En apercevant le type, il s'est exclamé : « Tiens, il y a un mille-pattes dans la cellule ! » Le gardé à vue est devenu furieux. Il hurlait : « C'est pas vrai, je suis pas un mille-pattes ! Dites-le : je suis pas un mille-pattes ! » J'ai passé un accord avec lui. J'acceptais de dire qu'il n'était pas un mille-pattes, et lui, en retour, acceptait de mettre un terme à ses mutilations. Notre contrat a fonctionné. Curieusement, à la suite de cette expérience, je me sentais presque privilégié d'avoir assisté à une scène aussi insolite. Et il ne s'agissait que d'un début. J'ai vite constaté que la plupart des personnes qui visitaient le commissariat souffraient de troubles psychiatriques...

Alexandre K. : Les prérogatives policières offrent un regard unique sur la société. Un regard plongeant, frontal, sans entrave. Idéal pour satisfaire les curiosités dévorantes... En 2017, en suivant une unité de la brigade des stups, j'ai pu voir comment les policiers exploraient en détail la vie des suspects. Leurs relevés bancaires livraient des renseignements sur les restaurants qu'ils fréquentaient, les vêtements qu'ils achetaient, les voyages qu'ils s'offraient. Quant aux écoutes, elles révélaient toute leur intimité : doutes, mensonges, espoirs... « Il faut être honnête, le voyeurisme a quelque chose de grisant, m'a un jour confié un officier de police judiciaire. On suit les suspects de si près – ce que font leurs femmes, leurs enfants, leurs amis... – qu'on connaît parfois mieux leur vie qu'ils ne la connaissent eux-mêmes ! Le revers de la médaille, c'est que leur quotidien est souvent d'un ennui insondable... » La police judiciaire entre dans la vie des gens sans frapper. Elle les surprend dans leurs conversations, leurs déplacements, leurs dépenses. Cette transparence, exaucée par procès-verbal, porte en elle une sorte de malédiction. Est-ce la mort d'une opacité essentielle à la vie en société ? Il est surprenant, à travers les écoutes téléphoniques, de constater à quel point le mensonge est répandu dans notre quotidien. Ces petits arrangements avec la vérité sont sans doute indispensables pour supporter les autres ! Les recenser a quelque chose de jubilatoire. Cette omniscience est une sorte de graal pour le journaliste. D'autant que ses méthodes ressemblent beaucoup à celles des policiers : investigations, recoupements, hypothèses... La comparaison ne va toutefois pas plus loin : les journalistes ont vocation à rendre les faits publics ; les policiers, eux, cultivent l'ombre et le secret.

Comment vos métiers vous inspirent réciproquement ?
Alexandre K. : Je siphonne littéralement le quotidien du lieutenant M. ! C'est du pillage pur et simple... Quand il me parle de son métier, je suis suspendu à ses lèvres. D'autant que c'est un conteur hors pair. Et, comme moi, il est très bavard ! Lorsque nous sommes

invités à dîner au même endroit, l'hôte s'arrange pour que nous ne soyons pas assis l'un à côté de l'autre : la perspective de nous voir jacasser pendant tout le repas fatigue d'avance l'assemblée ! Sans exagérer, ses récits ont nourri de manière significative au moins trois de mes livres : *Stupéfiants* – dont l'un des protagonistes est un décalque du lieutenant M. ; *Surdose* – où j'ai inséré plusieurs de ses anecdotes sur les stups ; et enfin *Le Troisième Indic* – il connaissait (défavorablement !) certains des informateurs que je suivais. Sans compter les reportages police-justice que je fais pour la presse écrite : les histoires du lieutenant M. y apportent souvent un éclairage concret, drôle et décalé. Tout ce qu'il dit sur son activité de policier est une matière de premier choix pour le romancier et le chroniqueur.

Lieutenant M. : Alexandre, lui, m'apporte une écoute. Comme il connaît assez bien mon environnement professionnel, je peux lui parler de mon quotidien sans préambule ou propos liminaires, ce qui est plutôt agréable pour moi. Quand je retrouve dans ses livres des faits que je lui ai relatés – ou qu'il a vécus à mes côtés –, je suis souvent surpris par son « angle d'attaque ». Il met l'accent sur des choses qui ne m'intéressent pas nécessairement. Par exemple, dans son livre *Stupéfiants*, il décrit ainsi un accident de tramway que nous avons découvert ensemble à Saint-Denis : « Dans la foule, un homme d'une cinquantaine d'années en pyjama – il est près de 17 heures – prend des photos de l'accident avec son téléphone portable. Un tramway est à l'arrêt, le pare-brise étoilé et le carénage déchiqueté. À un jet de pierre des rails, un scooter à trois roues, intact, est couché sur l'asphalte, où s'étend une auréole brune en forme de méduse. » De mon côté, la seule chose que j'ai retenue de cet incident, c'est la paire de chaussures que portait le conducteur du scooter, qui était entre la vie et la mort. Des Timberland en nubuck avec une élégante semelle rouge. La semaine suivante, je suis allé dans un magasin pour m'acheter les mêmes chaussures. Le vendeur, qui ne parvenait pas à identifier le modèle, m'a demandé où je l'avais vu. « Près d'un tramway à Saint-Denis... », ai-je résumé. Mais après la sortie de *Stupéfiants*, j'ai appris que ce genre de détail pouvait aussi intéresser Alexandre : il m'a assuré que si je lui avais raconté plus tôt l'histoire des Timberland, il aurait inséré cette anecdote dans son livre... C'est un « biffin » ou un pilleur d'épaves : il récupère tout !

Pourriez-vous échanger vos métiers ?

Lieutenant M. : J'ai souvent pensé à écrire sur mon quotidien, plutôt des récits que de la fiction. Je le ferai sans doute un jour. En tant que policier, on emmagasine un nombre incalculable de destins insolites. J'écris tous les jours des procès-verbaux – on appelle ça « bécanner » dans le jargon policier. Mais je n'invente rien, même si l'on peut parfois éprouver du plaisir à ficeler une procédure comme un roman. Le thème qui m'intéresse le plus porte sur les points de contact absurdes entre l'inertie de l'administration et l'explosivité du monde. L'intimité des voyous, elle aussi, vaut à mon sens la peine d'être explorée dans un livre. Avant de franchir le pas de l'écriture, j'attends un peu, car je sais que cela me coûtera d'intenses efforts... Le geste de l'écriture, en tout cas, correspond bien à la distance que je maintiens avec mon métier pour ne pas me faire « avaler ». J'aime ces pas de côté : j'en ai fait un pour échapper à mon milieu et devenir policier ; à présent, j'en fait un autre pour m'extraire de mon métier et revenir vers mon milieu ! Le plus important étant de ne jamais se laisser enfermer...

> **La délinquance nous introduit dans un monde caché, mais qui a la particularité d'être inclus dans le nôtre**

Alexandre K. : Mes amis se moquent de mes sweats à capuche et de mes vestes trois-quarts en disant que j'ai une « touche de flic ». Lors de mon année d'immersion avec les indics, j'étais censé jouer le rôle d'un voyou, comme eux. J'étais fier de la légende qu'ils m'avaient inventée : Francis, braqueur fraîchement sorti de la maison d'arrêt d'Auxerre. Mais au fil de mon immersion, j'ai constaté qu'ils me faisaient souvent passer pour un policier : le « commandant Moreau ». J'étais censé offrir une « protection » aux gens qu'ils me présentaient. Ce jeu de rôle leur permettait de soutirer de l'argent à des pickpockets ou à des sans-papiers. Même dans mon enfance, je n'ai pourtant jamais envisagé de devenir policier. La position d'observateur qu'offre l'activité de journaliste-romancier est idéale pour moi : je peux être au cœur du réel, de la criminalité, tout en gardant une grande liberté. Je glisse alternativement du point de vue du délinquant à celui du policier, en passant par celui du citoyen lambda. Dans le rôle du policier, je perdrais cette précieuse distance. J'aurais le sentiment d'être emporté, pieds et poings liés, par une réalité effrayante. Sans possibilité de jeu ni liberté de mouvement. C'est sûrement en ce sens que Freud dit que « l'opposé du jeu n'est pas le sérieux, mais la réalité ».

Pourquoi la société actuelle fantasme-t-elle autant sur les criminels ?

Lieutenant M. : Dans toutes les représentations de la violence, il y a bien sûr une fonction cathartique à l'œuvre, qui n'a rien de nouveau. Espérant capter la noirceur du monde, les romans, les séries ou le cinéma s'intéressent surtout au grand banditisme et à la criminalité organisée. Non seulement ces fictions grossissent le trait, mais elles se trompent sur les coordonnées exactes de cette noirceur.
Elle se situe en réalité dans le flux des larcins minuscules, le magma infini de l'infracriminalité, et tous les faits de petite délinquance – chacun d'entre eux reflétant des parcours de vie catastrophiques. En comparaison, les grands voyous semblent bien propres et structurés, voire ennuyeux... Ils sont beaucoup moins déglingués que leurs représentations fictives. D'ailleurs, nombre d'entre eux rêvent d'appartenir à la bourgeoisie, celle-là même que j'ai voulu fuir !

Alexandre K. : J'ignore pour ma part à quoi ressemble la vie des grands bandits : ça reste pour moi à l'état de fantasme... À mon sens, la passion de notre société pour le crime trouve son origine dans le mystère qui entoure cette « matière ». Les hommes aiment les histoires et les secrets. Or le monde de la police en regorge. Un secret est toujours plus grand que ce qu'il cache. Quand je regarde des documentaires sur des tueurs en série – ce qui représente des centaines d'heures de visionnage... –, j'adore la partie réservée à la recherche du coupable. En revanche, une fois qu'il est identifié, je coupe la télé. La suite de l'histoire ne m'intéresse plus. La délinquance nous introduit dans un monde caché, mais qui a la particularité d'être inclus dans le nôtre. Après avoir lu *Surdose* ou *Le Troisième Indic*, certaines personnes m'ont dit : « Cet univers de la petite délinquance que vous décrivez existe juste en bas de chez nous, mais on ne le voit pas à l'œil nu... » La délinquance est un décalque invisible de notre quotidien. C'est à mon avis cette étrange superposition de proximité et d'altérité qui la rend fascinante.

Existe-t-il encore une frontière entre vos deux univers ?

Lieutenant M. : Comme je sais qu'Alexandre est assez bavard, je ne lui dis pas tout ! Heureusement que cette frontière tient encore...

Alexandre K. : Pour la fiction, il n'existe aucune frontière. Flaubert estimait qu'un roman, à condition d'avoir de la tenue, pouvait rendre « l'histoire d'un pou [...] plus belle que celle d'Alexandre le Grand ». En parlant avec le lieutenant M., je m'étonne bien souvent de la porosité qui existe entre les enquêtes policières, mon quotidien et mes livres. Il m'apprend parfois qu'un dealer que je connais a été appréhendé ; il peut aussi me faire savoir sur le ton de l'ironie qu'il a récemment interpellé un de mes amis. Ces détails peuvent directement percuter un livre en cours d'écriture et en modifier la trajectoire. Il existe une autre frontière : si le lieutenant M. prend beaucoup de distance avec son métier, il lui arrive aussi de le défendre spontanément face aux travailleurs intermittents de gauche que nous sommes ! Je me moque parfois de son « réflexe corporatiste », dont j'apprécie en réalité la loyauté. ∎

Toutes les photos de cet article sont © Alexandre Marchi.

POUR MENER L'ENQUÊTE

La mythomane du Bataclan

Alexandre Kauffmann

280 pages – 18 € – Goutte D'or éditions

Le basculement dans l'inconnu

ENTRETIEN AVEC

Perez

PROPOS RECUEILLIS PAR MARIANNE ROBIN

Retour sur le parcours d'un poète dont les fleurs du mal se fondent dans la musique, la composition, le commissariat d'exposition. À 35 ans, auteur-compositeur, chanteur et artiste, Perez multiplie les casquettes et collabore avec les plus grands noms de la chanson underground : Philippe Zdar de Cassius, Laurie Anderson, les producteurs de Phoenix et de Miossec. Pour son troisième album solo, *Surex* (2020), il a accepté de se livrer à *Fantask* et explore avec nous son penchant pour les travers de la vie quotidienne, où le diable se cache dans les détails, invoque David Lynch, Nick Cave, Bruce Springsteen et décortique les soubassements d'une pop culture qui pactise sans retenue avec le mal.

Cela fait quinze ans que tu te interviens sur la scène musicale contemporaine ; tu as produit des albums salués par la critique, par le public, alors pour faire un petit point de perspective, commençons par tes débuts, avec notamment ton premier groupe, Adam Kesher, une référence à David Lynch...

Ce nom de groupe est venu alors que je sortais du cinéma. J'étais allé voir *Mulholland Drive* (2001), où Adam Kesher joué par Justin Theroux incarne un producteur, personnage un peu lâche. Il est aux prises avec une mafia hollywoodienne qui lui impose l'actrice principale pour son film. Il essaye de leur tenir tête et se rend compte que s'il persiste, toute sa vie s'effondre. Il finit par accepter cette actrice. « Adam Kesher », je trouvais que cela sonnait bien. J'étais jeune et sans suite dans les idées. Mais rétrospectivement, il incarne un peu la figure du parasite que j'avais envie d'explorer depuis longtemps. J'avais travaillé la question à l'époque de mes études en philosophie de l'art, en m'intéressant à la relation entre artistes et producteurs. Je cherchais à comprendre comment un artiste gère les exigences des personnes qui financent les projets et invente des stratégies pour contourner certaines normes imposées par la production. Parallèlement, je réfléchissais à la position des financeurs qui s'abreuvent de la créativité des artistes, un peu comme des parasites. J'avais lu une interview de David Lynch sur les deux premières saisons de *Twin Peaks* (1990). Il avait été retoqué par la censure sur certains dialogues jugés inappropriés pour une audience grand public. Sa stratégie était de remplacer les injures par des mots qui n'avaient rien à voir, comme *fils de pute* par *tomate*. Les dialogues prenaient un tour beaucoup plus étranges et l'objet final devenait extrêmement déstabilisant pour le public. Et, dans mon rapport à l'écriture, je tente à mon tour d'opérer une forme de transposition, de déplacement linguistique. Dans l'écriture, on peut vite tomber dans la marotte personnelle, comme les travers du journal intime. Je m'efforce de me débarrasser de mes oripeaux intimes et d'arriver à une chanson qui parle à tout

le monde. En travaillant le texte, en opérant des coupes, en rapprochant des éléments qui n'avaient pas de rapports évidents entre eux au départ, j'essaye de rendre le texte étranger à moi-même, à mon intention première, pour faire émerger un sens plus retors. Ces découpages et ces collages sont une manière de rendre inédite la matière première, que je n'aurais pas réussi à créer spontanément. C'est aussi jouer contre soi.
Ce processus est une tentative d'approcher une forme onirique, fantasmagorique que l'on porte en soi sans toujours être en mesure de la verbaliser de manière immédiate, comme par exemple la pulsion du mal...

Grâce à Lynch, la figure du méchant est devenue extrêmement populaire. Comment celle-ci fait-elle écho à ton travail ?
Sa façon de concevoir des personnages de méchant est extraordinaire. Avec Dennis Hopper dans *Blue Velvet* (1986), Lynch reprend les archétypes excessifs de ce qu'est un méchant, un pur sadique. C'est fascinant. Il a l'art de retranscrire une logique propre au rêve, ou plutôt au cauchemar, qui rend ses personnages malfaisants particulièrement terrifiants. En regardant ses films, je peux me remémorer les sensations vécues gamin quand je faisais des terreurs nocturnes. J'aime particulièrement sa façon d'amener subrepticement le spectateur sur un terrain houleux, en s'appuyant sur des archétypes pop qu'il fait lentement glisser vers des formes délirantes. Par exemple *Twin Peaks,* c'est une série qui se présente d'abord comme un mélange de soap opera et d'enquête policière assez traditionnelle. Lynch, en la circonstance, joue avec une forme très admise dans la culture populaire. On découvre finalement une intrigue qui aborde l'inceste et révèle des gestes artistiques hyperradicaux.
Il réussit, dans un cadre très formel, celui de la série, à endormir le public en créant des brèches dans un objet télévisuel bien établi. C'est ce genre de gestes artistiques qui m'intéresse. Un truc un peu sournois et insidieusement transgressif...

Ah la transgression ! Une marotte personnelle aussi ?
Quand j'étais enfant, donc, j'avais des problèmes de terreur nocturne. Je suis fils unique. La journée, j'inventais plein d'histoires pour m'autodivertir. J'imaginais des jeux où j'étais à la limite de la schizophrénie, je faisais des duels de cow-boys

En y réfléchissant, j'ai toujours tourné autour des mauvaises pensées

où j'étais à la fois le gentil et le méchant. Je jouais le rôle de l'attaquant et je courais à l'autre bout du couloir pour prendre la balle. Tous ces jeux que j'inventais de manière joyeuse, tout cet imaginaire se retournaient contre moi la nuit. En y réfléchissant, j'ai toujours tourné autour des mauvaises pensées. Un état d'esprit qui viendrait polluer une forme de sérénité intérieure. Être en adéquation avec le monde environnant ne m'intéresse pas tant que ça. Dans la musique, c'est pareil, j'aime l'idée d'une réalité admise, rassurante qui soit travaillée par une forme de malveillance. J'aime quand la musique fait ressentir une forme d'inquiétude fondamentale, de doute. Je me suis toujours senti attiré par ce genre de subversion. Je m'y sens aussi plus légitime, plus à ma place en tant qu'artiste, du fait de ma position d'homme blanc hétéro venant d'un milieu plutôt bourgeois. Disons que j'y vois comme une symétrie, ne subissant pas de plein fouet la violence du monde contemporain.

La figure du super-héros revient régulièrement dans ton œuvre, comme si tu cherchais à en faire éclater les archétypes, à incorporer en elle une forme de malveillance...
Dans l'album *Saltos* (2015), la chanson « Super-héros » cherche à décrire l'intimité de ce personnage tout-puissant. Lorsqu'il se retrouve seul, il ne peut s'empêcher d'avoir des mauvaises pensées. J'ai cherché à déconstruire l'image admise et idéalisée d'une figure prétendument parfaite. C'est presque inquiétant quelqu'un qui se présente comme absolument bon. En cela, Lynch, encore lui, est un artiste qui m'a profondément inspiré par sa manière de formuler une critique radicale du vernis propret de l'*American Way of Life*, en ayant recours à des moyens peu courants en la matière. *Twin Peaks* traite de l'inceste : un sujet tabou, compliqué à rendre pop. Il parvient à le faire avec une grande justesse à travers une histoire et un monde empreints de fantastique, laissant une grande part à l'imaginaire et au fantasme. Je ne crois pas, dans l'art, à une forme de naturalisme. Il me semble que le monde

du fantasme et le monde de la réalité ne sont pas distincts. On est constamment agi par des forces qu'on ne maîtrise pas. Le monde dans lequel on évolue a un côté délirant et absurde. Lynch arrive très bien à décrire cela dans ses films. Cela charge son cinéma d'un message politique assez fort qui évite toujours les pièges du sermon idéologique.

Dans ton nouvel album,* Surex *(2020), tu joues sur les formes, sur une imagerie de la décomposition, de l'être détraqué qui semble sur le fil du rasoir, entre l'esprit pop mélancolique et l'ultracontemporain, où le « tordu » est sublimé. Comment comprendre cette figure monstrueuse, presque parasitaire ?

J'aime bien faire sentir que le ver est dans le fruit. Donc en fait, cela ne m'intéresse pas de faire de la *noise*, du hardcore – et j'en ai fait quand j'étais plus jeune – ou toute autre musique ostensiblement violente pour choquer un certain auditoire et à côté de cela être reconnu par une niche de personnes qui aiment cette musique. Je trouve plus intéressant d'embrasser la pop dans son classicisme, l'idée de faire des morceaux pour parler au plus grand nombre. Pour autant, je cherche à faire émerger l'étrangeté plutôt que la beauté d'un sujet. Je crois qu'il y a aussi l'idée de faire se rencontrer des sens contraires. Si on en revient à la question du mal, est-ce que le mal est de l'ordre de la nature, une qualité intrinsèque, ou est-ce qu'il résulte d'une rencontre ? J'opte pour la rencontre. On est toujours tenté par une forme d'altérité, qu'elle soit en nous ou extérieure à nous, une forme qui est à la fois repoussante et attirante. J'aimerais que ce soit ce que l'on ressente à l'écoute de mes disques, comme une adversité, un conflit au sein même d'une chanson. Dans le dernier album, j'ai construit les morceaux comme un système de carrousel. Ça peut commencer comme quelque chose de très nerveux et martial puis se métamorphoser en un truc jazz et dériver vers de l'*ambient*. Je pousse à la rencontre des styles de musique, des textures, pour composer des morceaux à l'allure chimérique.

Autour de ta musique, tu t'es créé un univers visuel fort, comme en témoigne ton avatar pour l'album* Surex. *Cet être digital s'envisage comme un corps aliéné par son quotidien. Le mal et l'abrutissement semblent passer par les gestes de tous les jours, à l'image du parasite qui se glisse dans les interstices de l'existence pour la pervertir...

Pour cet avatar, je ne voulais pas d'un personnage de science-fiction qui crée ses propres codes que seul un petit nombre d'élus peuvent comprendre. J'avais envie d'un caractère à la Philip K. Dick. C'est un auteur qui a réussi un tour de force ! À chacun de ses romans, il commence son récit par un mec qui boit son café, regarde le plafond et voit un truc changé... À ce moment-là, il part dans une sorte de vortex infernal où tout se casse la gueule. Le début d'un récit devrait toujours partir d'une situation hyperbanale et commune. Je dirais qu'en musique, c'est pareil. Par exemple, un morceau comme « Sympathy for the Devil » des Rolling Stones traite du mal avec une certaine emphase, c'est l'idée du mal qui circule dans l'histoire et dans les croyances ; Ponce Pilate, le Blitzkrieg, l'assassinat de Kennedy sont autant de figures ou d'événements évoqués comme renvoyant à l'œuvre du diable... À l'inverse, la chanson « State Trooper » de Bruce Springsteen va aborder cette question du mal de manière beaucoup plus intimiste, plus modeste, en s'attachant à une séquence, à un détail. C'est l'histoire banale d'un type qui conduit de nuit, qui a sans doute fait une mauvaise action. Il répète sans discontinuer : « s'il te plaît, monsieur le policier, ne m'arrête pas »... En réalité, si ce type croise un flic, il va le tuer. Springsteen crée cette tension, où le mal est une affaire de rencontre. Il exploite les méandres de la tentation vécue. Alors qu'au départ, c'est juste un type qui conduit sa voiture.

Dans ton processus de création, tu uses de la méthode de DIY, méthode du collage « qui rend étranger à soi-même » et permet des bifurcations que l'esprit peut difficilement concevoir et anticiper. Procédé qui autorise une forme d'obscurité...

Sur la question de l'obscurité, il y a tout un style de musique que j'appelle la *musique de corbeau*. Nick Cave est vraiment dans cet état d'esprit, prédicateur de l'apocalypse, habillé tout en noir. Il va faire des chansons sur un meurtrier, sur un mec qui est train de griller sur la chaise électrique, sur quelqu'un qui rencontre le diable... Dans l'album *Surex*, j'ai davantage essayé de faire planer une espèce de menace, au-dessus des paroles. J'ai voulu que les émotions violentes que sont le désespoir, la peur soient là sans être là, comme des présences fantomatiques. J'aime l'idée de chanson inquiète, une chanson qui par ses paroles et sa musicalité fasse sentir la possibilité du basculement dans l'inconnu. Pour moi, l'émotion musicale dans un morceau de pop peut résider dans une rupture harmonique, la texture d'un son, un truc qui se passe dans les paroles, un événement, ou encore un mot qui tout d'un coup nous dirige vers une sensation de vertige. Je tente par l'expérimentation de mettre en œuvre une vertu de la malveillance. En tant qu'auditeur, on est pris au dépourvu, nos attentes ne sont pas satisfaites, on est forcé de reconsidérer ce que l'on est en train d'écouter. On ressent comme un inconfort mais c'est la condition d'accès à une émotion esthétique. J'aime l'idée que l'on soit multiple, que l'on soit en perpétuelle mutation, qu'une proposition artistique nous fasse ressentir cela. En même temps, je ne me suis jamais senti une âme de David Bowie, à créer des personnages à la *Ziggy Stardust*. Mais la transformation opère ailleurs. Avec ma musique, on doit sentir différentes choses selon le degré d'écoute. Elle ne doit pas être univoque.

J'ai écouté la chanson « L'Hôte, acte I »... Étymologiquement, il y a un double sens. Personne qui accueille l'autre, comme l'inconnu, ou encore un être vivant dont l'organisme héberge et entretient un corps infectieux. De ces deux définitions, laquelle te semble la plus en accord avec cette chanson ?

Dans ce maxi, je voulais assumer le fait que la définition de ce mot est indécidable, qu'elle oblige à tenir deux positions contradictoires qui créent des frictions. Le mot « hôte » est hyperintéressant. Suis-je celui qui invite, ou suis-je celui qui vit à l'intérieur ou celui qui vient en toi ? Les rôles s'inversent constamment. En l'occurrence, ce projet, je l'ai conçu à la Villa Noailles lors d'une résidence. Mon idée avec les quatre chansons qui composent *L'Hôte* était de faire un portrait musical de ce lieu et de son histoire. En 1923, le comte et la comtesse de Noailles font construire cette villa par Robert Mallet-Stevens pour en faire un lieu de rencontre entre artistes et intellectuels. Buñuel, Picasso venaient créer et échanger, ça donne le ton. Finalement, l'endroit tombe en désuétude. Il était même question qu'il soit rasé, remplacé par une résidence pavillonnaire. En dernière instance, la Villa est sauvée par l'État qui en fait un centre d'art. Alors, on passe d'un lieu privé, possession aristocratique très privilégiée, à un espace institutionnalisé, où la démocratisation de l'art peut s'épanouir, avec une certaine idée de l'art pour tous. Il y a presque quelque chose de l'ordre de la lutte des classes qui s'exprime dans le destin de cet endroit, en tout cas il y a matière à divaguer sur la question de l'art comme privilège. À partir de cette trame historique, j'ai inventé l'histoire d'un type qui rencontre une fille issue de la noblesse et qui habite chez ses parents. Le type se retrouve à se cacher dans la cave et à attendre dans la maison. Il attend que l'aristocratie dépérisse pour sortir de son trou, un peu à la manière d'un parasite. Dans les quatre morceaux de *L'Hôte*, j'ai également cherché à explorer la question du désir. Dans un premier temps, ce personnage est attiré par tout ce faste. Mais petit à petit, comme il doit demeurer caché, condamné à écouter le discours dominant de ses hôtes qui vivent au-dessus de lui, il nourrit une forme de rancœur, et lorsqu'il se dévoile, c'est pour détruire l'endroit.

La figure du méchant va-t-elle rester pour toi une source d'inspiration ?

Je vais continuer à l'explorer dans le cadre d'une résidence à Lafayette Anticipations. La figure du méchant m'a toujours intéressé. Parce qu'à travers ce terme un peu désuet, qui renvoie à quelque chose de carnavalesque, on peut envisager la question de la morale sous un angle assez ludique. J'ai envie de faire un album concept qui camperait le portrait d'un méchant. Pour le réaliser, mon idée est de mener une série d'interviews en demandant à différents interlocuteurs de me raconter leurs souvenirs d'une rencontre avec un être particulièrement malfaisant. J'aimerais accumuler assez de matière pour dresser un portrait de méchant crédible. Tout l'enjeu consistera à créer des ponts entre cette démarche un peu anthropologique et ma démarche de musicien. Je ne sais pas encore quelle forme cela prendra.

Historique

2007 *An Allegory of Chastity*, Adam Kesher, Sony Music
2015 *Saltos,* premier album solo, Sony Music
2015 *L'Hôte*, acte I à IV
2017 *Un album de collection*, en collaboration avec le Frac Île-de-France
2020 *Surex,* Étoile Distante/Differ-ant

http://www.perez-music.com/

YSL

Couverture spéciale Noël de Johnny Craig pour *The Vault of Horror* n° 35, février-mars, 1954.

EC COMICS
LA MORALE AU CIMETIÈRE !

Par Xavier Fournier

Les années 1930 et 1940 avaient vu l'envol des comic books puis de « succès natifs », tels que *Superman*, *Captain America* ou *Wonder Woman*. Mais à l'aube des années 1950, c'est une tout autre tendance qui s'empare des comics. Notant que dans l'après-guerre les super-héros semblaient passés de mode, de nombreux éditeurs de comics tentent de trouver de nouveaux publics, par exemple à travers une vague de BD pour filles. Mais bien vite, une autre perspective s'offre à eux. Viser non pas un « public différent », mais tout simplement celles et ceux qui les lisaient déjà dix ou douze ans auparavant, en tenant compte de l'âge plus mûr de l'audience. Vers 1949, Bill Gaines, nouvel héritier d'une petite maison d'édition de BD, Educational Comics, décide de pousser les choses dans cette direction plus adulte. Désormais « EC » voudra dire « Entertaining Comics » et, à part une éphémère tentative super-héroïque (*Moon Girl*, pâle concurrente de *Wonder Woman*), se consacrera à tout un éventail de genres bien délimités : l'horreur, le fantastique, le récit de guerre, la science-fiction. Ainsi naissent des titres comme *Tales from the Crypt, The Vault of Horror, Weird Science, Frontline Combat, Two-Fisted Tales* ou *The Haunt of Fear*. Gaines n'est pas le seul à chercher de ce côté. À la même époque, d'autres sociétés telles que Fawcett Comics ou Marvel tentent aussi de se reconvertir dans ces genres et souvent, en apparence, en utilisant des ficelles similaires. Les récits y sont généralement présentés par des croque-morts, des gardiens de cimetières, de viles sorcières ou même des cadavres animés. Mais quelque chose va faire pencher la balance du côté d'EC.
C'est ce qui fera la force et le drame de l'éditeur : une équipe de talents prometteurs où l'on trouve des noms tels que Johnny Craig, Reed Crandall, Bernard Krigstein, Joe Orlando, John Severin, Al Williamson ou Wally Wood (pour n'en citer que quelques-uns). Oui, comme les auteurs de la concurrence, ceux d'EC vont se plonger dans des récits d'horreur ou de guerre, souvent servis avec des rebondissements de dernière minute.
Mais les autres s'en tiennent d'ordinaire à du vaudeville horrifique : le fantôme d'un homme assassiné par sa femme et son amant va revenir se venger. On trouve, bien sûr, ce genre d'histoires chez EC, mais d'une tout autre tension que celle qu'on voit dans les magazines concurrents. Et puis surtout, là où les autres écrivent et dessinent des fables d'horreur, les gens d'EC proposent de véritables paraboles, autant de constats de l'état du monde dans une période qui prend racine dans l'après-guerre mais continue dans les années 1950, en pleine « chasse aux sorcières » et hystérie anticommuniste. Gaines et ses auteurs font dans le gore, certes. Leurs ambiances sont sombres, acerbes, parfois désespérées ou pessimistes. Mais au second degré, ils parlent le plus souvent de tout autre chose. On y tourne en ridicule les milieux conservateurs, les membres de Ku Klux Klan ou plus largement l'hypocrisie de la société. C'est ce qui fera la force et le drame de l'éditeur, disions-nous, car certains ne vont pas apprécier le portrait que leur renvoie ce miroir.
Dans les années 1950, les comic books sont durement attaqués, entre autres choses par le livre *Seduction of the Innocent* du psychologue Fredric Wertham. Ce dernier fait des pieds et des mains pour établir des liens entre la lecture de BD et les chiffres de la criminalité. Bientôt une commission d'enquête

Macabre ? Gore ? Oui, assurément. Mais du macabre qui dénonce l'hypocrisie du monde

sénatoriale est mise sur pied pour examiner ces inquiétants fascicules qui transforment, dit-on, les petits lecteurs en futurs assassins. La plupart des éditeurs préfèrent courber l'échine et se faire oublier, pour éviter tout problème. William Gaines tente alors de tenir tête aux sénateurs, mais on lui oppose les couvertures de ses propres livres : telle image qui montre une tête décapitée est-elle vraiment de bon goût, selon lui ? Gaines essaie de défendre son point de vue, sans réellement calmer les détracteurs.

> **C'est comme un lion à qui on aurait rogné les griffes**

Le camp d'en face a choisi de tout prendre au premier degré, avec un manque de nuance qui condamnerait pratiquement toute fable pour enfant (le loup qui mange la grand-mère du Chaperon Rouge ? la belle-mère de Blanche-Neige et ses pommes empoisonnées ?). Surtout, les anticomics se garderont bien d'évoquer un fait de la plus haute importance : ces histoires ont une morale, elles critiquent le racisme, la cupidité, le manque d'empathie ou les dérives du système avec une férocité rare. Mais rien n'y fait. Le choc médiatique est tel que les distributeurs de presse, effrayés d'être associés à cette « mauvaise littérature », refusent de commander certains titres.

Acculé, Gaines tentera une « direction différente », en soumettant désormais ses publications à l'approbation de la Comics Code Authority, sorte d'organe d'autocensure mis en place par les éditeurs. Cependant la situation tourne au cauchemar. Les nouvelles histoires ont une verve diluée, une pertinence effacée. C'est comme un lion à qui on aurait rogné les griffes. En 1953, dans *Weird Fantasy* n° 18, EC Comics avait publié un récit d'astronaute noir pour mieux faire un pied de nez au racisme. En 1956, le juge Murphy, alors à la tête de la Comics Code Authority, tentera de s'opposer à une réimpression de l'histoire, exigeant que l'astronaute ne soit plus noir. Poussés à bout, Gaines et ses employés enverront paître le juge, publieront le récit comme ils le voulaient... Et puis décideront de passer à autre chose (abandonnant la guerre et l'horreur pour aborder l'humour à travers un tout nouveau magazine, *Mad*).

Qu'on ne s'y trompe pas : EC Comics n'a pas payé au prix fort le fait que ses histoires étaient peuplées de goules ou autres sorcières. Non, c'est bien la qualité des récits, leur pertinence, leur intelligence, qui posait problème au « camp d'en face ». L'establishment américain, un peu tartuffe, un peu misanthrope, préférait qu'on n'évoque pas ces sujets-là. Tenez, « Berné », ici reproduite, ce n'est pas simplement une histoire de crime. Oui, un type en tue un autre, mais la toile de fond est tout aussi importante : une représentation acide de la société de consommation, de la vie à crédit dans un monde où l'on veut toujours ce que l'autre a déjà. Macabre ? Gore ? Oui, assurément. Mais du macabre qui dénonce l'hypocrisie du monde, un peu comme si Molière s'était essayé à écrire pour la *Twilight Zone*.

PAGES SUIVANTES : "Berné !" de Carl Wessler et Graham Ingels, extrait de *Tales from the Crypt* n° 42, juillet 1954. (Intégrale *Tales from the Crypt*, éditions Akileos.)

POUR FRISSONNER

The History of EC Comics

Grant Geissman

592 pages – 150 € – Taschen

Intégrale Tales from the Crypt

888 pages – 79 € – Akileos

LE CHAUDRON DE LA SORCIÈRE!

HI, HI! APPROCHEZ DONC DE *L'ANTRE DE LA TERREUR*, LES AFFREUX, ET VOTRE *CUISINIÈRE DU CAUCHEMAR*, VOTRE *MARMITONNE DU MALAISE*, VOTRE *HÔTESSE DE L'HORREUR*, *LA VIEILLE SORCIÈRE*, VOUS NOURRIRA DE LA *TERRIFIANTE TAMBOUILLE* DE SON *RÉPUGNANT RÉCIPIENT*. EH OUI, C'EST ENCORE *MOI*, PRÊTE À *ÉPICER* UN PEU LE MAGAZINE DU G.C. AVEC UN AUTRE *SUJET SORDIDE* TIRÉ DE MON *MENU MORBIDE*. ALORS, OUVREZ *GRAND VOS PETITES BOUCHES BÉANTES*, QUE J'Y *ENFOURNE LA PROSE PUTRIDE* QUE J'AI NOMMÉE...

BERNÉ!

DANS LA VIEILLE MAISON, L'AIR EST ÉTOUFFANT... IL EMPESTE LE WHISKY, LA TEINTURE D'IODE, LA POUSSIÈRE ET LA SUEUR. LE MOBILIER USÉ, D'ORDINAIRE SI BIEN RANGÉ, TRAHIT LES SIGNES DE LA LUTTE QUI A EU LIEU ICI. LÉON PARCOURT LA PIÈCE DU REGARD... IL FIXE LE PAPIER PEINT TACHÉ ET DÉFRAÎCHI, AUX MOTIFS AUTREFOIS SI GAIS... LES QUATRE MURS TRISTES... COMME S'ILS POUVAIENT LUI EXPLIQUER CE QU'ILS AVAIENT VU AVANT QU'IL RENTRE CHEZ LUI. IL JETTE RAPIDEMENT UN COUP D'ŒIL DANS LA SALLE DE BAIN DE L'AUTRE CÔTÉ DU SALON, ÉTUDIANT CE QUI GÎT SUR SON SOL CARRELÉ. LA COLÈRE LUI PREND LA GORGE, MAIS IL LA CONTIENT. SES YEUX FIXENT SON FRÈRE... LA CHEMISE DÉCHIRÉE DE CHET, LES GRIFFURES. CHET REGARDE LÉON, TENTANT DE LIRE CE QU'IL PENSE DANS SON REGARD, MAIS IL NE LUI DÉVOILE RIEN. ENFIN, CHET SE MET À HURLER...

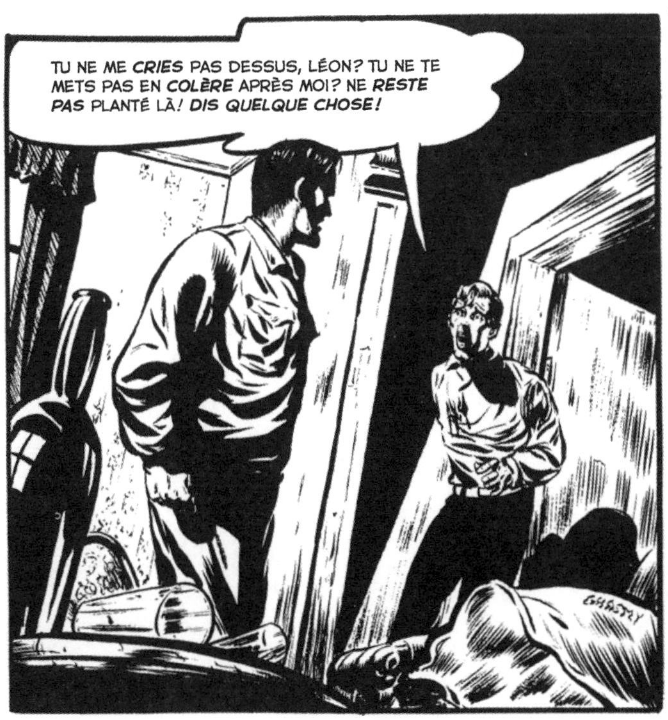

LE VISAGE DE LÉON RESTE DE MARBRE. SA BOUCHE RESTE CRISPÉE. CHET FRISSONNE... BAISSE LES YEUX VERS LE SOL...

...IL Y A VINGT ANS, QUAND M'MAN ÉTAIT À L'ÉTAGE, ALITÉE, LE SOUFFLE COURT...
«...ET ELLE M'A FAIT PROMETTRE...»
C'EST UN BÉBÉ, LÉON! PRENDS SOIN DE LUI! VOUS SEREZ... SEULS... JUSTE VOUS DEUX... PROMETS-MOI...
MAMAN... SNIF... MAMAN...
JE TE PROMETS, M'MAN! JE VEILLERAI SUR CHET. JE LE GARDERAI AVEC MOI... JE VAIS TRAVAILLER POUR M'OCCUPER DE LUI... JE... JE...
«M'MAN N'A JAMAIS ENTENDU CETTE PROMESSE, CHET! JE L'AI FAITE, MAIS À PERSONNE. ELLE ÉTAIT MORTE.»
MAMAN... MAMAN... PARLE-MOI...
VIENS, CHET! ELLE... SNIF... EST MORTE!
TU NE T'EN SOUVIENS PAS TRÈS BIEN, N'EST-CE PAS, CHET... DU JOUR DE LA MORT DE MAMAN? EH BIEN MOI SI. JE M'EN SOUVIENS TRÈS BIEN. J'AI FAIT UNE PROMESSE, CHET! ET JE L'AI TENUE! JE SUIS COMME ÇA, MOI! UNE BONNE POIRE! ET TU LE SAVAIS...
LÉON! JE...
«TU TE SOUVIENS DU VÉLO, CHET? TU TE SOUVIENS DE L'AVOIR VU EN VITRINE ET DE M'AVOIR SUPPLIÉ? OUI! TU SAVAIS QUE J'ÉTAIS UNE BONNE POIRE! J'AI FAIT BEAUCOUP D'HEURES SUPPLÉMENTAIRES POUR QUE TU AIES CE VÉLO. C'ÉTAIT UN BIJOU... IMPORTÉ D'ANGLETERRE...»
LÉON! LE VÉLO! TU ME L'AS ACHETÉ! MINCE ALORS, LÉON! GÉNIAL! TU ES LE MEILLEUR FRÈRE DU MONDE...
IL TE PLAÎT, CHET?
«TU TE SOUVIENS DU VÉLO, CHET? IL COMPTAIT BEAUCOUP POUR TOI... MAIS ÇA N'A PAS DURÉ LONGTEMPS, N'EST-CE PAS? JERRY HUDSON S'EST ACHETÉ UNE DÉCAPOTABLE D'OCCASION ET TU EN ES RESTÉ BOUCHE BÉE...»
MINCE! QUELLE CLASSE, JER! COMBIEN T'A COÛTÉ CETTE MERVEILLE?
CENT VINGT DOLLARS... AVEC LES SIÈGES REFAITS. LAISSE-MOI TE DIRE QU'À L'ÉCOLE, LES FILLES SONT FOLLES DE MON TACOT. JE N'AI QU'À LEVER LES SOURCILS POUR QU'ELLES SAUTENT DEDANS!
«TU AURAIS TRÈS BIEN PU NE PAS ALLER EN CLASSE CE JOUR-LÀ... TU N'AS FAIT QUE RÊVER D'AVOIR TA PROPRE VOITURE, ET DE RENDEZ-VOUS AU PARKING. TU M'AS SAUTÉ DESSUS DÈS QUE JE SUIS RENTRÉ DU TRAVAIL...»
DEUX CENTS BILLETS! C'EST BEAUCOUP D'ARGENT, CHET! TU NE PEUX PAS TE CONTENTER DU VÉLO PENDANT ENCORE UNE ANNÉE?
J'AI VENDU LE VÉLO, LÉON... POUR VINGT DOLLARS!
2

VINGT DOLLARS ! MAIS BON SANG, CHET ! J'AI PAYÉ SOIXANTE-DEUX DOLLARS CINQUANTE POUR CE VÉLO IL Y A DEUX MOIS !
TU AS DÉJÀ ESSAYÉ DE VENDRE UN VÉLO D'OCCASION? C'EST TOUT CE QUE ÇA VAUT ! LES VINGT DOLLARS SERVIRONT D'ACOMPTE POUR LA VOITURE. TOUS LES GARS À L'ÉCOLE ONT LEUR BAGNOLE...
«OH ! OUI, TU ME CONNAISSAIS, CHET ! TU SAVAIS QUE J'ÉTAIS UNE BONNE POIRE ! TU SAVAIS QUE JE RECHIGNERAIS UN PEU MAIS QUE JE FINIRAIS PAR CÉDER. TU TE SOUVIENS COMME J'AI ÉTÉ CHOQUÉ DU PRIX DE LA VOITURE QUE TU AVAIS CHOISIE...»
CINQ CENTS DOLLARS ! MAIS, CHET ! TU AVAIS DIT...
D'UN AUTRE CÔTÉ, MONSIEUR DOYLE, C'EST DU SOLIDE ! VOUS ÉCONOMISEREZ SUR LES RÉPARATIONS...
C'EST TROP, LÉON ! J'AI VU LE PANNEAU DE L'ACOMPTE, ET J'AI CRU QUE C'ÉTAIT LE PRIX.
«ÇA SE PASSAIT COMME ÇA, HEIN, CHET? JE FINISSAIS TOUJOURS PAR DÉPENSER PLUS PARCE QU'IL TE FALLAIT CE QU'IL Y AVAIT DE MIEUX...»
ÇA IRA. QUINZE MOIS POUR REMBOURSER LE SOLDE... VOYONS, ÇA FAIT TROIS CENTS DIVISÉ PAR QUINZE... PLUS LES INTÉRÊTS...
JE TROUVERAI UN BOULOT APRÈS LES COURS, LÉON. JE PAIERAI L'ESSENCE. ET TU POURRAS T'EN SERVIR !
«TU TE SOUVIENS DE TA PROMESSE, CHET? TU NE L'AS PAS TENUE. TU N'AS JAMAIS TROUVÉ DE PETIT BOULOT. TU N'EN AS MÊME PAS CHERCHÉ UN. ET J'AI APPRIS QU'UNE VOITURE PEUT COÛTER TRÈS CHER...»
QUOI?! MAIS JE T'AI DONNÉ TROIS DOLLARS... HIER !
C'ÉTAIT POUR L'ESSENCE ! JE NE PEUX PAS ALLER À UN RENCARD SANS UN SOU EN POCHE, NON?
JE N'AI PAS LES MOYENS, CHET ! LES VÊTEMENTS NEUFS ! LES PNEUS ! LES ENJOLIVEURS ! LES RENDEZ-VOUS ! JE NE...
MERCI, LÉON ! À DEMAIN MATIN !
CHET ÉCOUTE, MAL À L'AISE, SON FRÈRE QUI POURSUIT...
CETTE VOITURE A DÛ ME COÛTER EN TOUT UN MILLIER DE DOLLARS TOUT COMPRIS LE TEMPS QUE JE LA REMBOURSE. MAIS NOUS N'ÉTIONS QUE DEUX ET IL IMPORTAIT PEU QUE JE N'ÉCONOMISE RIEN...
C'ÉTAIT BIEN QUAND NOUS N'ÉTIONS QUE NOUS DEUX...
CELA IMPORTAIT PEU JUSQU'À CE QUE JE RENCONTRE CLAIRE ! IL Y A TROIS ANS. ÇA NE SEMBLE PAS SI LOIN. TU ÉTAIS À L'UNIVERSITÉ, ALORS. TU VOULAIS FAIRE TON DROIT...
JE VAIS Y RETOURNER, LÉON ! JE...
3

LÉON DÉTOURNE LES YEUX DE LA SALLE DE BAIN, DU SOL CARRELÉ ET DU CORPS FROID ÉTENDU LÀ. IL FIXE SON FRÈRE, ET UNE OMBRE PASSE SUR SON VISAGE...
Y RETOURNER? NE SERAIT-CE PAS FANTASTIQUE SI NOUS POUVIONS TOUS REVENIR EN ARRIÈRE... TOI, CLAIRE ET MOI...
LÉON, JE N'AI PAS PU EMPÊCHER CE QUI EST ARRIVÉ!
«ELLE AVAIT VINGT-TROIS ANS QUAND JE L'AI RENCONTRÉE... SIX ANS DE MOINS QUE MOI. SI DEUX PERSONNES ÉTAIENT FAITES L'UNE POUR L'AUTRE, C'ÉTAIT BIEN CLAIRE ET MOI...»
ALORS, TU N'IMAGINES PAS LE BIEN QUE ÇA M'A FAIT QUAND J'AI EU CETTE AUGMENTATION. ÇA SIGNIFIAIT QUE CHET POUVAIT ALLER À L'UNIVERSITÉ.
CE DOIT ÊTRE UN GARÇON FORMIDABLE POUR QUE TU SOIS SI BON AVEC LUI, LÉON!
«CLAIRE ÉTAIT COMME ÇA, CHET! QUOI QUE TU AIES PU IMAGINER, JAMAIS ELLE N'A PENSÉ QUE JE TE GÂTAIS TROP...»
EH BIEN, J'AI DÛ ÊTRE À LA FOIS SON PÈRE ET SA MÈRE... SI JE NE M'ÉTAIS PAS CHARGÉ DE LUI, IL N'AURAIT EU PERSONNE!
TU ES QUELQU'UN DE MERVEILLEUX, LÉON!
«CLAIRE ÉTAIT HEUREUSE DE SIMPLEMENT SE PROMENER AVEC MOI. ELLE SAVAIT QUE JE N'AVAIS PAS LES MOYENS DE LA SORTIR, À CAUSE DE TES ÉTUDES...»
ÇA PEUT PARAÎTRE DRÔLE POUR UN GARS DE MON ÂGE, MAIS TU ES LA PREMIÈRE FILLE AVEC LAQUELLE JE, EUH... SORS. J'AI ÉTÉ SI OCCUPÉ...
JE NE SUIS SORTIE QU'AVEC UN AUTRE HOMME, LÉON. IL S'EST MONTRÉ UN PEU TROP ENTREPRENANT, J'AI DONC CESSÉ DE LE VOIR...
«CLAIRE ÉTAIT UNE FILLE BIEN, CHET. ET JE VOULAIS QU'ELLE RESTE AINSI. TU TE SOUVIENS QUAND TU L'AS RENCONTRÉE? TU RENTRAIS DE L'UNIVERSITÉ POUR LES VACANCES D'ÉTÉ...»
EH BIEN, IL ÉTAIT TEMPS! LÉON S'EST ENFIN TROUVÉ UNE FILLE! ENFIN...
CLAIRE PRÉPARE QUELQUE CHOSE DE SPÉCIAL POUR FÊTER TON RETOUR, CHET! ELLE CUISINE TRÈS BIEN! TU VERRAS...
«PENDANT QUE CLAIRE ÉTAIT DANS LA CUISINE, JE T'AI PARLÉ D'ELLE... DU FAIT QU'ON SE VOYAIT TOUS LES SOIRS... QU'ELLE VENAIT À LA MAISON DEUX OU TROIS FOIS PAR SEMAINE POUR CUISINER... MAIS TOI... TU T'ES IMAGINÉ DES CHOSES...»
TU M'EN DIRAS TANT, HEIN, LÉON? C'EST VRAI QU'ELLE EST BIEN MIGNONNE...
CE N'EST PAS ÇA DU TOUT, CHET! ELLE CUISINE! C'EST TOUT! CLAIRE ET MOI ALLONS NOUS MARIER...
«MAIS CETTE INFORMATION N'A RIEN CHANGÉ À TON ATTITUDE... LE LENDEMAIN SOIR, QUAND JE SUIS RENTRÉ DU TRAVAIL, IL Y AVAIT UN NOUVEAU POSTE DE TÉLÉVISION DANS LE SALON...»
BON SANG! J'ÉCONOMISAIS POUR MON MARIAGE AVEC CLAIRE! CET ENGIN VA ME COÛTER PLUS QUE CE QUE J'AI À LA BANQUE...
J'AI FAIT ÇA POUR TOI, LÉON. MAIS SI TU LE PRENDS COMME ÇA, TU N'AS QU'À LE RENDRE!
4

LÉON BAISSE LA VOIX ET SE TAIT UN INSTANT. CHET LE REGARDE FAIRE LES CENT PAS...
CE TÉLÉVISEUR EST REPARTI AVEC TOI À L'UNIVERSITÉ. ET AVANT MÊME QUE J'AIE FINI DE LE PAYER, TU L'AS VENDU!
J'AVAIS BESOIN D'ARGENT, LÉON... ET VITE! JE...
LÉON S'ARRÊTE DEVANT LUI, ET CHET PEUT LIRE LA COLÈRE QUI MONTE DANS SES YEUX...
POUR UNE FILLE FACILE, OUI! À CAUSE D'UNE FILLE FACILE, CLAIRE ET MOI AVONS DÛ RETARDER NOTRE MARIAGE...
JE SAIS! TU AS DE NOMBREUSES RAISONS D'ÊTRE EN COLÈRE...
LÉON SE TOURNE ET REGARDE DE NOUVEAU LE CORPS ALLONGÉ SUR LE CARRELAGE DE LA SALLE DE BAIN...
IL TE FALLAIT TOUJOURS QUELQUE CHOSE! ET JE N'AI JAMAIS DIT NON! CLAIRE ET MOI RETARDIONS SANS CESSE NOTRE MARIAGE. DURANT TROIS ANS, JE L'AI FAIT ATTENDRE PAR TA FAUTE! TROIS ANS! ET PUIS TU AS ABANDONNÉ L'UNIVERSITÉ, ET TU ES RENTRÉ!
«TU AVAIS DES PROJETS. DE GRANDS PROJETS. TU T'ES MIS À PARLER VITE, MAIS J'EN AVAIS ASSEZ...»
DONC, CE TYPE ET MOI... ON S'EST DIT QU'EN UN AN, ON POURRAIT REMBOURSER UNE STATION-SERVICE ET, À TERME, LANCER UNE CHAÎNE...
TRÈS BIEN, CHET! SI C'EST CE QUE TU VEUX, FAIS-LE! MAIS NE T'ATTENDS PAS À CE QUE JE T'AIDE ENCORE. C'EST FINI! QUAND NOUS RÉCUPÉRERONS L'ARGENT DE L'UNIVERSITÉ, CLAIRE ET MOI, NOUS...
«JE N'AI PAS EU À FINIR LA PHRASE! JE L'AI VU DANS TON REGARD...»
L'ARGENT DE L'UNIVERSITÉ, CHET! OÙ EST-IL? RENDS-LE-MOI!
ÉCOUTE, LÉON! L'INTENDANT ME L'A RENDU ET J'AI EU CETTE OPPORTUNITÉ...
«ELLE ÉTAIT LÀ, GARÉE DEHORS. UNE LUXUEUSE VOITURE DE SPORT ÉTRANGÈRE...»
TU SAIS CE QU'UN TEL ENGIN VAUT NEUF, LÉON? SEPT MILLE DOLLARS! ELLE A TROIS ANS. JE L'AI EU POUR DEUX MILLE! LES HUIT CENTS QUE J'AI RÉCUPÉRÉS DE LA FAC ET LES DEUX CENTS QU'ON M'A DONNÉS POUR MON VIEUX TACOT...
TU... DOIS ENCORE MILLE DOLLARS, DONC...
«J'AI VOULU PARLER... ME METTRE EN COLÈRE... MAIS LES MOTS NE SORTAIENT PAS. ET PUIS, CLAIRE A POSÉ SA MAIN SUR MON ÉPAULE...»
TOUT VA BIEN, LÉON! J'ATTENDRAI.
ET SI J'AI MA PROPRE STATION-SERVICE, LES RÉPARATIONS ET L'ESSENCE NE ME COÛTERONT RIEN, PAS VRAI?
5

«CLAIRE ET MOI AVONS DONC ENCORE RETARDÉ NOTRE MARIAGE. MAIS CE N'ÉTAIT QUE DES PAROLES EN L'AIR. TU N'AS JAMAIS RIEN FAIT POUR CETTE STATION-SERVICE. TU N'AVAIS PAS CHANGÉ. CETTE VOITURE DE LUXE ÉTAIT TOUT POUR TOI...»
JUSTE UN ACOMPTE POUR UNE RADIO, LÉON. JE PAIERAI LE RESTE MOI-MÊME QUAND J'AURAI UN TRAVAIL...
«TU N'AS JAMAIS CHERCHÉ DE TRAVAIL...»
MONSIEUR WILSON M'A DIT QUE JE POUVAIS VENIR TE LE MONTRER À TON BUREAU. IL EST EN SOLDE! DOUZE DOLLARS! N'EST-CE PAS LE PLUS CHOUETTE KLAXON QUE TU AIES JAMAIS VU? IL ME LE FAUT...
«ET J'AI CONTINUÉ DE PAYER, JUSQU'À CE QUE CLAIRE METTE LE HOLÀ. C'ÉTAIT HIER SOIR, QUAND TU M'AS DEMANDÉ CENT DOLLARS...»
UN BOUCHON DE RADIATEUR EN ARGENT POUR SA VOITURE? NON, LÉON! SI TU LUI DONNES L'ARGENT, JE TE QUITTE!
TU AS TA RÉPONSE, CHET!
«TU ÉTAIS SIDÉRÉ, N'EST-CE PAS, CHET? C'ÉTAIT LA PREMIÈRE FOIS QUE JE TE REFUSAIS QUELQUE CHOSE. CELA A PEUT-ÊTRE À VOIR AVEC CE QUI S'EST PRODUIT CET APRÈS-MIDI... CE SERAIT PEUT-ÊTRE ARRIVÉ DE TOUTE FAÇON. TU ES RENTRÉ ET TU ES TOMBÉ SUR CLAIRE... SEULE. ELLE AUSSI, TU LA VOULAIS...»
JE NE BOIS PAS, CHET. ENFIN, CHET! ARRÊTE ÇA! ARRÊTE...
SI TU NE VEUX PAS BOIRE AVEC MOI, QUE DIRAIS-TU DE ME DONNER UN PETIT BAISER?
«ALORS TU T'ES SERVI...»
TU ES SI BELLE, CLAIRE!
NON, CHET! PITIÉ, NON! GLOUPS... OH, CHET! NON...
«PLUS TARD, QUAND TU L'AS CHERCHÉE, TU N'AS PAS PU LA TROUVER...»
CLAIRE? CLAIRE, OÙ ES-TU?
«ET PUIS TU ES ALLÉ DANS LA SALLE DE BAIN ET TU L'AS VUE ÉTENDUE SUR LE FROID CARRELAGE BLANC, AVEC DE LA TEINTURE D'IODE AUTOUR DE LA BOUCHE, L'ARMOIRE À PHARMACIE OUVERTE, LA BOUTEILLE VIDE DANS L'ÉVIER... TU AS VU SON VISAGE DÉFORMÉ PAR L'AGONIE, ET TU AS SU QU'ELLE ÉTAIT MORTE!»
6

LÉON SE TIENT FACE À SON FRÈRE CADET, ET LA RAGE ENFLAMME SON REGARD...
JE T'AI TOUT DONNÉ, CHET! ET CE QUE JE NE T'AI PAS DONNÉ, TU L'AS PRIS!
...UNE RAGE QUI SEMBLE BRÛLER D'UN FEU DE PLUS EN PLUS VIF...
NON! JE NE T'AI PAS TOUT DONNÉ, N'EST-CE PAS? TU VOULAIS UN BOUCHON DE RADIATEUR POUR TA VOITURE!
LÉON! JE...
...PLUS DÉMENT ET PLUS SAUVAGE À CHAQUE SECONDE...
JE N'AI JAMAIS RIEN PU TE REFUSER, CHET! TU AURAS TON BOUCHON DE RADIATEUR!
PEU APRÈS, LEON DOYLE FILE SUR L'AUTOROUTE. IL SENT LA CHALEUR DU CORPS DE CHET À CÔTÉ DE LUI, ET IL ÉCLATE D'UN RIRE HYSTÉRIQUE...
JE T'AI DONNÉ TOUT CE QUE TU VOULAIS, CHET! JE T'AI MÊME DONNÉ CLAIRE! ET MAINTENANT... HÉ... HÉ... TU AS TON BOUCHON! HÉ, HÉ! IL TE PLAÎT, CHET? IL TE PLAÎT?
MAIS CHET RESTE SILENCIEUX. IL NE RÉPOND PAS À LA QUESTION DE LÉON. COMMENT LE POURRAIT-IL...?
LE BOUCHON DE RADIATEUR TE PLAÎT, CHET? HÉ... HÉ... HÉ...HÉ...
CAR LES YEUX DE CHET SONT FERMÉS, ET IL NE VOIT PAS LA ROUTE DÉFILER DEVANT LUI. SES OREILLES N'ENTENDENT PAS LES RUGISSEMENTS DU MOTEUR. IL NE SENT PAS LE VENT CARESSER SA TÊTE, QUE LÉON A SOIGNEUSEMENT FIXÉE SUR LE CAPOT...
HÉ... HÉ... HÉ...HÉ...
HI, HI! ALORS, LES MABOULES? FIN DE L'HISTOIRE! VOUS TROUVEZ QUE C'EST POUSSER LE BOUCHON UN PEU LOIN? QUOI QU'IL EN SOIT, CELA REFERME LE CAPOT DU MAGAZINE DU G.C POUR CETTE FOIS-CI. ON SE RETROUVERA BIENTÔT DANS LE CAVEAU DE L'HORREUR. AU FAIT! VOUS CONNAISSEZ CELLE DU CAPITAINE DÉCAPITÉ ET DES DEUX MOINES QUI ONT LA TÊTE COUPÉE... ET POURTANT, IL N'Y A QU'UN MORT?! JE VOUS LAISSE RÉFLÉCHIR. HI, HI! ET SI VOUS NE PIGEZ PAS, VOUS POUVEZ TOUJOURS POSER LA QUESTION AU FAN-CLUB E.C. COMICS, EN DISANT QUE VOUS VENEZ DE MA PART! ET N'OUBLIEZ PAS, AMUSEZ-VOUS BIEN! PERSONNE NE LE FERA POUR VOUS! BYE-BYE!
7

Nos auteurs

Christophe Bier

Christophe Bier est chroniqueur sur France Culture pour *Mauvais genres*, rédacteur au mensuel *Mad Movies*. Il se passionne pour le cinéma érotique, défend les comédies désolantes sur le site de VOD FilmoTV, collectionne les romans de flagellation et les photos d'acteurs nains. Il est l'auteur de plusieurs livres, dont *Obsessions* (Le Dilettante) et *Pulsions graphiques* (Cernunnos).

John C. Gregory

Jack C. Gregory est un illustrateur basé à Los Angeles. Formé au Columbus College of Art and Design et élevé avec un régime régulier de bandes dessinées, de rock fondant et de *La fête à la maison*, cet artiste s'est donné pour mission de créer des images incendiaires qui titillent l'esprit tout en satisfaisant son patron, Pan le dieu bouc. Instagram : @jack_c_gregory

Maxime Chattam

Maxime Chattam est l'un des plus grands auteurs de thrillers, avec plus 7 millions d'exemplaires de ses ouvrages vendus entre 2001 et 2019 et une *Trilogie du mal* écoulée à plus de 400 000 exemplaires. Passionné de fantasy et de science-fiction, il est membre du collectif d'écrivains La Ligue de l'imaginaire. Même s'il se consacre principalement au roman, il a également écrit des nouvelles, des pièces de théâtre et adapté sa *Trilogie du mal* en bande dessinée.

Joe Coleman

Artiste et *performer*, Joe Coleman est l'un des plus singuliers artistes contemporains de la scène américaine. Chantre des freaks, cherchant l'humanité dans l'inhumanité, on lui doit d'incroyables portrait de Néron, Céline, Jayne Mansfield, Charles Manson, Ed Gein... Il vit avec Whitney Ward, son épouse et sa muse, à Brooklyn.

Jean-François Colosimo

Jean-François Colosimo est un théologien orthodoxe, documentariste et essayiste. Comme éditeur, il a travaillé avec les plus grandes maisons de l'édition française : Stock, Lattès, Odile Jacob, La Table Ronde, puis CNRS Éditions. Après avoir été président du Centre national du livre de 2010 à 2013, il a pris la direction des éditions du Cerf.

N. C. Christopher Couch

N. C. Christopher Couch enseigne l'histoire de la bande dessinée à l'université du Massachusetts à Amherst et à la School of Visual Arts de New York. Il est co-auteur de *The Will Eisner Companion*. Il vit à Astoria, New York et Florence, Massachusetts.

Jean-Emmanuel Deluxe

Artiste fantasque, Jean-Emmanuel Deluxe est un journaliste érudit, *performer* et activiste pop. Collaborateur de tout ce ou tous ceux que la pop music compte de plus classe et iconoclastes (Lio, Bertrand Burgalat, Sean O'Hagan, Jacno, Helena Noguerra, April March, Luis Rego, Jérome Braque...), le patron du label Martyrs of Pop (dont le nouvel album *Rouen Dreams* est disponible) est également l'auteur des *Filles de la pop* (Maison Cocorico).

Tananarive Due

Autrice primée qui enseigne la « Black Horror » et l'Afro-futurisme à UCLA. Elle est productrice exécutive du documentaire révolutionnaire de *Shudder, Horror Noire: A History of Black Horror*. Elle et son mari / collaborateur Steven Barnes ont écrit « A Small Town » pour la saison 2 de *The Twilight Zone* sur CBS All Access. Voix de premier plan dans la fiction spéculative noire depuis plus de 20 ans, Due a remporté un American Book Award, un NAACP Image Award et un British Fantasy Award.

Nicolas d'Estienne d'Orves

Nicolas d'Estienne d'Orves est écrivain, essayiste, journaliste et critique musical. Il a écrit une trentaine de livres où se mélangent tous les genres : thriller, grand récit historique, ésotérique, etc. On peut citer : *Fin de race* et *Othon*, qui l'ont fait connaître, *Les Orphelins du mal* et *L'Enfant du premier matin* chez XO, ou encore La Dévoration ou Le Silence et la Fureur. Il vient de publier *un Petit éloge de la gourmandise* aux éditions François Bourin.

Xavier Fournier

Xavier Fournier est un journaliste, essayiste et conférencier, spécialiste de la BD américaine et des cultures populaires. Il débute sa carrière en 1993 dans les pages d'*USA Magazine*, participe en 1998 au lancement du magazine spécialisé *Comic Box* avant d'en devenir le rédacteur en chef jusqu'en 2017. Il est également l'auteur de quatre ouvrages sur les comics et les super-héros.

.

Stéphane François

Stéphane François est historien et politologue, chercheur rattaché à un laboratoire du CNRS et enseignant à l'université de Mons, en Belgique. Il étudie notre société sous l'angle des contre-cultures et de la métapolitique. Spécialiste du nazisme, des droites radicales et du néopaganisme, il y a consacré plusieurs articles et ouvrages, et notamment *L'Occultisme nazi* (CNRS Éditions).

Philippe Guedj

Philippe Guedj est journaliste cinéma et séries télévisées, rédacteur en chef du *Point pop* et auteur d'articles pour *Le Point*, *GQ* ou *Le Parisien Magazine*. Ayant une appétence particulière pour la culture populaire et passionné de bandes dessinées, il signe en 2006 *Comics : dans la peau des super-héros*. Continuant dans cet univers, il cocrée le *Daily Mars*, dont les rédacteurs « décryptent l'actu pop culturelle sous toutes ses coutures et médias » ; puis coréalise les documentaires *Marvel Renaissance* (2014) et *Marvel Univers* (2015).

François Jost

François Jost multiplie les casquettes : sémiologue, sociologue, philosophe, professeur dans de nombreuses universités à travers le monde et auteur d'une trentaine d'essais. Ses derniers livres, *La Méchanceté en actes à l'ère numérique* (CNRS Éditions, 2018), et *Médias : sortir de la haine ?* (CNRS Éditions, 2020) abordent des thèmes de société en lien avec l'actualité et forment une continuité de réflexion avec ses précédents ouvrages.

Bernard Joubert

Bernard Joubert est journaliste. L'histoire de la censure, de l'érotisme et de la bande dessinée est sa spécialité. Il est l'auteur notamment d'*Images interdites* (1989), de *Pin-up* (1995), d'*Histoires de censure* (2006), du *Dictionnaire des livres et journaux interdits* (2007), d'*Elvifrance, l'infernal éditeur* (2018) et, sur les parodies BD, du *Panorama de la bande dessinée érotique clandestine* (2018).

Alexandre Kauffmann

Alexandre Kauffmann est un auteur et journaliste indépendant, contributeur au *Monde*, à *Géo* ou aux *Échos*. Son premier ouvrage, un recueil de nouvelles inspiré de son expérience à Madagascar et intitulé *Mauvais numéro* (1999, Arléa), a été récompensé du prix Alexandre Vialatte. Il a ensuite publié plusieurs romans et récits de voyage, dont *Black Museum* (Flammarion, 2015) et *Surdose* (éditions Goutte d'Or, 2018).

Grégoire Kauffmann

Grégoire Kauffmann est docteur en histoire, enseignant à Sciences Po. Spécialiste des droites radicales, il est, entre autres, l'auteur du *Nouveau FN : les vieux habits du populisme* (Le Seuil, 2016). En 2019, il signe également *Hôtel de Bretagne* (Flammarion), qui lui vaut le prix Pierre Lafue. Il est secrétaire délégué de l'association Liberté pour l'histoire.

Jeff Lindsay

Jeff Lindsay est un artiste américain vivant en Floride. Musicien et comédien, il est devenu écrivain spécialisé dans les romans policiers et est l'auteur de la série de romans à succès *Dexter*. Il a également participé à l'écriture des scénarios de plusieurs épisodes de l'adaptation télévisée de sa saga.

Antoine Maillard

Antoine Maillard est un jeune auteur installé à Toulouse qui se plaît à créer des ambiances envoûtantes, fan de fictions horrifiques américaines. Son travail est remarqué par la directrice du *New York Times*. Il illustrera par la suite plusieurs articles de presse pour le célèbre magazine mais aussi pour *Télérama*, la revue *XXI* et *Le Parisien*, *The Atlantic* ou encore *The New Yorker*.

Michel Marmin

Michel Marmin est journaliste, spécialiste du cinéma, des arts et de la musique. Ancien critique à *Valeurs actuelles* et au *Figaro*, il est l'auteur de nombreux ouvrages sur des thèmes éclectiques. Son dernier livre, *Cinéphilie vagabonde*, a été publié en 2020 chez Pierre-Guillaume de Roux.

Rémi Mistry

Rémi Mistry est agent des bibliothèques à la BnF et journaliste culture, loisirs et *lifestyle*. Après avoir fait des études de médiation culturelle à la Sorbonne Nouvelle, il intègre l'équipe du magazine *À nous Paris*, pour lequel il va dénicher et tester les événements et les bonnes adresses les mieux cachés de Paris pendant plus de dix ans. Il est d'ailleurs l'auteur de *Paris ludique*, un guide pour adulte sur les activités parisiennes dont le concept tourne autour du jeu, paru en 2019 aux éditions Favre. Freelance, ses articles sont compilés sur son blog : *remim.blogspot.com*

Tom Neely

Tom Neely est un artiste et auteur de bandes dessinées américain vivant à Los Angeles. Illustrateur du best-seller *The Last Book on the Left!* (2020), il a fait sa renommée avec le comics *Henry & Glenn Forever* et le roman graphique *The Blot*, qui lui a valu plusieurs prix – dont un Ignatz Award et le prix de *The Comics Journal* du Meilleur roman graphique de la décennie 2000-2010. L'un de ses projets les plus récents, *The Humans*, suit les aventures d'un gang de *bikers* et a été salué par la critique.

Hector Nissac

Passionné de courses automobiles et d'histoire de la technologie, Hector Nissac est aussi un grand amoureux de la culture populaire, qu'il explore à travers plusieurs articles et recherches pour la presse française et internationale.

Demetrio Paparoni

Demetrio Paparoni est essayiste, critique d'art, curateur et éditeur. Il a fondé en 1983 la revue d'art contemporain *Tema Celeste* ainsi qu'une maison d'édition portant le même nom, qu'il a dirigée jusqu'en 2000. En 1981, il a été promu enseignant en art contemporain à l'université des Arts appliqués de Vienne. Entre 1996 et 2008, il a enseigné l'histoire de l'art moderne et contemporain à la faculté d'architecture de l'université de Catane. Il a organisé de nombreuses expositions et publié plus de 25 monographies d'artistes chez les principales maisons d'édition italiennes. Il est l'auteur d'*Infernal, histoire illustrée du diable*, publié en 2019 aux éditions Cernunnos.

Denis Pellerin

Denis Pellerin, historien passionné de la photographie en relief, a été enseignant dans le secondaire pendant trente ans. Mordu de photographie, il est atteint par le virus de la stéréoscopie au début des années 1980. Fasciné par les diableries, il a écrit plusieurs livres et articles sur le relief au XIXe siècle pour divers magazines, institutions, musées et pour la London Stereoscopic Company. Il vit outre-Manche depuis 2012, où il travaille comme conservateur de l'immense collection de vues stéréoscopiques du Dr Brian May (maintenant appelée London Stereoscopic Archive). Son prochain ouvrage, *Stereoscopy: the Dawn of 3-D*, devrait paraître en juin 2021.

Perez

Perez est artiste, auteur-compositeur et chanteur. Il a collaboré avec les plus grands noms de la chanson underground (Philippe Zdar de Cassius, Laurie Anderson, les producteurs de Phoenix et de Miossec). Son troisième album, *Surex*, est sorti en 2020.

Marianne Robin

Diplômée en médiation culturelle et théorie de l'art (université de Paris VIII), Marianne Robin collabore avec des artistes sur des projets d'expositions en galeries ainsi qu'avec le département du Patrimoine et des Actions Culturelles de la Maison Hennessy. Elle est chargée des partenariats institutionnels et culturels pour le fonds de dotation EHD.

Vincenzo Susca

Vincenzo Susca est maître de conférences en sociologie de l'imaginaire à l'université Paul-Valéry de Montpellier, directeur éditorial des *Cahiers européens de l'imaginaire* et McLuhan Fellow à l'université de Toronto. Il a publié différents livres, dont *Joie tragique*, *Les Affinités connectives* et *Pornoculture : voyage au bout de la chair* (avec C. Attimonelli).

Pacôme Thiellement

Pacôme Thiellement a côtoyé la culture populaire sous de multiples formes au cours de sa carrière. Dirigeant du fanzine de bande dessinée *Réciproquement* à 13 ans, il reçoit pour celui-ci l'Alph'art Fanzine en 1990. Auteur prolifique d'essais, de romans et d'articles, on peut citer *Poppermost* (2002, MF), son premier livre, d'inspiration exégétique et burlesque. Vidéaste, il a notamment coréalisé avec Thomas Bertay *Le Dispositif*, 52 vidéos expérimentales ayant notamment fait l'objet d'une rétrospective au Palais de Tokyo. On peut suivre son actualité sur son site (pacomethiellement.com) et sur son nouveau blog : *lelivresansvisage.blogspot.com*

Emily Tibbatts

Emily Tibbatts est depuis son plus jeune âge une lectrice passionnée de science-fiction, de fantasy, d'horreur et de thriller. C'est donc tout naturellement qu'elle est devenue auteure. Son dernier ouvrage en date est *UK Serial Killers* (2019, éditions Ring), dans lequel elle dresse les portraits des dix pires tueurs en série britanniques. Elle a créé et anime le site *tueursenserie.org*

Jérôme Wicky

Jérôme Wicky a adapté en français plusieurs classiques de la bande dessinée de super-héros tels que *The Amazing Spider-Man* de David Michelinie et Todd McFarlane, *Les Derniers Jours de Superman* et *The Killing Joke* d'Alan Moore, ou encore *Dark Knight III* de Frank Miller. Quatre-vingts entrées de la rubrique encyclopédique « Holonews », publiée dans la revue *Star Wars Collector* et dédiée à l'univers étendu de *La Guerre des étoiles*, portent également sa signature. Depuis 2017, il est aussi auteur, son premier livre étant *Gō Nagai, mangaka de légende*, publié aux éditions Fantask.

Lieutenant M.

Lieutenant M., officier de police à Paris.

FANTASK

Edité par les éditions FANTASK
Un label éditorial de Dargaud, société anonyme au capital de 2.930.000 euros.
RCS n° B 542 092 788
57, rue Gaston Tessier
CS 50061
75166 PARIS Cedex 19
Tél : 01.53.26.32.71

Mail : redaction@revuefantask.fr

Réassort :
DIFFUSION FRANCE
Média Diffusion
57 rue Gaston Tessier - 75019 Paris
Tél. : 01.70.38.56.10

Rédaction
Directeur de la rédaction : Rodolphe Lachat
Rédacteur en chef : Sabrina Lamotte

Auteurs
Tananarive Due (p.9) Demetrio Paparoni (P. 20), Denis Pellerin (p. 34), Richard de Sèze (p.43), Christophe Bier (p. 49 et p. 94), Jean-Emmanuel Deluxe (pp.55 et 142), Vincenzo Susca (p. 60), Elvis Presley (p. 64), Bernard Joubert (p. 70), Michel Marmin (p. 90), Marc Lipkowicz (p. 100), Rémi Mistry (p. 106), Rodolphe Lachat (pp. 81-153-220), François Léger (p.118), Grégoire Kauffmann (p. 127), Sabrina Lamotte (pp. 132-181-193), Tom G. Wolf (p. 157), Philippe Guedj (p. 173), Hector Nissac (pp. 110 et 186), Emily Tibbatts (p. 203), Jérôme Wicky (p. 209), N.C. Christopher Couch (p.215), Alexandre Kauffmann (p. 224), Marianne Robin (p. 231), Xavier Fournier (p. 237).

Traducteurs
Jean-Marc Lainé (p. 9), Camille Paul (p. 20), Jérôme Wicky (p. 165).

Artistes
© Joe Coleman / Collection privée (pp. 152 à 163), © Tom Neely (pp 187 à 191), © Jack C. Gregory (p. 208), © 2021 GABZ (p.211), © 2021 Isabella Di Leo (p. 213).

Photographies
© FOX via Getty Images (2e de couverture et page 1), © Collection privée (p. 3), © Nychos (p. 5), © ORION FILMS (pp. 8 à 14) photo © Graham Bartholomew - © 2020 EROS INTERNATIONAL, PLC. TOUS DROITS RÉSERVÉS (p. 15) © Everett Collection / Contrasto (pp. 18-19), © Collection privée (p. 20), © Collection privée - © Mondadori Portfolio / AKG Images – © Collection privée (p.21), © Reproduit avec l'aimable autorisation de Gary Baseman (pp. 22-23), © Giorgio Benni – © Mondadori Portfolio / AKG Images (p. 23), © Reproduit avec l'aimable autorisation de Yue Minjun Studio, Beijing (p. 24), © Reproduit avec l'aimable autorisation de Robert Williams Archive (p. 25), © 2017. Foto Scala, Florence - © 2017. Foto Scala, Florence / Luciano Romano (p. 26), © 2017. Foto Scala, Florence – © Keith Haring Foundation (p. 28), © Christie's Images / Bridgeman Images (p. 29), © Mondadori Portfolio / AKG Images – © Bridgeman Images - © Masriadi Archive, Jogjakarta (Indonesia)/Photo Agung Sukindra (p. 30), © Bridgeman Images (p. 31), © Silver Screen Collection / Hulton Archive / Getty Images (p. 32), © Reproduit avec l'aimable autorisation de Pierre et Gilles – © Sony Music (p. 33), © London Stereoscopic Archive (pp. 35 à 41), © Mondadori Portfolio / AKG Images (p. 42), © Tv Line, Netflix (p. 45), © Domaine public (p. 47), © Leone Frollo / Collection privée (p. 48), © Collection privée (pp. 50-51), © J. Prayer / Collection privée (p. 53), © Walter Fischer (pp. 54 à 57), © Maurizio Cattelan / Collection privée (p. 61), © Jake & Dinos Chapman (p. 62), © Collection privée (pp. 64 à 69), © Collection privée (pp. 71 à 73), ©™ & © 2017, 2018, 2020 Mike Mignola. © 2020 Éditions Delcourt pour la version française (pp. 80 et 89), © Collection privée (pp. 83, 85 et 86), © Légende / Mars Films / France 2 Cinéma / Nexus Factory - © 1970 - Nadja Films (p. 91), © Italnoleggio / Eichberg-Film/ Warner Bros. – © Universum Film (p. 92), © Arnold Pressburger Films / United Artists (p. 93), © Collection privée (p. 94), © 1975, Aeteas Filmproduktions (pp. 95 à 97), © 1970, Nevio Zeccara / Collection privée (p. 98), © 2007, Dimension Films (p. 99), © Charles Krafft / Collection privée (pp. 101 à 105), © DR (p. 107), © Death in June – © NON (p. 108), © The Blue Oyster Cult – © Marilyn Manson (p. 109), © Brian Douglas / Netflix (pp. 116-117), © Netflix (pp. 119, 123 et 125), photo © Graham Bartholomew - © 2020 EROS INTERNATIONAL, PLC. TOUS DROITS RÉSERVÉS (pp. 120-121), © Quentin Caffier (p. 126), © 1995, Cecchi Gori Pictures, Juno Pix, New Line Cinema.(p. 129), © Collection privée (p.130), © T. Robles / Library of Congress. (pp. 143 à 145), © Arnold Mesches / Library of Congress. (pp. 146-147), © Collection privée (pp. 164 à 167), © Collection privée / Lethal Amounts (pp.168-169), © Acid Bath (p. 170), © Art Factory (p. 171), © Patrick Harbron / Netflix (p. 172), © Courtesy of Netflix (pp. 175 à 177), © Merrick Morton/Netflix – © Merrick Morton/Netflix – © Patrick Harbron/Netflix (p. 179), © 2006 Showtime (pp. 180 à 184), © Jeff Lindsay (p. 185), © Richard Dumas (p. 192), © 2018 Jungle / Michel Lafon (pp. 195 à 200), © DR / Collection privée (p. 202), © DR (pp. 204-205), © Brian Douglas / Netflix (p. 206), © 2019 SHOWTIME NETWORKS INC. All rights reserved. (pp. 218-219), © Lorimar Productions/ CBS (p. 221), © CBS / HBO (p. 223), © 2021 Alexandre Marchi (pp. 225 à 229), © Yann Stofer (pp.230 et 235), © TM & © William M. Gaines Agent, Inc. (p. 236).

Textes et bandes dessinées
Tananarive Due, *Vanity Fair* © Conde Nast (p.9), © Collection privée (pp. 74 à 79), © 2021 Feral House. All rights reserved. (pp. 110 à 115), © Antoine Maillard / Cornélius 2021. (pp. 133 à 141), *Manson in His Own Words* © 1986 by Nuel Emmons / Grove Press (Manson par Manson, édition française traduite par Laurence Romance disponible aux éditions Séguier) (pp. 148 à 151), © Tom G. Wolf / We Are The Mutants (p.157 à 163), © Jerry Robinson copyright © 2010. All rights reserved (pp. 214 à 217), © 2020 by William M. Gaines, Agent - All rights reserved - The EC Comics logo is a trademark of William M. Gaines, Agent, Inc. - © 2020 pour l'édition française : Éditions Akileos - Tous droits réservés - *Tales from the Crypt* - Published under license from William M. Gaines, Agent, Inc. (pp. 239 à 245).

Conception de la maquette et direction artistique
Benjamin Brard

Correcteur
Laurent Del Monte

Fabrication
Elodie Gesnel et CPE CONSEIL

Relations presse
Florence Alexandre - florence@anyways.fr

Remerciements
Benjamin Brard, Lucile Kroenlein, Denis Pellerin, Jean-Marie Donat, Jérôme Wybon, Hugo Massé (éditions Séguier), Emmanuel Bouteille (Akileos), Christelle Voisin (CNRS éditions), Jessica Parfrey (Feral House), Emma Gordon (Houghton Mifflin Harcourt), Nathalie Beunat (Points), Grégoire Kauffmann, Marie Fabbri, Laetitia Matusik (Jungle!) Julie Roy (Michel Lafon), Matthieu Riou (Akileos) Adèle Frostin (Cornélius), Charline Bailot (Allary Editions), Maud Beaumont, Solène Subino et Mélanie Couturier (Editions Delcourt), Marie Dorcelus (Albin Michel), Matthieu Derrien (agence Contact), Eva Minguet (Monsa), Charlie Kochman (Abrams Books), Lou Mollgaard (Taschen), Jamie Lee (Condenast), Corey Misfud (EC Comics), les auteurs, les artistes et les collectionneurs qui ont accepté de participer à ce premier numéro.

Abonnements
57, rue Gaston Tessier
CS 50061
75166 PARIS Cedex 19
Tél. : 01.53.26.32.71

Mail : redaction@revuefantask.fr

Directeur de la publication
Rodolphe Lachat

Directeur délégué
Sabrina Lamotte

Dépot légal
Juin 2021

Diffusion librairie et presse
Média Diffusion
Tél. : 01.70.38.56.10

Informations légales
ISBN : 9782374940267

Imprimeur
Stige - Italie